JN313525

プレミアムの法則

大崎孝徳
Osaki Takanori

同文舘出版

はしがき

　100円ショップの店内に入り，「これも100円で買うことができるの？」と驚いた経験がある人は決して少なくはないであろう。従来，ダイソーをはじめとする新規参入組であった100円ショップは商店街の個店や大規模総合スーパー（GMS）を主たるコンペティターとし，大いなる成果を上げてきた。しかしながら，現在では，ダイソーに加え，セリアやキャンドゥなど，様々な100円ショップが街中に溢れ，100円ショップ間において熾烈な競争が展開されている。さらに，24時間営業に代表される高い利便性の提供により，価格競争を回避してきたコンビニエンスストア（コンビニ）業界においても，ローソンストア100など，100円という価格の商品を中心に品揃えを行う店舗が増加してきており，その結果，食品にまで100円均一の波が押し寄せる事態となっている。

　家電量販店に出向けば，「他店より１円でも高い場合，その価格で提供させていただきます」との張り紙や看板をたびたび見かける。個人的には，小売商として，自らが顧客満足を最大化させる価格を初めから提示するべきであり，主体性のない無計画な価格戦略であると感じるし，何より事前に調べてきた消費者とそうでない消費者との間で価格に差が生じるため，公平性を大きく欠くものであることは間違いない。しかしながら，また，こうした戦略が消費者から一定の評価を得ていることも事実ではあろう。

　GMSにおいては，大手のイオンを中心に大型店の出店などによる小売シェア拡大を背景に，プライベートブランド商品（PB）の割合を急速に増大させ，消費者から高く支持されている。

　消費者の購買行動においては，インターネットを活用した価格調査などが広く普及し，価格比較サイトである"価格.com"を運営するカカクコムの株は市場からも高く評価されている。

　こうした我々の日常から感じるデフレ現象の更なる深化は，消費者物価指数からも裏付けされており，まさに日本社会全体に蔓延している状況であると言える。

さらに，深刻なことに，こうしたデフレ現象は2007年の米国でのサブプライムローンの破綻に端を発する世界的不況による一時的なものではなく，今後さらに進行していく可能性が極めて高い。なぜなら，BRIC'sやVISTAなどの新興国に対して，現在は市場として注目されることが多いが，近い将来，これらの新興国から優良な企業が必ず出現してくるからである。こうした企業にコスト面における優位性があることは容易に想像できる。現在，海外市場では先進国企業間での競争が中心であるが，そこに新興国企業も加わってくる。しかも，こうした競争は海外市場のみではなく，タイミングこそ少し遅れるであろうが，日本市場においても間違いなく生じることとなり，結果，デフレ現象はさらに深刻化していくであろう。

　薄利多売との戦略はあるものの，低価格戦略は1個当たりの利益を低下させるため，売り手の立場に立てば，なるべく避けたい戦略であることは間違いない。もちろん，企業が暴利を貪る世の中が正しいと主張するつもりはない。しかし，企業が提供する価値に対して適正な利益を得ることができなければ，企業の存続はあり得ない。また，仮に事業が継続できたとしても，従業員に対する報酬や顧客へのサービスなど，企業を取り巻くステークホルダーに対して，満足感を与えられないようであれば，企業責任を果たしているとは言えない。いずれにせよ，そうした企業は早晩，廃業に追い込まれるであろう。さらに，近い将来，台頭してくるであろう新興国企業との価格競争における日本企業の優位性がいかに乏しいかについては議論の余地さえない。

　こうした問題意識のもと，筆者は常々，"高く売る"というテーマに強い関心を抱いている。価格競争を回避する戦略として，マーケティングにおいては長期にわたり，ブランド戦略が注目されている。確かに，同機能の商品がより低価格で販売されていたとしても，お気に入りのブランドを選択するという消費者購買行動は往々にして見受けられる。よって，強いブランドを確立することは価格競争の回避に有効に機能すると考えられるが，その方法については一般化されていない。そもそも，ブランドの実態すら未だ不明確な状況である。

　本書では，適正な利益を確保するという意味において"高く売る"ための戦略を検討するにあたり，"プレミアム"に注目する。近年，様々な商品やサービスの修飾語として，"プレミアム"という言葉をよく耳にする。しかしながら，

はしがき

研究においては，未だ本格的に着手されておらず，先行研究も乏しく，広く認知された定義は存在しない。筆者は，プレミアムを「同一カテゴリー内で他よりも高価格な商品やサービス」とシンプルに捉え，プレミアムの創造に関する要因を抽出し，体系化することを試みる。さらに，ヒットしたものの，その後，すぐに模倣品との価格を中心とする競争により，市場から消えていく，もしくは利益が生じなくなるという事態が蔓延化する現在の市場環境への対応として，プレミアムの価値を持続させる要因についても整理していく。

そのために，プレミアムとして成功している商品を対象とした文献による調査に加え，開発者やマーケティング担当者へのインタビューを実施している。

筆者の力量不足により，本書で目指したものが充分に果たされたとは言い難いが，本書が価格競争を回避することを問題意識に持つ実務家や，今後，本格化してくるであろうプレミアムに関する研究の布石として，わずかでも貢献できれば幸いである。

本書の執筆にあたり，ご助言を頂戴した多くの方にお礼を申し上げなければならない。まず，ご多忙な時間を割いて，個別訪問面接調査にご協力いただいた実務家の方に心よりお礼申し上げたい。また，本書の研究に関わる学会における発表および投稿論文に対して，多くの先生方より貴重なご指摘，ご示唆を頂戴した。さらに，大学院時代に親切丁寧なご指導を頂戴した山﨑朗先生，学部時代の恩師である根岸紳先生には，現在に至るまで大変お世話になっている。

最後に，本書の出版を引き受けてくださった同文舘出版の代表取締役社長の中島治久氏ならびに本書の編集に尽力いただいた専門書編集部の角田貴信氏に心よりお礼申し上げたい。

2010年6月
大﨑孝徳

はしがき　i

第Ⅰ部
なぜプレミアムが重要なのか？

第1章　低価格競争は今後ますます加速する ── 2
- 1.1. 流通サイドからの圧力 ……………………………………… 2
- 1.2. 消費者サイドからの圧力 …………………………………… 4
- 1.3. 新興国企業の台頭 …………………………………………… 4
- 1.4. 価格競争では勝ち目のない日本企業："高く売る"重要性 ……… 5

第2章　ブランドの罠 ──────────────── 6
- 2.1. 確かにブランドは強い武器となるが ……………………… 6
- 2.2. 実務における問題 …………………………………………… 6
- 2.3. 研究における問題 …………………………………………… 7
- 2.4. マネジメント困難な領域 …………………………………… 11

第3章　プレミアムのチャンス到来 ────────── 14
- 3.1. プレミアムとは ……………………………………………… 14
- 3.2. こだわり消費の拡大 ………………………………………… 15

第Ⅱ部
どうすればプレミアムを創造し，その価値を継続させることができるのか？

第4章　いかにプレミアムの創造と継続にアプローチするのか？ ── 20
- 4.1. 先行研究：プレミアムはどのように考えられてきたのか？ …… 20
- 4.2. 本書の対象：マス・プレミアム商品を中心に ……………… 23
- 4.3. 分析手法：マス・プレミアム商品の事例研究を中心に ……… 25

第5章 プレミアム商品の実際：
  マス・プレミアム商品の事例研究 —————————— 26

 5.1. プレミアム・食パン（フジパン："本仕込"vs.敷島製パン："超熟"
  vs.山崎製パン："超芳醇"）……………………………………… 26
 5.2. プレミアム・ビール（サッポロビール："エビス"vs.
  サントリー："ザ・プレミアム・モルツ"）…………………… 62
 5.3. プレミアム・シャンプー（花王："アジエンス"vs.
  資生堂："ツバキ"）……………………………………………… 108
 5.4. プレミアム・アイスクリーム（ハーゲンダッツ："ドルチェ"）
  ………………………………………………………………………… 127
 5.5. プレミアム・豆腐（豆太："豆太とうふ"）………………… 148
 5.6. プレミアム・自動車（トヨタ自動車："レクサス"）……… 160
 5.7. プレミアム・AV（ソニー："クオリア"）………………… 197

第6章 プレミアムの法則 ————————————— 204

 6.1. マーケティング的整理 ………………………………………… 204
 6.2. プレミアムの創造と継続に向けて …………………………… 206

あとがき 209
参考文献 211
索　引 216

(本書のイメージ)

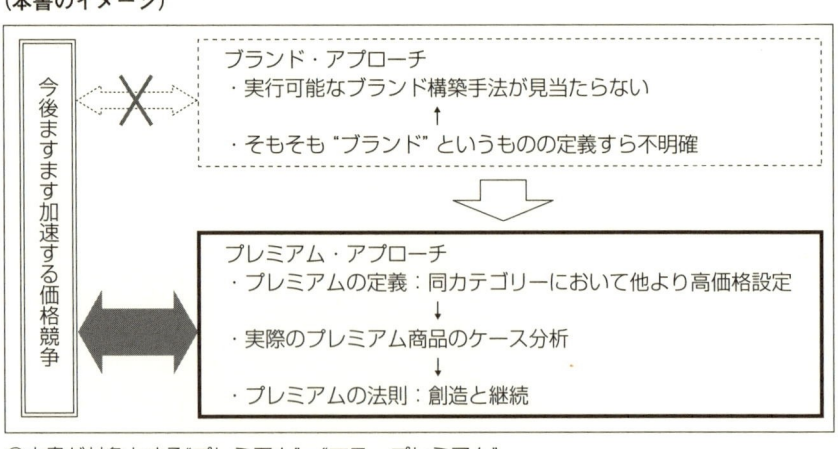

```
┌─────────┐         ┌─────────────────────────────────────────┐
│ 今       │         │ ブランド・アプローチ                    │
│ 後       │         │ ・実行可能なブランド構築手法が見当たらない │
│ ま       │         │              ↑                          │
│ す   ⇠X⇢ │         │ ・そもそも"ブランド"というものの定義すら不明確 │
│ ま       │         └─────────────────────────────────────────┘
│ す                               ⇩
│ 加       │         ┌─────────────────────────────────────────┐
│ 速   ⇔   │         │ プレミアム・アプローチ                  │
│ す       │         │ ・プレミアムの定義:同カテゴリーにおいて他より高価格設定 │
│ る       │         │              ↓                          │
│ 価       │         │ ・実際のプレミアム商品のケース分析       │
│ 格       │         │              ↓                          │
│ 競       │         │ ・プレミアムの法則:創造と継続            │
│ 争       │         └─────────────────────────────────────────┘
└─────────┘
```

◎本書が対象とする"プレミアム"="マス・プレミアム"
　　　　　　　　=同カテゴリー(商品)の平均価格×3倍程度までの価格

第 I 部

なぜプレミアムが重要なのか？

第1章
低価格競争は今後ますます加速する

　デフレ基調が深刻化している。最近ではデパートでさえ，低価格スーツを発売するなど，極めて広い範囲に拡大している（日経MJ 2009.10.14, p.5）（日本経済新聞 2009.10.6, p.12）。困ったことに，これはリーマンショックに端を発する，経済状況の悪さがもたらす一時的な現象ではない。今後，さらにますます深刻化する構造的な問題である。

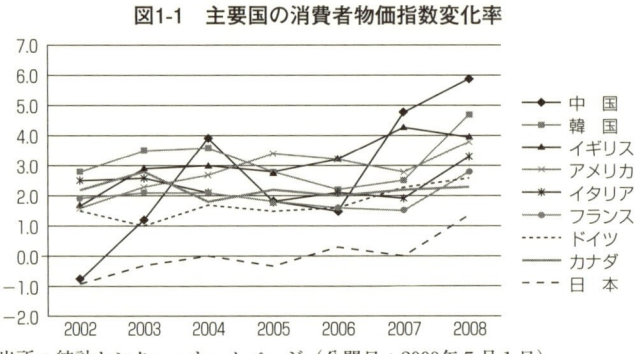

図1-1　主要国の消費者物価指数変化率

出所：統計センター・ホームページ（公開日：2009年5月1日）
（注）前年比（％）

しかも，他の先進国と比較しても，日本社会においてより顕著な問題となっている。図1-1は，主要国の消費者物価指数の変化率を示しており，日本が他国と比較し，圧倒的に低い水準であることを表している。ちなみに，2007年から2008年における上昇は原油や穀物高による電気代や食パンなどの価格の高騰の影響を受けたものであり，実質的にはデフレ基調であるといって差し障りはないであろう。

1.1. 流通サイドからの圧力

❶　大手小売業者による寡占化

　イオンなど，GMSの相次ぐ大型モールの出店やセブンイレブンを中心とするコンビニのさらなる店舗増など，大手小売の寡占化が強力に進展してきている。こうした動きは，専門店においても顕著に見られ，例えば2008年度の上位

第1章　低価格競争は今後ますます加速する

5社のシェア合計（売上高ベース）は，家電ではヤマダ電機を筆頭に71.8％と比較可能な2004年度から12.8ポイント上昇しており，さらに家具においてはニトリの影響が大きく4.9ポイント高い92.3％にまで達している。その他，カジュアル衣料ではユニクロ，ライトオンなど上位5社計で，2004年度より1.4ポイント高い76.3％，紳士服も青山商事，AOKIホールディングスなどが上位を占める5社で78.2％と4.7ポイント上昇している（日本経済新聞社「第37回専門店調査」）（日本経済新聞 2009.7.8, p.12）。また，こうしたデータからは，ユニクロ，ニトリ，青山商事など，商品の企画，開発，製造，販売までを一貫して行う製造小売業の進展も確認できる。

消費者サイドにおいても，3か月に1回以上利用したチャネルで，GMS70.8％，家電量販店50.4％となっており，こうした寡占化の状況を裏付ける結果となっている（JMR生活総合研究所 2009, p.66）。

このように勢力を拡大させる流通業者のメーカーへのパワーは，年々，強まってきており，また今後もさらに強まってくることであろう。当然，メーカーへの値引き交渉はさらに厳しさを増すと予想される。

❷ PBの進展

日本経済新聞社が主要小売り15社・団体に実施したPB戦略調査によると，2009年度の数値目標（売上高）を明示した7社だけでも前年度比35％増の1兆5,680億円に達する見通しとなっている。特に，イオンが2008年度実績3,687億円に対して2009年度が6,000億円，セブン＆アイが2,000億円に対して3,200億円を計画しており，上位GMSにおいて，よりPBへの注力が強調されている（日本経済新聞 2009.4.23, p.1）。

また，『消費社会白書2010』によると，PBの評価に関して，「値段の安さが魅力」に91.4％の消費者がイエスと回答しており，価格的要素は圧倒的であるが，「値段の割に品質が良い」にも69.6％の消費者はイエスと回答しており，PBの品質としての価値も担保されてきていることがわかる（JMR生活総合研究所 2009, p.51）。PBは通常，メーカーのナショナルブランド商品（NB）よりも1〜5割程度，価格が低く設定されており，メーカーにとっては大きな脅威となっている。

第Ⅰ部　なぜプレミアムが重要なのか？

❸ ネット通販の拡大

インターネットを利用して販売される，ネット通販の市場規模は2006年4.4兆円，2007年5.3兆円，2008年には6.1兆円へと拡大してきており，また全ての商取引における電子商取引（EC）の割合であるEC化率も，1.3％，1.5％，1.8％へと右肩上がりに上昇してきている（経済産業省・商務情報政策局情報経済課 2001, pp.27-28）。

また，インターネットにより，実施された調査であるため，対象者が全てインターネットユーザーであることを考慮しなければならないが，消費者サイドにおいても，3か月に1回以上利用したチャネルで，インターネットのショッピングサイトは60％となっている（JMR生活総合研究所 2009, p.66）。

ネット通販における売り手のメリットとして，地理的制約から解放され，より多くの消費者にアプローチできることがしばしば指摘されるが，当然のことながら，その分，コンペティターも増加する。よって，価格競争は必然的に厳しさを増すことになる。

1.2. 消費者サイドからの圧力

日本の人口は2004年をピークに減少に転じている（総務省統計局 2009, pp.8-9）。こうした影響を受け，ここ数年，例えばパンやビールなど，多くの消費財において，市場は横ばい，もしくはやや減少という傾向に陥っている。

しかも，現代の成熟消費社会において，生活に必要な耐久消費財は一通り揃っており，強い購買ニーズは一般にあまり見られない。また，現代の賢い消費者はインターネットなどを活用し，主体的に情報探索を行う。価格.comに代表されるように，ネットを利用すれば，消費者は極めて低コストかつ容易に価格が比較できるため，価格競争に拍車がかかる結果となる。

1.3. 新興国企業の台頭

BRIC's（ブラジル，ロシア，インド，中国）やVISTA（ベトナム，インドネシア，南アフリカ，トルコ，アルゼンチン）などの新興国について，現在は

市場として注目されることが多いが，そのうち優良な企業が必ず出現してくる。こうした企業にコスト面における優位性があることは容易に想像できる。現在，海外市場では先進国企業間での競争が中心であるが，そこに新興国企業も加わってくる。しかも，こうした競争は海外市場に限定される訳ではなく，タイミングこそ少し遅れるであろうが，日本市場においても間違いなく生じることとなり，結果，デフレ現象はさらに深刻化していくであろう。

1.4. 価格競争では勝ち目のない日本企業："高く売る"重要性

　縮む国内市場，流通業者のパワーの増大，賢い消費者の増加，新興国企業の台頭など，今後さらなる低価格競争が展開されるであろう要因は無数に存在している。しかしながら，人件費やインフラのコストをはじめ，日本企業が価格競争で勝てないのは明白である。仮に，ギリギリのラインで，経営が成り立ったとしても，当然，賃金や雇用形態に負の影響を与える。また，利益をあげる企業が減少すれば法人税が減っていくことも明らかである。さらに，新たな技術やサービスに関するイノベーションのための投資に対しても，企業は消極的にならざるを得ないであろう。安定しない雇用状況，不十分な雇用条件，行政サービスの低下，革新的な商品やサービスを享受できない消費者など，過度の安売りが社会全体に及ぼす負の影響は計り知れない。

　従って，価格以外の優位性が必要となる。現在までのところ，日本企業に技術的優位性があることは間違いないが，今後ますます進展するモジュール化などの影響による技術の成熟化を考慮すれば，技術のみで長期にわたる競争優位性を担保できるかと言えば，それは極めて難しいであろう。高価格ではあるものの，消費者に受け入れられる高付加価値商品となるプレミアム商品をいかに開発し，販売していくのか？　このことが日本の企業にとって，今後，最も重要な課題となることは間違いない。

第2章
ブランドの罠

2.1. 確かにブランドは強い武器となるが……

　同機能の商品がより低価格で販売されていたとしても，ロイヤリティの高いブランド，つまり自らのお気に入りのブランドを選択するという消費者購買行動は往々にして見受けられる。こうした身近な例からもわかるように，価格競争の回避，継続購買の促進，模倣の困難さなど，長期にわたる競争優位性を獲得する戦略として，ブランド戦略がしばしば注目される。

　ブランドという言葉の由来は，英語で焼印を押すという意味のBurnedから派生している（小川 1994, pp.13-14）。カウボーイは放牧している自分の牛を他人の牛と区別できるように，牛の脇腹に独特の焼印を押し，また中世の陶工は偽物が出回るのを防ぐために器の底に独特のサインやマークを入れた。

　こうした意図と起源を持つブランドは，現在，マーケティングの実務や研究において，その計り知れない効果の大きさにより注目されている。自らの購買行動を顧みても，ブランドの有効性は明らかであるが，研究や実務においてはブランドの罠とも言える大きな落とし穴が潜んでいる。

2.2. 実務における問題

　ビジネスマンを対象としたブランドに関連した書籍の種類の多さやブランドをテーマとする多様なセミナーの開催などからもわかるとおり，ブランドは産業界において大変注目されている。それはもちろん，朝礼における「良いブランドを目指そう」などのスローガンや，より本格的にブランド・マネジャー制度を敷くなど，全社的レベルでの注目もさることながら，各個人の業務レベルでもよく口にされている。

　しかしながら，その実際に関して，例えば商品が売れない場合や厳しい価格要求を突きつけられた際に，「やはり当社はブランド力が弱いから」という具

合に使われるケースが目立っている。本当は，製品，価格，広告，陳列，営業など，細部に渡り，いろいろと検討すべきところを単純にブランドを言い訳にして，「仕方がない」，「もっと大々的にプロモーションを」，「もっとかっこいいメッセージを」などの言葉を並べ，とりあえず済ませてしまっている。つまり，すぐには構築できないと広く認識されているブランドという便利な言葉は，都合のいい逃げ口上になり下がり，深い思考や問題解決を先送り，または中止させてしまっている。

こうした問題が生じる最も大きな要因は，「ブランドとは何か？」というそもそものところが明らかにされていないからであろう。

2.3. 研究における問題

マーケティングを中心に研究者の間でブランドは関心の高い研究対象であり，活発な議論が展開されている。

・ブランド・エクイティ

ブランド研究の火付け役となったのは，Aaker（1991）と言えるであろう。ブランドの名前やシンボルと結びついた資産と負債の集合をブランド・エクイティ（資産）と定義し，それを構成する5つのカテゴリーとして，ブランド・ロイヤリティ，名前の認知，知覚品質，ブランドの連想，他の所有権のあるブランド資産をあげている（pp.20-29）。このようにブランドを資産として捉え，維持・強化する管理の重要性を指摘した。

・ブランド・アイデンティティ

ブランド・エクイティに続き，Aaker（1996）は，ブランド戦略策定者が創造したり維持したいと思うブランド連想のユニークな集合をブランド・アイデンティティと定義し，この連想はブランドが何を表しているかを示し，また組織の構成員が顧客に与える約束を意味するとしている（pp.86-87）。ブランド・アイデンティティは，機能的便益，情緒的便益，自己表現的便益を含む価値提案を行うことによって，ブランドと顧客との関係を確立するのに役立たなければならないと主張している。さらに，ブランド・アイデンティティは，4つの視点から構成された12の次元からなるとして，製品としてのブランド（製品分

野，製品属性，品質および価値，用途，ユーザー，原産国），組織としてのブランド（組織属性，ローカルかグローバルか），人としてのブランド（ブランド・パーソナリティ，ブランドと顧客との関係），シンボルとしてのブランド（ビジュアル・イメージとメタファー，ブランドの伝統）をあげている。

・ブランド価値の測定

　ブランドが資産として注目されるようになった背景には，欧米を中心に著名なブランドを有する企業が簿価の何倍もの金額で買収されるケースが多発していたことがある。こうした事態を受け，ブランド・エクイティを測定する研究が盛んに行われるようになった。また，コンサルティング会社のInterbrand社は，毎年，Best Global Brandsにおいて，ブランド・エクイティの高い企業のトップ100を発表している（Interbrandホームページ）。ちなみに2009年の1位はコカ・コーラ（ブランド価値：68,734百万ドル）で，以下，IBM（60,211百万ドル），マイクロソフト（56,647百万ドル），GE（47,777百万ドル），ノキア（34,864百万ドル），マクドナルド（32,275百万ドル），グーグル（31,980百万ドル），トヨタ（31,330百万ドル），インテル（30,636百万ドル），ディズニー（28,447百万ドル）でトップ10となっている（Interbrand 2009, pp.17-19）。

　また，ブランドの強さなど競争力の測定に関する研究へも多くの研究者が取り組んでいる。

・ブランド・マネジメント

　既存ブランドの拡張やロングセラー化，ブランド間の調整，ブランド構築を実行する組織体制など，既存ブランドのマネジメントに関して幅広い研究が行われている。

・消費者購買行動とブランド

　消費者へのアンケート調査に基づく，ブランドへのロイヤリティやコミットメントの明確化，また，それらと購買行動との関係などの研究も盛んに行われている。

・新規ブランドの構築

　新規ブランドの構築に関しては，少なくとも実務家にとっては最も解き明かしてほしいテーマの1つであり，本来，ブランド研究の中心的な課題になっても良いはずだが，これをテーマとする研究はあまり見受けられない。

確かに，Aaker（1996）においては，ブランド・アイデンティティを構成する，製品分野，製品属性，品質および価値，用途，ユーザー，原産国，組織属性，ローカルかグローバルか，ブランド・パーソナリティ，ブランドと顧客との関係，ビジュアル・イメージとメタファー，ブランドの伝統という12の次元を確立させ，機能的便益，情緒的便益，自己表現的便益を含む価値提案を行うことになるだろう。

また，片平（1999）は，卓越した強さを持つブランドであるパワー・ブランドを有する世界的大企業への経営トップ層へのインタビューを踏まえ，パワー・ブランドに共通する重要なものとして，特に"夢の法則"，"一貫性の法則"，"革新性の法則"を指摘しており（pp.76-95），こうした要素を強調するということで構築法に通ずるかもしれない。

こうした主張を批判するつもりはなく，確かにブランド構築において重要な要素であると考えられるが，まずAakerにおいてはあまりに複雑かつ抽象的な部分が含まれており，また片平においても抽象的な印象は否めない。

そもそも，新規ブランドの構築というテーマについて，活発な研究が行われていない要因として，理論化・体系化するにあたり，極めて困難な課題であり，正面から対峙できないからではないかということが考えられる。

こうした問題の背景として，ブランドの定義に関する問題を指摘したい。AMA（American Marketing Association）は，ブランドを「ある売り手の商品やサービスを競合者のものと区別する，名前・言葉・サイン・シンボル・デザイン，もしくは何か他の特徴」と定義している（Bennett 1995, p.27）。以下については，各研究者とも定義として強調しているわけではないが，「ブランドは製品以上のものである」（Aaker 1991, p.92），「ブランドとは製品である。ただし，同一ニーズを充足するようにデザインされた他の製品と何らかの方法で差別化するための次元を伴った製品である」（Keller 1998, p.40），「ブランドは顧客の心の中，つまり企業の外にある目に見えない財産」（石井 1995）と言及している。

これらに含まれる，"何か"や"心の中"などのキーワードを見ると，むろん間違いであるとは言えないが，あいまいな印象はぬぐえない。これを厳格に説明しようとすれば，Aakerの指摘するブランド・アイデンティティの定義の

ように複雑なものとなるのであろう。しかしながら、どれほど言葉を重ねようとも、石井（1995）の"顧客の心の中"やKeller（1998, pp.78-81）がブランド・エクイティに対して消費者の観点からアプローチしていることからもわかるように、消費者の意識が大きく関与する限り、抽象的な記述、極端な言い方をすればブラックボックスを消し去ることはできないのではないだろうか？定義が明確にならないものを構築することは当然のことながら、極めて難しく、よってテーマとして対峙することができない状況に陥っているのではないだろうか？

片平（1999）は、カローラvs.ビートル（フォルクスワーゲン）、ハーレーvs.ホンダにおいて、カローラやホンダの方が機能的な品質において勝っていてもブランドでは劣っていることを示した事例に基づき、「良い商品＝強いブランド」ではないと指摘しているが（pp.6-8）、こうした点はブランドの難しさを象徴している。つまり、性能や価格の"良い"vs."悪い"や"高い"vs."安い"ではなく、個別の消費者の"好き"vs."嫌い"に大きく依存するということである。

多くの研究者が言葉は違えども、商品の機能的便益と同等に重要性を指摘する、Aaker（1996）が言及するところの情緒的便益に関わる要素はこのうえなく不明確であり、企業が意図して顧客に対して意味付けていくことは極めて困難な課題であると考えられる。

ちなみに、世界有数のブランド価値を誇るネスレでは、ブランド・ロイヤリティを高める中核的な3つの要素として、品質、R&D、価格を指摘しており（片平 1998）、機能的価値の重要性を強調する結果になっている。

しかしながら、当然のことかもしれないが、こうした主張はブランドに関わる研究者にはなじまないようである。確かに、小川（1994, pp.63-64）は、「新しいブランドの誕生は、偶然がきっかけになっていることが多いようです。……サクセス・ストーリーの多くは偶然性仮説を支持していますし、ブランドを創造するプロセスには科学的アプローチが入りにくいことも事実です。しかし、ブランド誕生の絶好の機会を見逃さずに最終的に製品を市場での成功に導くためには、ある種の経験知が必要なことも事実です。」と、ブランド構築への科学的アプローチの困難さを認めている。しかしながら、例えば、石井（1995）は「企業側にブランドとして育てるという意識なしに、そしてその意

識の下に焦点の合ったマーケティングを行うことなしに，自然にロングライフ商品＝ブランドが生まれることはありえない。」と述べている。また，青木は，「ブランドは技術革新に裏付けられた品質改良，あるいは広告による意味付けといった企業努力の結果を保持・蓄積するための受け皿であり，……戦略策定の前提ないしコア（核）として，事前に設計・構築されるべき仕組み・仕掛けなのである。」（青木・電通ブランドプロジェクトチーム 1999, pp.4-7）と指摘している。さらに，田中（2002, pp.25-26）においては，「昔から強いブランドとは優れた企業経営の結果であって，それ自体は管理すべきものではないのではないかという考え方がある。……しかし今日では，ブランドは自然に形成されるものではなく，意図的に育てなければならない対象であり，そこにはブランドを効果的に構築するための戦略性が必要なのである。……ハッキリ言えば，よい品質の製品を提供していけば自然にブランドは育成されるという考え方自体が修正を迫られているのである。」と言及するなど，ブランド構築においては情緒的便益にかかわる要素を含め，意図的に取り組まなければならないとの論調が主流である。

2.4. マネジメント困難な領域

　ブランドの価値の重要性に何ら異議はない。流通業者へのパワーの回避や，また一消費者の立場からもブランドによる価格競争の回避や継続購買の促進など，他社との差別化に有効であることに間違いはないと確信している。よって，ブランドを意識することは企業にとって，もちろん重要なことであろう。しかし，ブランドを事前に強力に意識した戦略には素直にうなずくことができない。なぜなら，概ね"ストーリーを売れ"などの掛け声とともに，マス広告を利用した大量のプロモーションやホームページにおける長々とした目新しさもない商品のこだわりの紹介など，浪費型のマーケティングを助長させ，逆に消費者に嫌悪感を抱かせる結果につながることも少なくないと考えられるからである。こうしたことはブランドを正しく理解していないから生じるとの指摘があるだろうが，では"ブランドとは何か？"，"どう構築していくのか？"。これらの問いに対して，結局，明確な答えはなく，「ブランド構築には消費者へのメッ

セージ訴求が重要」との旗印のもと，手っ取り速い大量広告の投入に多くの企業が陥ってしまっている。

　もちろん，情緒的便益の重要性は否定しないものの，まずは企業として全力で消費者を意識した機能的便益の創造に重きをおくべきであり，情緒的便益はその従属的な位置付けで良いのではないか？さらに言えば，そうとしかならないと考えている。つまり，ブランドとは，"消費者が感じる製品の価値"であり，決して無視することはできない重要なものであるという認識のもと，全社目標レベルにとどめるのが企業としての本分であろう。情緒的価値訴求への技術を駆使することが費用対効果の面で割に合うのか？ということを正確に検証する術は現在のところ存在せず，マネジメントが極めて困難な領域が拡大することに懸念を抱く次第である。

　少なくとも，最高の商品をつくり上げ，提供しようと全力で取り組むスタッフの真摯な覚悟や態度は消費者の心を打つが，消費者心理を分析し，巧みに訴えかけようとする作為的な試みに対しては，消費者から反発されるリスクが存在することも十分に検討する必要がある。現代の多くの消費者はインターネットなどの情報通信技術を駆使し，積極的に情報収集を行うスマートなカスタマーである。

　企業が全力を挙げて，製品を開発し，社会に広め，消費者をはじめとする社会から評価され続けた結果，ブランドは構築されていくと考えることが企業にとって極めて健全な志向である。まさに"人事を尽くして天命を待つ"ということであろう。こうした検討を踏まえ，ブランドの効果の大きさに疑う余地はないが，ブランドの構築に関する議論には大きな疑問を呈せざるを得ない。

　補足するならば，プロダクト・ブランドではなく，コーポレート・ブランドなら構築法が存在するかもしれない。筆者は，コーポレート・ブランドとは企業の哲学や文化を含めた社風であると捉えている。以前，トヨタ・ブランドの根幹をなす"カイゼン"を中心とするトヨタ生産システムが注目され，製造業の枠を超え，流通業者なども，その導入を試みるということが盛んに行われた時期があったが，概ねうまく根付かなかった。この要因として，もちろん業界の慣習，組織の体制，製品の特性など，様々な要因が影響しているであろうが，最も大きな要因は社風であったと考えられる。つまり，一般には手法やシステ

ムとして捉えられることが多い"カイゼン"は，全社一丸となり，その重要性を認識し，社員1人ひとりが日々成し遂げようとする強い意志があって初めて実現するものであり，単なる手法や技術移転のようなレベルではないということである。

　自社独自の価値観の構築，全社員の共有と実践により，社風をきっちりとつくり上げ，社会に認められれば，コーポレート・ブランドが確立したということになるのではないだろうか。しかしながら，その近道はなく，覚悟を持って，地道に日々，取り組み続けていくしかない。

第3章
プレミアムのチャンス到来

3.1. プレミアムとは

　近年，ビール，アイスクリーム，飛行機の座席など，様々な商品の修飾語として，"プレミアム"という言葉をよく見かける。その意味するところは，概ね「一般商品より高級・上質・高価格」といったところであるように思われる。
　広辞苑（第6版）(2008, p.2500) では，
　プレミアム（プレミアは略語）
　①割増金，手数料，権利金
　②打歩（貨幣・外国為替・株式などについて生ずる割増価格）
　③商品に付ける景品
となっている。我々が店頭やコマーシャルでよく目にする商品の修飾語として使われている意味とは異なり，金融用語としての意味が中心に記載されている。
　遠藤 (2007, p.79) によれば，プレミアムの語源はラテン語の形容詞"primus"であり，"第1番目の (first)"，"最も良い，最良の (best)"という意味であると指摘している。
　田中 (2008) は，プレミアムを「通常価格よりも高価格で値付された商品やブランド」と定義している。
　また，井上 (2008) は，「プレミアム製品とは，上質な原料を使用し，従来認知されている一般的な製品の価格よりも高価格であり，一般的な製品と同様のチャネルを通じて販売され，なおかつ高級感を訴求したプロモーションを行っている製品である」と指摘している。
　白井 (2006) は，価格プレミアムの説明において，「価格プレミアムとは，販売価格を同一カテゴリー内の他のブランドの販売価格よりも高く設定しても，それが消費者に受容されることを意味している」と述べている。
　本書においては，プレミアム商品を"同一カテゴリー内の他よりも高価格な商品"という範囲に限定する。もちろん，高級な原料を使用し，高級感を訴求

したプロモーションなどを行っている場合が少なくはないであろうが，これらの要因とは全く異なるポイントを工夫することにより，高く売ることに成功しているプレミアム商品も存在するかもしれないし，むしろ，そうした要因を1つでも多く抽出することこそ，本書において重要であると考えるからである。

3.2. こだわり消費の拡大

・こだわり消費

政府も，今後の日本メーカーの成長戦略において，"プレミアム"をキーワードと捉えており，関連する様々な調査が行われている。以下，経済産業省が実施した調査結果を踏まえ，プレミアム商品に関連する消費者の意識を考察していく。

経済産業省・製造産業局日用品室が，2008年12月に実施した「生活者の感性価値と価格プレミアムに関する意識調査」によると，「自分のこだわりがあるものなら価格が

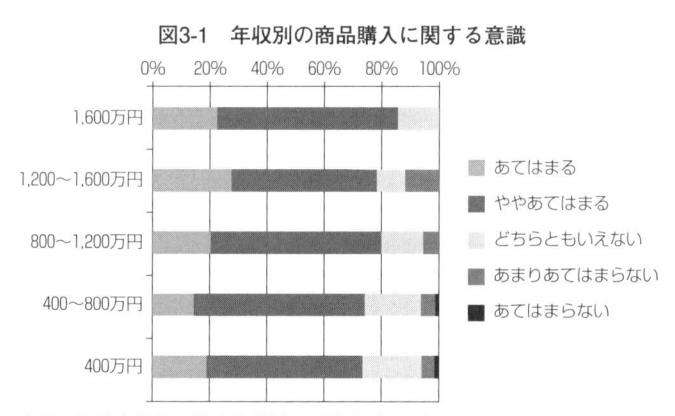

図3-1　年収別の商品購入に関する意識

凡例：あてはまる／ややあてはまる／どちらともいえない／あまりあてはまらない／あてはまらない

出所：経済産業省・製造産業局日用品室（2008）

多少高くても購入しますか？」という質問に対して，全体の約8割程度が「あてはまる」もしくは「ややあてはまる」と回答している（経済産業省・製造産業局日用品室 2008）。年収に注目すると，1,600万円以上の高所得者において85％と極めて高いのは当然のことであるが，400万円以下でも75％となっており，こうした意識は幅広い年収層の消費者に広まっていることがわかる（図3-1）。

・購入における重要な要素

商品購入における重視する要素について，「品質の良さ」，「機能性の高さ」，「デ

ザインの良さ」というプロダクトに直接的に関係する項目がトップ3となっている（図3-2）。やはり，プロダクト自体が何よりも重要であると認識されていることがわかる。ブランドに関わる項目であると思われる「作っている企業が有名であること」は35％程度であり，一般に言われているほど，重要度は高くはない。さらに，「商品の希少性を重視する」は3割程度にすぎない。

・こだわりへの対価

　「どのような要素が際立っていれば，あなたはどの程度多くお金を支払いますか？」という質問において，「品質の良さ」や「機能性の高さ」や「デザインの良さ」が際立っている場合は，7割以上の消費者が1～2割以上高くても良いと回答している（図3-3）。

図3-2　購入における重要な要素

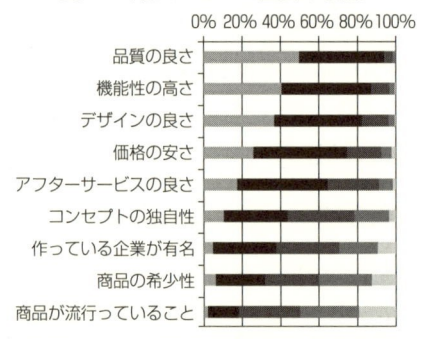

図3-3　こだわりへの対価

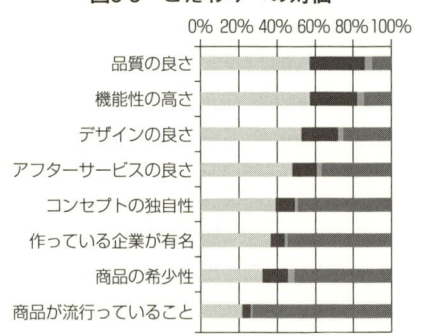

出所：経済産業省・製造産業局日用品室（2008）　　出所：経済産業省・製造産業局日用品室（2008）

・商品ごとのこだわり傾向

　商品ごとの購入に対するこだわりについて，「こだわる」もしくは「ややこだわる」と回答した割合は，電化製品では70％，衣類，車・バイク，インテリア製品，時計・高級文具では60％前後となっており，強いこだわり傾向があると言える。また，日用雑貨についても3割以上の消費者がこだわる傾向にあることは興味深い（表3-1）。

・共感・感動する製品・サービス

　上記の「こだわり傾向」と関連するが，「手間や時間をかけてでも，共感し

第3章 プレミアムのチャンス到来

たり感動することのできる製品やサービスを購入または利用しているもの」について，「ホテル・旅館での宿泊」（38.8％）が最も多く，以下，「AV機器」（35.5％），「自動車」（31.6％）と続く。「生活雑貨」さえ，24.8％と，極めて広い幅の商品群に対して，共感や感動を求める消費者が25～40％程度，存在していることがわかる（**表3-2**）。

表3-1　商品ごとのこだわり傾向（％）

テレビ・冷蔵庫などの電化製品	70.5
衣類（ファッション）	61.9
車・バイク	58.9
家具・食器などのインテリア製品	56.6
時計・高級文具	55.4
宝飾品	41.2
キッチン・バス・トイレ用品などの日用雑貨	32.8

出所：経済産業省・製造産業局日用品室（2008）
（注）「こだわる」もしくは「ややこだわる」と回答した割合

表3-2　共感・感動する製品・サービスの購入・利用状況（％）

ホテル・旅館での宿泊	38.8
AV機器	35.5
自動車	31.6
家具・インテリア	29.8
衣服	29.6
生活家電	28.9
カバン・靴	28.2
レストランでの食事	26.4
生活雑貨	24.8
ひとつもない	17.7

出所：みずほ総合研究所（2008）

・共感・感動への対価

「共感したり感動することのできる製品やサービスであれば，同等の製品・サービスと比較して，どの程度までなら価格が高くても購入・利用しますか？」について，少しでも高ければ買わないという消費者が概ね2割程度を占めるものの，2割以上高くても買うとする消費者がホテル・旅館での宿泊では45％，最も低い生活雑貨でさえ，30％程度，存在している（**図3-4**）。

こうした現代の消費者のこだわり意識を踏まえ，消費者を納得させることができれば，幅広い分野におい

図3-4　共感・感動する製品・サービスの購入価格

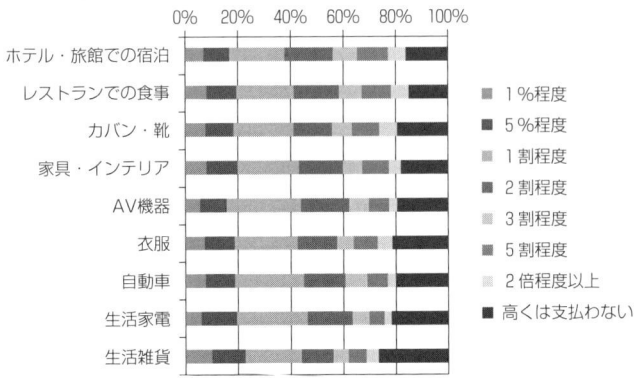

（ホテル・旅館での宿泊、レストランでの食事、カバン・靴、家具・インテリア、AV機器、衣服、自動車、生活家電、生活雑貨について、1％程度／5％程度／1割程度／2割程度／3割程度／5割程度／2倍程度以上／高くは支払わない の構成比）

出所：みずほ総合研究所（2008）

て，他の商品より多少割高であっても，販売できる可能性は極めて高いことが確認された。つまり，プレミアム商品の潜在市場がある程度の規模で存在しているということである。また，プレミアム化の重要なポイントに関して，「品質」，「機能」，「デザイン」など，商品と直接的にかかわる部分に対して圧倒的に高い支持がある一方，ブランド構築で重要とされる情緒的価値に関連する「メーカーの知名度」，「商品の希少性」などは，相対的に低いことが確認できる。

第 II 部

どうすれば
プレミアムを創造し，
その価値を継続させる
ことができるのか？

第4章
いかにプレミアムの創造と継続にアプローチするのか？

4.1. 先行研究：プレミアムはどのように考えられてきたのか？

　プレミアム商品に対して，本書が目的とするマーケティング視点からのアプローチに関する学術的論文や著書はそれほど多くはない。しかも，その大半は消費者購買行動の視点より，プレミアム・ブランドと消費者心理の関係を中心に議論している論文（井上 2008, 白井 2006）や，プレミアムと名の付く商品の事例研究となっており，プレミアム商品の成立要素やマーケティング戦略およびマネジメントについて体系化された学術的な研究は見当たらない。また，海外においては，プレミアムをクーポンやポイントカードによる値引き，商品に関連するモノやサービスの無償提供など，お得感の創出による購買インセンティブの向上と同義に扱う研究も多く見られる。

　こうした状況において，プレミアム商品の成立要素やマーケティングに関連した先行的な取り組みとして，遠藤（2007）や田中（2008）がある。ともに学術的な研究成果として公表しているわけではないため，裏付けになるデータなどはないものの，数少ない貴重な先行研究であるため，その内容を検討していく。

　遠藤（2007）は，プレミアムとは情緒的価値と機能的価値の双方が高いものであると指摘している（p.81）。具体的に，ヨーロッパ車の事例を用い，ワーゲンは機能的価値は高いが，情緒的価値が低く，逆にアルファロメオは機能的価値は低いものの，情緒的価値は高い。いずれにせよ，これらは消費者より，双方において高い評価を得ていないため，プレミアムとはなっていない。一方，双方において高い評価を得る，ポルシェ，BMW，アウディ，ベンツはプレミアムに属すると指摘している（p.85）。

　この点に関しては，田中（2008）においても，言葉こそ違えど，概念的には極めて類似した整理が行われており，プレミアムを支える商品属性として，客観属性と主観属性に注目している。客観属性は，有形（タンジブル）かつ客観

的に評価できる属性であり，また主観属性とは無形（インタンジブル）かつ主観的に評価できる属性を意味するとしている。さらに，主観属性に関しては，多くのファッション・ブランドは伝説や背景など豊富な意味を持っており，例えばシャネルの場合，ココ・シャネルというシャネル創始者についての記憶をユーザーは分かち合っており，シャネルというブランドのプレミアム性を高めていると述べている。また，プレミアム性を維持するためにも，この意味によるプレミアム価値の創出は重要になる。その他，"フランス製"，"イタリア製"などの産地や産地国，"300年の伝統"のような，その商品の古さや伝統，色や香りのような感覚的な情報，美的な価値もプレミアム商品を提供する際に重要であると述べている。さらに，美的な価値については，ビンテージ・ジーンズは明らかにボロボロであっても，その古さそのものが価値を生んでしまうことがあり得ることから，美的な価値の難しさを強調している。また，こうした客観属性と主観属性という2つの属性は，多くは協同して働くため，2つの面を両方実現しながらプレミアム商品をつくっていくことが重要になると指摘している（田中 2008）。

2人により指摘されている，機能的価値と客観属性，情緒的価値と主観属性が意味するものはほとんど同じであると考えられる。さらに，これらはAaker（1996）が指摘した機能的便益および情緒的便益とも同義であり，こうしたことから基本的にはブランドを説明する枠組みがプレミアムに用いられていると捉えられる。

遠藤（2007）は，プレミアムとブランドの相違について，「これまで，高級や贅沢をわかりやすく伝える言葉の代表例は"ブランド"という言葉だった。"プレミアム"という言葉に消費者が反応するのは，ブランドを超える"何か"を求めているからである。プレミアムには"格"とも言うべきより限定したニュアンスが込められている。ほかの人と同じではない，自分ならではの上質さや本物を手にしたいという消費者の欲求が，プレミアムという言葉に敏感に反応させられている」（pp.72-73）と述べているが，"自分ならではの上質さ"というキーワードも，Aaker（1996）がブランドの価値提案において機能的便益や情緒的便益とともに指摘する自己表現的便益と同義であると考えられる。

また，経済産業省も，「生活関連産業（食品を除く，幅広い消費財を対象）

第Ⅱ部　どうすればプレミアムを創造し，その価値を継続させることができるのか？

の高付加価値化に向けた提言～暮らしの豊かさを提供する"生活創造産業"の実現に向けて～」（経済産業省・製造産業局日用品室 2007）において，プレミアムに対するブランド的整理を行っている。この提言では，「安価な労働力を有するアジア諸国の追い上げや欧州の高級品のグローバル展開の進展により，我が国の日用品の国内シェアが大きく減少するなか，今後とも，我が国の生活関連産業（日用品）が地域経済を支えていくためには，新たな価値軸の提示や世界に通用するブランドの構築等により，製品の高付加価値化が不可欠となっている」との問題意識があげられ，プレミアム商品の重要性が指摘されている。しかし，製品の高付加価値化に関して，「成熟経済においては，品質・機能というモノの機能価値（モノづくり）に加え，デザインの良さ・コンセプトの独自性といった生活者の感性に訴えかける要素（＝感性価値）（モノ語り）を持つことが重要になってきている」と述べており，つまりここでもブランドが強調されている。

　以上，プレミアムの先行研究において，ブランドと極めて類似した整理が行われていることを指摘した。もちろん，プレミアムがブランドと全く無縁であると主張するつもりはない。しかしながら，ブランド構築に対する批判的検討で指摘したことと重なるが，情緒的価値や主観属性や感性価値というものを重視すると，プレミアム構築に関する体系化や一般化が極めて困難になるのではないだろうか？　田中（2008）の指摘するとおり，伝統や原産国などにより，主観属性に関わる価値が高められる場合も往々にして生じるだろうが，そういう項目を前面に打ち出すと，日本に所在する歴史のないメーカーはプレミアム商品の創造に向け，初めの一歩すら，踏み出せない事態になってしまう。また，ビンテージのジーンズのように，一見ボロボロであっても美的な価値を生む場合があるという指摘は結果論としては正しいが，だからと言ってプレミアム商品の開発を目指し，ボロボロのジーンズをつくるべきだとは当然ならず，再現性において行き詰る。

　よって，機能的価値と情緒的価値を同等のレベルで扱う主張には，疑問を呈せざるを得ない。メーカーはあくまでも第一にはマネジメント可能な機能的価値の向上に注力し，情緒的価値に関しては，付随的，従属的にフォローしていくべきであると主張する。

4.2. 本書の対象：マス・プレミアム商品を中心に

　本書では，プレミアム商品を"同一カテゴリー内の他よりも高価格な商品"と定義している。そこで，問題となるのが，どのレベルの高価格を対象とするのかということである。

　例えば，遠藤（2007）は，プレミアムをプレミアムと成らしめる要素：アイデンティティ・プレミアムとして，高価，希少，選別の3つを指摘している（p.75）。また，プレミアム戦略の重要なポイントとして，以下の点があげられている。

・プレミアム・パラダイム（pp.153-158）
　－たくさん売ろうとしないこと
　－カスタマーではなく，ファンをつくる
　－マーケティングではなく，ストーリー・テリング
・プレミアムにおける原則（pp.159-172）
　－つくり手の主観こそがプレミアムの命
　－常にモダンであり続けること
　－派手な広告・宣伝はしない
　－飢餓感・枯渇感を醸成する
　－安易な拡張は行わない
　－販路を絞り込む
　－細部にこだわる
　－グローバルを目指す

　こうした遠藤の定義は，本書で規定する"他よりも高価格"という相対的な高価格というレベルでのプレミアムをはるかに超えた絶対的な高価格，いわゆるラグジュアリー品（贅沢品）に該当すると考えられる。

　ちなみに，ルイヴィトンやクリスチャン・ディオールなどのファッション類，ヘネシーやドンペリニヨンなどの酒類など，世界最高級のラグジュアリー品群を有するLVMHの社長であるベルナール・アルノーはスター・ブランドに欠かせない4つの特質として，タイムレス（時代を超えて通用する），モダン，急成長，高収益を上げている（ベルナール 2002, pp.80-89）。

第Ⅱ部　どうすればプレミアムを創造し，その価値を継続させることができるのか？

　また，Interbrand社は，「世界のラグジュアリー・ブランドに関する調査」を行っており，そこでのラグジュアリー・ブランドの定義は，「Ｂ２Ｃカテゴリーに属し，価格の影響をあまり受けない消費者層を顧客にもつブランド」となっている（Interbrand Press Release 2008.12.17）。さらに，上位のラグジュアリー・ブランドでは，価格は購買意思決定において極めて限定的な役割であり，「信頼性と卓越した品質」，「代替品や類似品では得られない大きな魅力・渇望」，「象徴的なステータス」という特性を有すると指摘している。ラグジュアリー・ブランドのトップ10は以下のとおりである（**表4-1**）。

表4-1　ラグジュアリー・ブランド・トップ10（2008, 百万USドル）

	ブランド	起源国	ブランド価値
1	ルイヴィトン	フランス	21,602
2	グッチ	イタリア	8,254
3	シャネル	フランス	6,355
4	ロレックス	スイス	4,956
5	エルメス	フランス	4,575
6	カルティエ	フランス	4,236
7	ティファニー	アメリカ	4,208
8	プラダ	イタリア	3,585
9	フェラーリ	イタリア	3,527
10	ブルガリ	イタリア	3,330

出所：2008 Leading Luxury Brands（Interbrand Press Release 2008.12.17）

　確かに，富裕層でなくとも，ローンを活用し，生活を切りつめて購入するケースも見られるが，通常，ラグジュアリー品の顧客は一部の富裕層に限定され，ラグジュアリー品が各商品群の全体に占めるシェアは大きくはない。また，ラグジュアリー品の成立要因においては，Interbrand社も指摘するとおり，情緒的価値や主観属性のウェートが極めて高いだろう。よって，固有な個別の事情や偶発的な要素が大きく，体系化が極めて困難になると考えられる。

　このようにラグジュアリー品の市場における影響力は大きくはなく，また事例研究から得られる知見を一般化することは極めて困難であり，一般的な企業の戦略構築に有益な示唆をもたらすとは考え難い。

　よって，高価格の程度に関しては，一般商品と比較し，何十倍もするラグジュアリー品は範疇に含めず，概ね３倍程度までを対象とする。本書における，そもそもの問題意識である"高く売る"の意図するところは，流通業者からの

値下げ要求やコンペティターとの価格競争の回避による適正な利益の確保であるため，この範囲で十分であると考えている。

ただ，あえて厳格に区別するなら，同カテゴリーにおいて他より，「何十・百倍もするような価格の商品＝ラグジュアリー・プレミアム」，「３倍程度までの価格の商品＝マス・プレミアム」と定義することができ，本書では"マス・プレミアム"を対象とする。

4.3. 分析手法：マス・プレミアム商品の事例研究を中心に

本書では，同一カテゴリー内で他よりも高価格（３倍程度の範囲内）で販売されているにもかかわらず，順調な販売を継続させている，マス・プレミアム商品に対する事例研究を積み重ね，プレミアムの創造に関する要因を抽出し，体系化することを試みる。さらに，ヒットしたものの，その後，すぐに模倣品との価格を中心とする競争により，市場から消えていく，もしくは利益が生じなくなるという事態が蔓延化する現在の市場環境への対応として，プレミアムの価値を持続させる要因についても整理していく。事例研究においては，文献による調査に加え，開発者やマーケティング担当者へのインタビューを実施している。

分析する視点においては，まず機能的価値，つまり商品そのものに注目し，商品誕生の背景，コンセプトの抽出，商品開発の体制，商品の特徴などについて明らかにしていく。次に，マーケティング・ミックスである4Pの視点から，商品以外の価格，流通，プロモーションに焦点を当てる。情緒的価値については，あくまでも機能的価値に従属するスタンスで検討していく。また，トップマネジメントのリーダーシップや取り組み体制についても検討する。さらに，フルライン戦略や差別化戦略など，競争戦略とプレミアム商品の関係についても考察していく。

第5章
プレミアム商品の実際：
マス・プレミアム商品の事例研究

5.1. プレミアム・食パン（フジパン："本仕込"vs.敷島製パン："超熟"vs.山崎製パン："超芳醇"）

　日本のパン市場は，一般に，食パン，食卓パン，菓子パン，調理パンという4つのカテゴリーに分けられるが，山崎製パンはどのカテゴリーにおいてもシェアトップの座を維持しており，パン全体のシェア3割と2位以下を圧倒している。

　しかしながら，市場の約4分の1を占め，毎朝，家庭で食されることにより，商品名および企業名が強く訴求されることからも，パンメーカーにとって極めて重要な商品であると言える食パンにおいては，1位が敷島製パンの"超熟"，2位がフジパンの"本仕込"となっている。当初，これらの食パンに対抗して，発売された山崎製パンの"超芳醇"は10位にとどまっている。

　さらに，こうした3つの商品は，一般のNBやPBと比較し，約1.5倍程度の価格となっているにもかかわらず，"超熟"や"本仕込"はシェアでそれぞれ1，2位となっている訳である。しかも，"本仕込"は1994年に，また"超熟"は1998年に販売が開始されており，ともに10年を経過してもなお好調な販売を維持している。これは，まさにプレミアムの創造と継続の典型的な好例といえ，それぞれの商品コンセプトの誕生から，製品開発，現在に至るまでのマーケティング戦略を中心に考察していく。

　また，圧倒的なシェアを誇り，豊富な資金力や人材を有するリーダー企業である山崎製パンの"超芳醇"が"超熟"や"本仕込"ほどは順調に推移していない要因についても検討する。

　以下，まず日本のパン市場について，概要を整理したうえで，製品が開発された順に，フジパン"本仕込"，敷島製パン"超熟"，山崎製パン"超芳醇"の事例研究を行っていく。

第5章　プレミアム商品の実際：マス・プレミアム商品の事例研究

❶ 日本のパン市場

・日本のパン市場の構成と推移

　日本のパン市場は近年，1兆3,000億円程度の規模にとどまっている（図5-1）。人口の増大が期待できない国内市場においては，今後もパン市場の大きな成長は期待できないであろう。商品別に見ると，菓子パンは約6,000億円の市場となっており，全体の半数を占める。これに対して食パンは菓子パンの半分程度の市場規模である。しかしながら，菓子パンは無数に存在しており，商品点数を考慮すれば，1商品当たりの重要度は食パンの方がはるかに高いと言える。

・パンの小売チャネル

　パンの小売チャネルに注目すると，量販店が4,000億円を超え，最も大きな割合を占めている（図5-2）。コンビニも約3,500億円となっており，大手流通業者との関係がパンメーカーにとって重要な案件となっていることがわかる。一方，従来，主力チャネルであったパンメーカー系列の一般店の割合は1割にも満たない状況になっている。

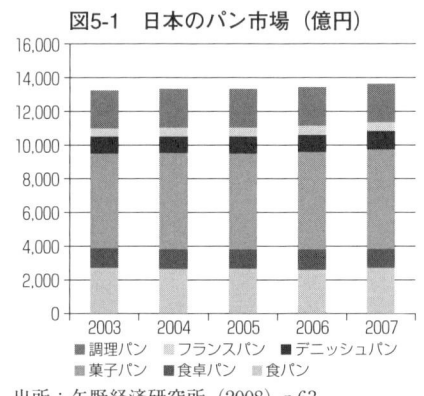

図5-1　日本のパン市場（億円）

出所：矢野経済研究所（2008）p.63

図5-2　パンの小売チャネル（2007，億円）

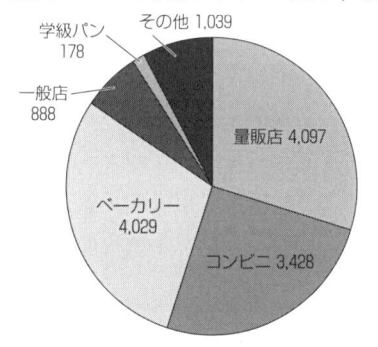

量販店 4,097
コンビニ 3,428
ベーカリー 4,029
一般店 888
学級パン 178
その他 1,039

出所：矢野経済研究所（2008）p.66

・パンにおけるPBの進展

　近年，その躍進ぶりが大きな話題となっているPBはパンにおいても全体の2割程度を占めている（図5-3）。しかも，量販店よりもコンビニのPBの方が売上が大きい。

27

第Ⅱ部　どうすればプレミアムを創造し，その価値を継続させることができるのか？

・**各社のシェア**

　各社のシェアに注目すると，山崎製パンが全体の3割を占めている（**図5-4**）。2位の敷島製パンと比較しても3倍の規模であり，山崎製パンは日本のパン業界において，圧倒的なリーダー企業であることがわかる。また，こうした2社にフジパン，神戸屋を加えた大手4社により，市場の半数を占める構図となっている。

図5-3　PBパンの売上（2007，億円）

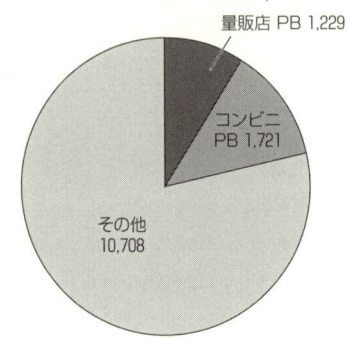

量販店 PB 1,229
コンビニ PB 1,721
その他 10,708

出所：矢野経済研究所（2008）p.5

図5-4　パン市場のメーカーシェア(2007, %)

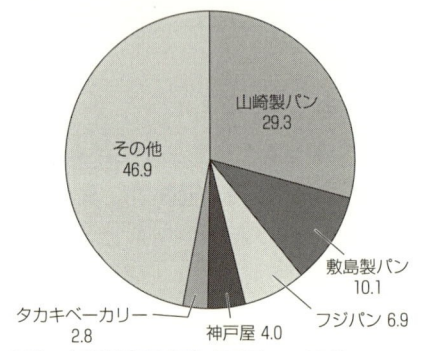

山崎製パン 29.3
その他 46.9
敷島製パン 10.1
タカキベーカリー 2.8
神戸屋 4.0
フジパン 6.9

出所：矢野経済研究所（2008）pp.68-69

・**食パンのメーカーシェア**

　食パンにおいても，やはり山崎製パンのシェアは高い（**図5-5**）。また敷島製パンも2割に迫るほどのシェアを獲得しており，2社で市場の半数を超えている。フジパンは，1割程度のシェアとなっている。

・**食パン上位20品**

　個別の商品に注目すると，敷島製パンの"超熟"が金額シェア7.6％で首位となっている（**表5-1**）。次に，フジパンの"本仕込"が続く。上位20品は全て大手3社の商品となっており，まさに三つ巴の戦いとなっている。商品点数に注目すれば，山崎製パンが10品を占め，フルライン戦略を強く志向するトップメーカーの特徴が強く表れている。

図5-5　食パンのメーカーシェア(2007, %)

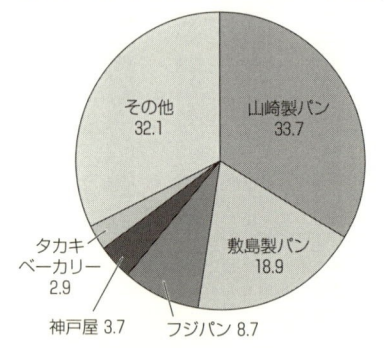

山崎製パン 33.7
その他 32.1
敷島製パン 18.9
タカキベーカリー 2.9
神戸屋 3.7
フジパン 8.7

出所：矢野経済研究所（2008）p.70

第5章 プレミアム商品の実際：マス・プレミアム商品の事例研究

表5-1 食パン上位20品

	メーカーおよび商品名	金額シェア（％）	平均価格（円）
1	敷島 パスコ 超熟 食パン 6枚	7.6	146.0
2	フジ 本仕込 食パン 6枚	5.8	131.5
3	山崎 ふんわり食パン 6枚	4.4	141.2
4	敷島 パスコ 超熟 食パン 5枚	4.0	146.0
5	山崎 ダブルソフト 6枚	3.3	169.2
6	山崎 芳醇 食パン 6枚	3.3	117.8
7	フジ 本仕込 食パン 5枚	3.3	137.3
8	敷島 パスコ 超熟 食パン 8枚	2.5	145.3
9	敷島 パスコ 超熟 食パン 4枚	2.0	149.2
10	山崎 超芳醇 湯捏仕込み 食パン 6枚	1.8	141.3
11	山崎 ふんわり食パン 8枚	1.8	140.8
12	山崎 芳醇 食パン 5枚	1.5	120.5
13	山崎 ふんわり食パン 5枚	1.5	142.5
14	フジ 本仕込 食パン 8枚	1.3	128.4
15	フジ 本仕込 食パン 4枚	1.2	138.2
16	敷島 パスコ 超熟 食パン 3枚	1.1	95.3
17	山崎 ダブルソフト1／2 3枚	1.1	112.6
18	山崎 超芳醇 湯捏仕込み 食パン 5枚	1.1	137.9
19	フジ ふんわり食感 食パン 6枚	1.0	91.4
20	山崎 芳醇 食パン 8枚	0.9	117.2

出所：日経テレコン21・POS情報（アクセス日：2009.11.26）
（注）2009年10月

・食卓パンのメーカーシェア

食卓パンにおいては，山崎製パンの強さに加え，フジパンの健闘が目立っている（図5-6）。詳細については，フジパンの事例において触れるが，他社に先駆け，ロールパンの中にマーガリンを注入するという高い機能的価値を実現させた商品力と，さらに食パンにおいて認知度が高い"本仕込"の名前をロールパンにも付与した点が功を奏しているといえる。

図5-6 食卓パンのメーカーシェア（2007，％）

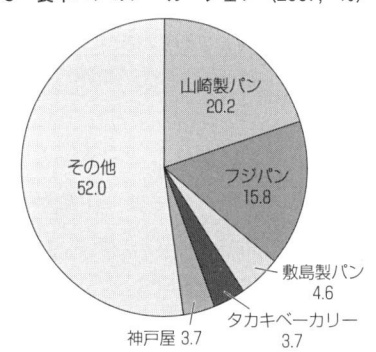

山崎製パン 20.2
フジパン 15.8
敷島製パン 4.6
タカキベーカリー 3.7
神戸屋 3.7
その他 52.0

出所：矢野経済研究所（2008）p.70

・食卓パン上位20品

敷島製パンの"超熟イングリッシュマフィン"が8.6％と高い金額シェアを堅持している（表5-2）。2位は同じく"超熟"ブランドを付与した"超熟ロール"

第Ⅱ部　どうすればプレミアムを創造し，その価値を継続させることができるのか？

で，3，4位はフジパンの"本仕込"ブランドを付与した"本仕込ネオバターロール"と"本仕込ネオレーズンバターロール"となっている。上位10品において，山崎製パンは1品にとどまっているにもかかわらず，シェア1位となっており，食卓パンにおいてもかなりの商品点数を揃えていると考えられる。

表5-2　食卓パン上位20品

	メーカーおよび商品名	金額シェア(%)	平均価格(円)
1	敷島　パスコ　超熟　イングリッシュマフィン　4個	8.6	148.6
2	敷島　パスコ　超熟　ロール　6個	5.1	144.8
3	フジ　本仕込　ネオバターロール　6個	4.9	143.7
4	フジ　本仕込　ネオレーズンバターロール　6個	4.4	145.1
5	敷島　パスコ　十勝バターレーズンスティック　6本	4.0	155.4
6	敷島　パスコ　十勝バタースティック　6本	3.7	154.3
7	フジ　ネオ黒糖ロール　マーガリン入　6個	2.6	147.5
8	敷島　パスコ　白い食卓ロール　豆乳　6個	2.3	144.6
9	山崎　ふんわりテーブルロール　5個	1.5	137.1
10	敷島　パスコ　スナックパン　プレーン　8本	1.4	135.7
11	フジ　アンパンマンのミニスナック　野菜　8本	1.4	130.3
12	山崎　黒糖入りテーブルロール　7個	1.3	166.9
13	敷島　パスコ　麦のめぐみ　イングリッシュマフィン　4個	1.2	144.4
14	神戸屋　湯種ラクふわサンド　4個	1.2	138.2
15	山崎　スナックスティック　10本	1.2	145.0
16	山崎　スペシャルパリジャン　1個	1.1	165.2
17	敷島　パスコ　スナックパン　野菜と果物　8本	0.8	146.0
18	敷島　パスコ　スナックパン　メープル　8本	0.7	139.4
19	山崎　スナックスティック　10本	0.7	134.8
20	山崎　ちょっとパンタイム　レーズンロール　5個	0.7	96.1

出所：日経テレコン21・POS情報（アクセス日：2009.11.26）
（注）2009年10月

・菓子パンにおけるメーカーシェア

菓子パンにおいては，山崎製パンのシェアの高さが一段と際立っており，全体の4割を占めている（**図5-7**）。3位には神戸屋が食い込み，フジパンは菓子パンにおいては4位に位置している。

・菓子パン・蒸しパン上位20品

10位の敷島製パンの"スナックパン・チョコ"と，16位の中村屋の"あ

図5-7　菓子パンのメーカーシェア（2007，%）

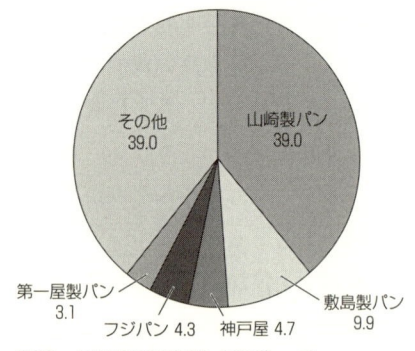

その他 39.0
山崎製パン 39.0
第一屋製パン 3.1
フジパン 4.3
神戸屋 4.7
敷島製パン 9.9

出所：矢野経済研究所（2008）p.71

第5章 プレミアム商品の実際：マス・プレミアム商品の事例研究

んまん肉まん詰め合わせ"を除けば，上位20品を山崎製パンが独占している（**表5-3**）。フジパンの商品は見当たらない。ただ，1位の"薄皮つぶあんぱん"でさえ，金額シェア1.7％であり，この市場の競争の激しさが表れている。

表5-3 菓子パン・蒸しパン上位20品

	メーカーおよび商品名	金額シェア（％）	平均価格（円）
1	山崎 薄皮つぶあんぱん 5個	1.7	109.6
2	山崎 具たっぷり肉まん 4個	1.3	297.4
3	山崎 ランチパック ピーナッツ 2個	1.2	103.1
4	山崎 まるごとソーセージ 1個	1.1	93.7
5	山崎 薄皮クリームパン 5個	1.0	117.3
6	山崎 ナイススティック 1本	1.0	90.1
7	山崎 ランチパック たまごサラダ 2個	1.0	118.9
8	山崎 北海道チーズ蒸しケーキ 1個	0.9	92.7
9	山崎 ランチパック ツナマヨネーズ 2個	0.9	128.2
10	敷島 パスコ スナックパン チョコ 8本	0.8	139.0
11	山崎 高級つぶあん 1個	0.7	92.9
12	山崎 具たっぷり肉まん・あんまん 4個	0.7	305.9
13	山崎 シュガーロール 5個	0.7	166.1
14	山崎 ミニスナックゴールド 1個	0.7	95.4
15	山崎 コッペパン ジャム＆マーガリン 1個	0.7	91.1
16	中村屋 あんまん肉まん詰め合わせ 増量 6個	0.6	450.7
17	山崎 具たっぷり肉まん・ピザまんミックス 4個	0.6	302.5
18	山崎 薄皮チョコパン 5個	0.5	115.7
19	山崎 アップルパイ 1個	0.5	101.4
20	山崎 ランチパック ミルキークリーム 2個	0.5	110.1

出所：日経テレコン21・POS情報（アクセス日：2009.11.26）
（注）2009年10月

・調理パンにおけるメーカーシェア

調理パンにおいては，賞味期限が短く，時間を要する長距離輸送が困難となる場合も多いため，各地域の中小メーカーの勢力が強いのではないかと考えられる。それでも山崎製パンはトップで1割を超えるシェアをキープしているが，敷島製パンやフジパンの影響力はあまり見られない（**図5-8**）。

図5-8 調理パンのメーカーシェア（2007，％）

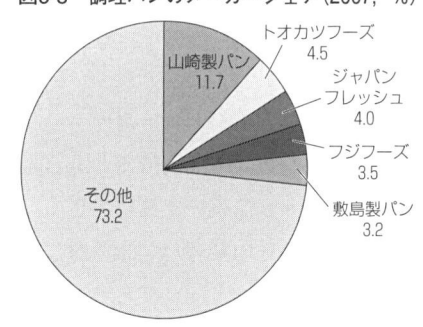

山崎製パン 11.7
トオカツフーズ 4.5
ジャパンフレッシュ 4.0
フジフーズ 3.5
敷島製パン 3.2
その他 73.2

出所：矢野経済研究所（2008）p.72

第Ⅱ部　どうすればプレミアムを創造し，その価値を継続させることができるのか？

・調理パン上位20品

　山崎製パンの商品が13品を占めている（**表5-4**）。敷島製パンとフジパンの商品は1品もない。もっとも，こうした3社をはじめ，大手メーカーでは調理パンの製造・販売を関連会社で行っている場合も多い（矢野経済研究所 2008, p.92）。また，とんかつを専門に扱う井筒まい泉など，この市場においてはパンをメインとしないメーカーも参入してきていることがわかる。

表5-4　調理パン上位20品

	メーカーおよび商品名	金額シェア（％）	平均価格（円）
1	山崎　照焼バーガー	5.0	90.7
2	山崎　大きなサンドイッチ　野菜ミックス　1個	2.4	202.5
3	井筒まい泉　ヒレかつサンド　6個	2.3	720.5
4	山崎　ハムエッグランチ　サンドイッチ	2.1	246.3
5	山崎　たまごロール	2.1	87.1
6	山崎　クールデリカ　大きなサンド　ハム＆エッグ　1個	2.0	200.3
7	山崎　一口サンド	1.9	189.3
8	山崎　一口サンド　8個	1.9	182.8
9	山崎　クールデリカ　大きなサンド　ジューシー　1個	1.8	196.4
10	タカキ　ファミリーサンド	1.7	278.9
11	山崎　クールデリカ　ビッグ焼そばロール　増量　1個	1.7	97.7
12	井筒まい泉　ヒレかつサンド　3個	1.5	364.0
13	タカキ　ロールミックスサンド	1.5	240.5
14	山崎　焼きそばロール	1.4	85.6
15	山崎　ハンバーガー　和紙　1個	1.4	87.1
16	だるま　名古屋みそカツサンド	1.2	547.5
17	タカラ食品　たいめいけん　トンカツサンド	1.0	817.3
18	山崎　大きなサンド　ハム＆チーズ	1.0	202.6
19	タカラ食品　たいめいけん　メンチカツサンド	1.0	617.4
20	山崎　ツナポテトロール　1個	0.9	81.6

出所：日経テレコン21・POS情報（アクセス日：2009.11.26）
（注）2009年10月

・流通経路と大手パンメーカー

　パン流通における2大勢力とも言える量販店とコンビニでは，大手メーカーの影響力に大きな違いが確認できる。まず，量販店においては，大手パンメーカーのシェアは山崎製パンを筆頭に，3大メーカーで全体の4分の3を上回っている（**図5-9**）。一方，コンビニにおいては，3大メーカーのシェアは合計しても4割に満たず，量販店でのシェアの半分程度の状況となっている（**図5-10**）。コンビニでは調理パンや菓子パンの売上比率が大きく，こうしたパンのPB化が進展しているためであろう。

第5章 プレミアム商品の実際：マス・プレミアム商品の事例研究

図5-9　量販店におけるパンのメーカーシェア(2007, %)

- 第一屋製パン 4.4
- その他 12.3
- 神戸屋 7.6
- フジパン 15.1
- 敷島製パン 21.6
- 山崎製パン 39.1

出所：矢野経済研究所（2008）p.99

図5-10　コンビニにおけるパンのメーカーシェア(2007, %)

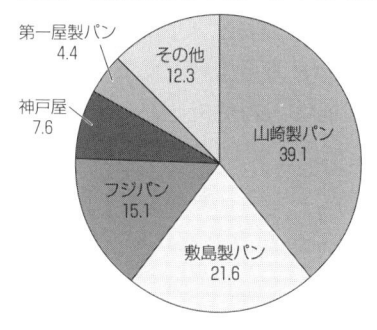

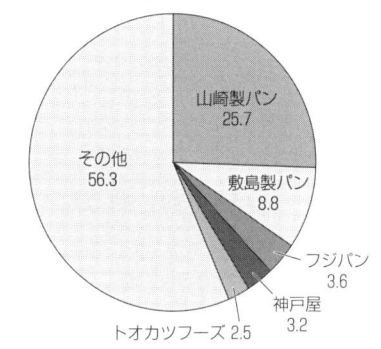

- 山崎製パン 25.7
- その他 56.3
- 敷島製パン 8.8
- フジパン 3.6
- 神戸屋 3.2
- トオカツフーズ 2.5

出所：矢野経済研究所（2008）p.98

・大手3大メーカーの食パン

　各社のホームページに掲載されている大手3社の食パンの商品数を比較すると，まずフジパンは"本仕込"に注力していることがわかる（表5-5）。敷島製パンは"超熟"を中心に10品目である。一方，山崎製パンでは，食パンだけで24品目もあり，食パンにおいても山崎製パンのフルライン戦略が確認できる。

表5-5　大手3社における食パン

	山崎製パン	敷島製パン	フジパン
1	クリーミーゴールド	超熟食パン	本仕込食パン
2	ゴールドソフト	超熟山型食パン	本仕込レーズン食パン
3	国産小麦食パン	ふわふわスイート	山型本仕込食パン
4	サンドイッチ用食パン	ライ麦入り食パン	ふんわり食感
5	サンロイヤル	レーズンブレッド	―
6	サンロイヤル　スーパーアローマ	麦のめぐみ	―
7	サンロイヤル　エクセレント	お豆と雑穀　十六穀入り食パン	―
8	十二穀ブレッド	十勝バターブレッド	―
9	全粒粉入りブレッド	吟麗	―
10	米粉食パン	笑顔の食卓	―
11	モーニングバランス	―	―
12	ダブルソフト	―	―
13	ダブルソフト（黒糖入り）	―	―
14	ダブルソフト（プレミアム）	―	―
15	ヤマザキ食パン	―	―
16	ふんわり食パン	―	―
17	ユアクイーンリッチブレッド	―	―
18	新食感宣言（角型）	―	―
19	新食感宣言（玄米入り）	―	―
20	新食感宣言（山型）	―	―
21	芳醇	―	―
22	超芳醇（レーズン）	―	―
23	超芳醇	―	―
24	超芳醇（特撰）	―	―

出所：各社ホームページ（アクセス日：2010.1.10）
(注）ホームページに掲載されている商品を全て記載

第Ⅱ部 どうすればプレミアムを創造し，その価値を継続させることができるのか？

・**食パンの店頭価格**

　パンの価格に関して，業界の取り決めにより，ここ数年，メーカーは価格を公表しておらず，またPBの価格情報を収集する目的もあり，店頭調査を実施した。"超熟"は，スーパーでは，158円，コンビニでは198円で販売されていた（**表5-6**）。同社の一般的な食パンである"笑顔の食卓"はスーパーでは108円となっており，約1.5倍程度の価格で販売されていることがわかる。他社のプレミアム食パンを見ると，山崎製パンの"超芳醇"，フジパンの"本仕込"ともに"超熟"と全く同一である158円で販売されていた。近年，勢力を急激に拡大させているPBは食パンにも浸透している。バローのPBが98円，イオンのベストプライスが88円となっており，低価格で販売されていることが確認できる。さらに，イオンにおいてはトップバリューが128円で販売されており，PBにおけるプレミアム化という側面も確認できる。

表5-6　食パンの店頭価格

	敷島製パン	山崎製パン	フジパン	PB
プレミアム	超熟 (158円：スーパー) (198円：コンビニ)	超芳醇 (158円：スーパー) (198円：コンビニ)	本仕込 (158円：スーパー)	トップバリュー (イオン)(128円)
一般	笑顔の食卓* (108円：スーパー)	―	―	―
PB	―	―	―	バロー(98円) ベストプライス (イオン)(88円)

（注）　スーパー：2009年9月4日　バロー　一社店（名古屋市内）にて
　　　コンビニ：2009年9月5日　ローソン　名城大学前店（名古屋市内）にて
　　　イオン　：2009年9月5日　八事店（名古屋市内）にて
　　　*2009年9月4日　ヤマナカ　清水店（名古屋市内）にて

❷ フジパン："本仕込"

　"本仕込"をプレミアム食パンと位置付け，製品開発，マーケティング，製品マネジメントを中心に，2009年11月19日（16：00～18：00），フジパン㈱の本社にてマーケティング部門の3名に対して個別訪問面接調査を実施した。

（1）フジパンとは

　フジパングループは大正11年，舟橋甚重により創業され，現在は持株会社制導入のもと，食を中心とした4つの部門：ホールセール，リテイル，ロジスティック，デリカからなる（フジパン・ホームページ）。

・ホールセール部門
　全国のスーパーマーケットや一般商店を通して，フジパン・ブランドの商品を消費者に届ける
・リテイル部門
　スーパーマーケットや百貨店などの商業施設を中心に，焼きたてパンを販売するベーカリーショップの運営
・ロジスティックス部門
　日本マクドナルドのハンバーガービジネスを原材料の物流面からサポート
・デリカテッセン部門
　全国のCVS（コンビニ）を中心に，お弁当・サンドイッチ・おにぎり・お寿司などを製造・販売

　フジパングループ本社株式会社とホールセール部門を担うフジパン株式会社の概要は以下のとおりである（フジパン・ホームページ）。

・フジパングループ本社株式会社	
創　　業	1922年
設　　立	1951年
本社所在地	名古屋市瑞穂区松園町1-50
資　本　金	46億8,200万円
年　　商	4,000億円
従　業　員	約14,000名
事業内容	グループ事業会社において，パン・和洋菓子の製造販売と物流，弁当・惣菜・麺の製造販売，パン製造直売店の経営コンサルタント，保険代理店

・フジパン株式会社	
設　　立	2006年
資　本　金	4億円
年　　商	1,041億円
従　業　員	約3,500名
工　　場	関東，中部，関西に8工場
販　売　部	中国，四国，九州に6販売部
営　業　所	12営業所
販　売　店	約30,000店
事業内容	パン・和洋菓子の製造販売

第Ⅱ部　どうすればプレミアムを創造し，その価値を継続させることができるのか？

・売上構成比

全体の9割をパンが占め，残りを洋菓子と和菓子で分け合っている（図5-11）。

・パンの構成比

菓子パンと食パンがそれぞれ4分の1を占めている（図5-12）。また，マクドナルドのバンズを製造しており，冷凍生地，業務用とあわせて，食卓パンと同規模の2割となっている。

図5-11　フジパンの売上構成比(全体)（2008/6期，%）
和菓子 2.0
デザート 0.9
洋菓子 7.1
パン 90.0

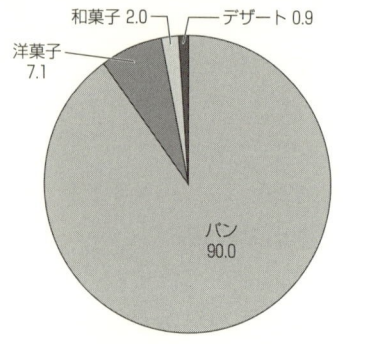

出所：矢野経済研究所（2008）p.329

・チャネル構成比

量販店の占める割合が3分の2にも及んでいる（図5-13）。一方，コンビニは1割程度，一般小売店等においては1％にも満たない。

図5-12　フジパンの商品構成比(パン)（2008/6期，%）
マクドナルド・冷凍生地・業務用 19.0
食パン 25.0
デニッシュ 9.0
菓子パン 27.0
食卓パン 20.0

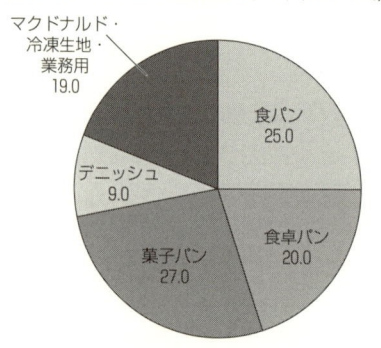

出所：矢野経済研究所（2008）p.329

図5-13　フジパンのチャネル構成比(パン)（2008/6期，%）
マクドナルド・冷凍生地・業務用 20.1
一般小売店等 0.9
コンビニ 13.0
量販店 66.0

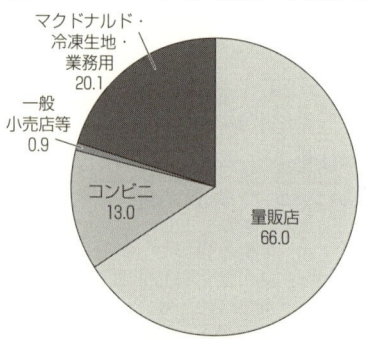

出所：矢野経済研究所（2008）p.331

（2）フジパンのマーケティング

業界首位である山崎製パンは，幅広い領域に対して豊富な品数の商品を投入するフルライン戦略を志向しているが，フジパンではチャレンジャーによる差別化戦略を重視している。こうした競争戦略のもと，徹底した顧客志向のマーケティングが行われている。

フジパンにおけるマーケティング組織に関して，従来，年配の男性を中心と

した構成であったが，現在注力している食パンは量販店での売上が大きく，85％は女性客となっているため，現在はマーケティング部の3分の2が女性で占められている。

　マーケティング・リサーチに関しては，とにかく試作し，市場に流す。そうすれば，3日で答えがわかるというのが実情である。これは比較的容易に試作品を製造できるというパンの製品特性に適応した手法であると言えるであろう。こうした取り組みの結果，関連4社において20品／月で計80品，1年で約1,000品の新製品が市場に投入されている。これはNBだけの数字であり，ほぼ同数のPBがあるため，1年に計2,000品が新たに市場に投入されていることになる。ちなみに，このうち1か月程度で販売終了となるものが大半を占め，定番になるのは1，2品である。

　マーケティングにおける，とりわけ重要なポイントとして，"お客様が何を求めているか？"をしっかりと把握し，"それを商品化できるか？"があげられる。例えば，消費者ニーズについては，GMSは主婦を中心とした女性が，逆にCVSにおいては男性客が多い。また，消費のタイミングはCVSで購入されるものはGMSより，短時間で消費される傾向が強い。性別や年齢に注目すれば，例えば女性ではメロンパン，若い男性ではカレーパン，団塊世代のビジネスマンでは黒コッペパンへの人気が高いなど，明確な相違が確認できる。こうした消費者ニーズの相違を理解し，満足させるための商品開発が極めて重要となる。

　加えて，商品を育てるという意識を全社において共有することもマーケティングにおける重要事項であるとの指摘があった。

(3) "本仕込"のマーケティング

a. 製品開発

・誕生の背景

　特約店での販売が主流であった時代，フジパンの看板を掲げている店には他社の商品が入ってくる心配はなく，比較的容易に一定の売上を確保することができた（創業80周年社史編纂プロジェクトチーム 2003, pp.93-94）。しかしながら，1990年代に入ると，売上の中心がスーパーなどの量販店にシフトし，特約店の占める割合は激減してしまった。スーパーの店頭には通常3〜4社のパ

ンが並べられている。よって、消費者に手に取ってもらうには他社以上の商品力と知名度が必要となった。

スーパーの店頭でフジパンの菓子パンがしばしば安売り品として山積みにされている光景を目の当たりにして、創業家一族で、当時、副社長であった舟橋重明は、自社に対して菓子パンのイメージが強く、しかも安物と見なされる傾向が強い状況を変えなければならないと覚悟を決めた。その結果、食パンや食卓パンで評価を得るという方針を固めた。食パンは卸パン全体の3割を占め、毎朝の主食となるリピート性の高い商品であり、食パンのヒット商品誕生はフジパン全体のブランド力、知名度アップにも貢献すると考えたからである。

当時フジパンでは"ハピネス"という山型食パンが健闘していたが、山型ゆえに当時のトースターでは頭の部分が出てしまい、うまく焼けないといった問題があり、商品の普及には限界があった。よって、市場のメイン商品であるプルマン型（角型）食パンでの人気ブランド開発が重要な課題となった。こうして、「売れる食パンを作ろう！」をスローガンに開発が始まった。

・コンセプト

ご飯のようなもちもち感があって、おいしいと話題になっている北陸のベーカリーの手づくり食パンがあった。日本では、"ぱさつき＝まずさ"、"もっちり＝うまさ"と多くの消費者が見なすことを長いパンビジネスから感じていたフジパンは、もっちりしていて、長く支持される食パン、つまり日本の食文化を考えるとご飯のような食パンを開発し、日本の食パンとして売り出すという基本コンセプトを固めた。

・製品開発

それまでの工場生産では、一度生地の種をつくっておき、発酵させてから副材料を加える"中種法"が採用されてきた（フジパン・ホームページ）。"中種法"は機械耐性が強く、工場で大規模生産する大手メーカーでは主流の製法であった。しかし、"中種法"でもっちり感を出すには添加物などを使わなくてはならない。本物志向にこだわることを決め、ベーカリーと同じく一度に材料をこねてつくる"ストレート法（直捏法）"に挑戦した。"ストレート法"は機械・大量生産には向かず、各メーカーとも敬遠してきた製法であった。フジパンの商品開発は本社が主導で開発する場合とは別に、各工場で独自開発した商

品がその地域の顧客の好評を得て，販売エリアを全国へ拡大させる場合がある。今回は本社主導のもと，横浜工場の食パンチームが中心となり，機械生産による"ストレート法"に挑戦した（フジパン・ホームページ）。焼きあがると，固い部分と柔らかい部分があるなど，品質が安定しなかったが，材料の水分量や配合の工夫だけではなく，ラウンダー（捏ねる機械）などの設備交換，工場内の温度・湿度管理まで行うという大掛かりな変更を行い，2年余の歳月をかけ，1993年に完成した。完成した"本仕込"はα度（糊化度）が他社製品より5％も高く，当初，目指したもっちりとしたおいしさが実現できていた。

b．マーケティング

　社長の強い指示で，"本仕込"においては，従来の"面"に大量の商品をばらまく販売戦略から，価格とブランドを守り"点"へ攻め込んでいく戦略へと切り換えた。従来の考え方とは逆に，商品から企業ブランドをつくることを志向したのである。よって，従来は全社的売上拡大を大前提としてプロモーションが行われていたが，"本仕込"では商品に特化したキャンペーンを開始した。昔は特約店制度により，店内では1社の独占状態であったが，GMSの進展により，他社との併売が一般化し，商品力が重要となってきたためである。

　また，山崎製パンへのチャレンジャーとしての差別化戦略という意識もあった。こうした方針のもと，全社で"本仕込"を育てるという意識を強く持つことが強調され，1994年に"本仕込"の全国販売が開始された。

・ネーミング

　お米と同じもちもちした食感があったことから，"日本の食パン"のキャッチフレーズで売り出すことになった。ネーミングも主流のカタカナではなく，和風の"本仕込"とした。ちなみに，その後，他社においても漢字の食パン名がブームとなった。

・価格

　当時，他社の食パンが1斤160～170円であったのに対し，"本仕込"の商品力を考慮し，180円という高価格帯で販売することに決定した（その後，上方修正）。

・CM

　50～60代という年齢層においては，なかなかブランドスイッチが起き難い。

そこで，まず30～40代をターゲットとし，自分のスタイルを貫き，高感度を保持していたタレントの村上里佳子をCMに起用し，フジパン色を抑えて，"本仕込"ブランドを前面に出して売り込んだ。当時，パンのCMに芸能人を登用することは珍しいことであった。その後，より広い層をターゲットとするために松下由樹に変更し，現在に至っている。

・営業，プロモーション

月間1,000人が買ってくれる店"1,000人店舗"（通常，シェア20％で1位となる）を目標に，営業担当者が小売店の開拓，サポートを行った。

（4）費用対効果

発売前に年間100億円の売上を達成する商品に育ってほしいという期待を込めて市場に投入したところ，初年度の1994年に24億円，2年目42億円，3年目81億円と倍々ゲームで伸びていき，年間200億円を売り上げる大ヒット商品となった。その後，1998年から1999年にかけて，およそ1年の間，日経POSデータ食パン部門でトップとなり，現在でも2位に位置している。この結果，消費者のフジパンに対する認知度は高まり，関東でのフジパンのブランド力アップにも大きく貢献した。

費用の面に注目すると，上質の原料，ラウンダーなどの設備交換，工場内の温度・湿度管理など，通常の食パンより確かにコスト高となっているが，他社の食パンが1斤160～170円であったのに対し，"本仕込"は180円という割高な価格で設定されており，しかも消費者からの強い支持を背景に流通業者からの大幅な値引き要求を回避できているため，コストを売価に転嫁し，十分に儲かる商品となっている。

（5）他の商品への影響

当初の狙いどおり，"本仕込"の大ヒットにより，フジパンの全社的なイメージは大きく向上している。フジパンの他の食パンについては，流通業者からの特売に対応させるなど，"本仕込"のイメージを守ることに貢献している。また，"ネオバターロール"にも"本仕込"ブランドを付与しており，有効に活用できている。よって，"本仕込"は全社的製品マネジメントにおいて極め

第5章　プレミアム商品の実際：マス・プレミアム商品の事例研究

て効果的に機能していると言える。

(6) "本仕込"の課題

　敷島製パンの"超熟"や山崎製パンの"超芳醇"といった他社商品との差別化はもちろん課題である。しかし，何よりも消費者ニーズに対応することが最も重要である。時代とともに消費者のニーズも移り変わり，"健康志向""本物志向"が強く求められるようになってきている（フジパン・ホームページ）。こうした変化に対応するため，継続的な製品改良が行われている。まず，2000年より，原材料のうち，塩を"伯方の塩"に，砂糖を"一番糖"（のグラニュー糖）に変更した。"一番糖"とは，砂糖の原材料を加工して最初に取り出した高純度の砂糖（蔗糖100％）のことで，さっぱりとしてマイルドな甘みを引き出すものである。次に発売10周年に当たる2003年7月に砂糖を"国内産砂糖"に替えた。国内産さとうきびからつくられたミネラルの多い砂糖と国内産の甜菜糖により，柔らかな風味・おいしさを追及したのである。3度目の改良に当たる2005年9月には，塩を"伯方の塩"から"国内産塩"に替え，さらに芳ばしい香りとコクの実現のため，油脂を"北海道産発酵バター"に替えている。また，品質管理における焼き色のカラーリーダーによる管理（45〜50％の焼き色）といった品質のデジタル化や，2001年には流通段階での異物混入を防ぐため，ダブルシール包装機を導入し，食パンもシール包装に変更している（創業80周年社史編纂プロジェクトチーム 2003, p.138）。

　一般に5次卸など，日本の流通経路は長いとしばしば指摘されるが，パンは伝統的に特売店への直送であったため，かなりの規模を持つ大手メーカー以外は事業を広域に展開することが困難であった。しかし，大手スーパーとの取引においては，卸売を経由するようにとの要望が強い。また，各店舗ではなく配送センターへ直送との指示も多く，よって物流のインフラを保持していない中小メーカーであっても広範囲への商品の流通が容易になってきているため，これまでの大手メーカー間での競争という構図が変わってくる可能性がある。今後はより一層，商品力が競争優位性において重要となるであろう。

　したがって，時代をどう捉え，どう理解するのか？つまり，消費者は何を求めているのか？により一層注目しなければならないと強調していた。戦後の

第Ⅱ部　どうすればプレミアムを創造し，その価値を継続させることができるのか？

ニーズの変遷を辿ると，腹を満たせればいい，価格の問題，簡便性，見た目のきれいさ，均一性，多様化，ファッション性，安全安心，自然さというように実に目まぐるしく変化してきている。フジパンのお客様は流通業者と消費者であり，もちろん双方ともに重要であるが，消費者志向のもと，流通業者：消費者＝4：6くらいで注力しているイメージである。

(7) 先発優位性は存在するのか？

"本仕込"は1994年に全国販売が開始されて以来，順調に売上を増加させ，1998年には日本で最も売れる食パンとなった。その後，同等のα度を持ち，さらにより柔らかさを感じる"超熟"に首位の座を明け渡す結果となったが，それでも販売から16年を経た現在において，2位をキープし，フジパンに大きな利益をもたらす商品となっている。

この要因として，材料の水分量や配合の工夫，ラウンダーなどの設備交換，工場内の徹底した温度・湿度管理などにより実現している"ストレート法"という製造手法を，他社が簡単には模倣できなかった点があげられる。また，その後の消費者ニーズに対応した度重なる製品改良も効果があった。さらに，もちろん消費者に浸透した"本仕込"ブランドも消費者を囲い込む大きな要因となっている。

また，先発優位性を持続させる模倣困難性に関しては，"本仕込ネオバターロール"の事例も参考となる。"本仕込ネオバターロール"の開発のきっかけとして，当時，注入機でクリームを入れてつくるパンの売上が落ちこみ，注入機の設備を持て余していたことがあげられる（フジパン・ホームページ）。注入機の稼働率を上げるために考えられたのが，"ネオバターロール"の開発であり，社内で「フジパンは食卓ロールが弱い」と言われていたことも後押しとなり開発が決定した。開発に着手した西春工場においては，使用するマーガリンにこだわり，できるだけクセのないものを選び，さらにバターを混ぜることであっさりとしながらもコクのある風味となることを目標とした。生地には素材の味を引き立たせる"本仕込"で培った"ストレート法"が採用された。バターロールに細い管を挿してマーガリンを注入し，生産する。課題は気温で融点が変わるマーガリンの調整であったが，試行錯誤を重ね，完成させた。

販売当初の売上は，目標の半分程度と振るわなかったが，生産工場の変更に伴い，茶系色だった包装紙を爽やかなブルーのデザインに変えたところ，爆発的に売れるようになった。バターロールの味は社内でも好評であったが，パッケージを改良したことが転機となり消費者にも広く長く愛されるヒット商品へと生まれ変わった。また，この製品がヒットした背景として，忙しい時に手間が省けるという当時のニーズにマッチしたことがあげられる。

その後，他社から類似した商品が発売されたものの，製法と設備の課題を解決することに時間がかかり，かなり遅れての商品投入となった。その間に"本仕込ネオバターロール"のブランドは確立していたため，現在でも好調な売上を持続している。もし，すぐに類似した商品が発売されていたら，販売力に勝る他社商品に圧倒されていたかもしれない。

(8) 対流通業者

マーケティング・リサーチなどを通じて，"本仕込"を継続的に購買している消費者からは高いロイヤリティを得ており，欠くことのできないコアな商品となっていることがわかっている。よって，フジパンにおいては値引きの必要性は低く，190円という正価で販売したいものの，量販店においては他店より安くしたいという思いがあり，実際には割引が行われている。しかしながら，消費者からの高いロイヤリティを背景に大きな値引きに応じることなく，取引が行われている。

(9) PB商品の影響

"本仕込"については，利益を確保できる価格で一定の数量を販売できているため，PBとは十分に差別化できていると言える。一方，企業は時代対応業という面もある。例えば2～3年前は消費者の2割程度が安ければそれでいいと思っていたかもしれないが，現在は3割程度に拡大してきているといった変化が見られるとのことであった。よって，こうしたニーズを背景に現在，PBにも着手している。

第Ⅱ部　どうすればプレミアムを創造し，その価値を継続させることができるのか？

(10) プレミアムの条件：創造と継続

　フジパン"本仕込"への事例研究を踏まえ，プレミアムの条件：創造と継続について，以下の点が指摘できる。

・創造要因
　　－トップダウンによる社運をかけた製品開発の指示
　　－個別商品ブランドから企業ブランドを構築するという覚悟・戦略
　　－消費者ニーズへの徹底したこだわり
　　－新たな製法への挑戦
　　－設備変更などにおける積極的投資
　　－積極的なCMや営業など，プロモーションの実施
・継続要因
　　－消費者ニーズの変化に徹底的に対応した度重なる製品の改良（こだわり）
　　－商品を育てるという全社的意識の共有

　とりわけ，"商品を育てるという全社的意識の共有"に関して，各部署から集まったスタッフによる"座談会：創業100周年に向けて"において，"本仕込"成功要因として，パンを開発できただけにとどまらず，会社の柱となるように皆で一丸となって取り組み，実際に育て上げた団結力が素晴らしかったとの意見が多く述べられている（創業80周年社史編纂プロジェクトチーム　2003, pp.146-149）。

　また，消費者は案外，保守的であり，とりわけ食品においては，一度しっかりと消費者から高いロイヤリティを獲得できれば，消費者のブランドスイッチはあまり頻繁に起きないのではないかとの意見があったことも付け加えておく。

❸　敷島製パン："超熟"

　"超熟"は，1998年に販売が開始され，現在，日本において最も売れている食パンである。食パンにおける低価格化は激しく，バローのPBが98円，イオンのPBであるベストプライスにいたっては88円にまで低下しているが，"超熟"はスーパーの店頭では158円という価格になっている。同じ敷島製パンの一般的な食パンである"笑顔の食卓"が108円であることを考えると，かなり割高な価格であると言えるが，それでも日本一の売上を誇っている。

第5章　プレミアム商品の実際：マス・プレミアム商品の事例研究

　"超熟"はいかにして日本一の食パンとなり，現在に至るまで，その地位を固守しているのか？ 2009年9月9日（10：30～12：30），敷島製パン㈱本社にて，製品開発担当者1名とマーケティング担当者2名の計3名に対して実施した個別訪問面接調査を踏まえ，検討していく。

(1) "超熟"の誕生

a. 敷島製パンとは

　"超熟"は敷島製パンの商品である。敷島製パンの歴史は古く，大正時代に名古屋で設立された（敷島製パン・ホームページ）。現在，売上高1,600億円，従業員4,000名で，業界2位のパンメーカー（売上高ベース）となっている。販売エリアは，本州・四国が中心である。

・**敷島製パン株式会社**
（Pasco：Pan Shikishima Company）
創業　1920年
本社所在地　名古屋市東区白壁5-3
資本金　1,799百万円
売上高　157,819百万円
従業員数　3,865名
工場数　国内に15工場（子会社4工場含む）
事業所数　国内42事業所
販売店舗数　約51,300店
（平成20年8月末現在あるいは平成20年8月期）
事業内容　パン，和洋菓子の製造，販売

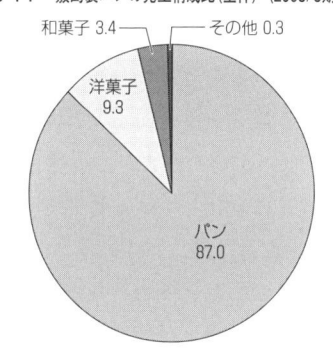

・**売上構成比**

　フジパン同様に約9割をパンの売上が占める（**図5-14**）。洋菓子では，"ゴールデンフィナンシェ"と"オレンジフィナンシェ"が金賞を，和菓子では"なごやん"が銀賞を，2009年度のモンドセレクションで受賞している（敷島製パン・ホームページ）。モンドセレクションについては，後述の"ザ・プレミアム・モルツ"の事例研究において詳しく紹介する。

図5-14　敷島製パンの売上構成比(全体)（2008/8期，%）

和菓子 3.4
その他 0.3
洋菓子 9.3
パン 87.0

出所：矢野経済研究所（2008）p.278

・**パンの商品構成比**

　菓子パンの割合が食パンと食卓パンを合計したものよりも大きく，半数を占めている（**図5-15**）。

45

第Ⅱ部　どうすればプレミアムを創造し，その価値を継続させることができるのか？

・チャネル構成比

　フジパン同様に量販店が65％を占め，流通において極めて大きな影響力を有していることがわかる（図5-16）。しかしながら，コンビニはもちろん，一般小売店経由の売上も軽視できないレベルである。

図5-15　敷島製パンの商品構成比（パン）（2008/8期，％）

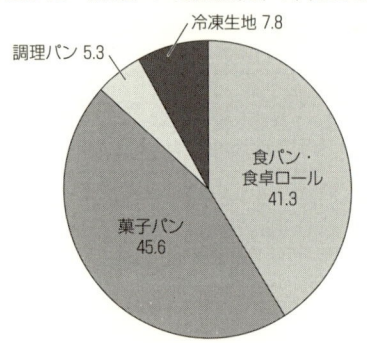

- 冷凍生地 7.8
- 調理パン 5.3
- 食パン・食卓ロール 41.3
- 菓子パン 45.6

出所：矢野経済研究所（2008）p.278

図5-16　敷島製パンのチャネル構成比（パン）（2008/8期，％）

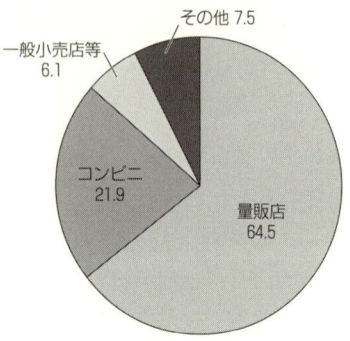

- その他 7.5
- 一般小売店等 6.1
- コンビニ 21.9
- 量販店 64.5

出所：矢野経済研究所（2008）p.282

b.　"超熟"誕生の背景

　"超熟"は1998年10月に誕生した。この時期はバブル崩壊後の不況期であり，社会全体が厳しい経済状態であった。これに加え，パン業界においては特約店制度による専売方式が大手流通チェーンの躍進とともに崩れ，スーパーの店頭における他メーカーのパンとの併売が急激に一般化し，シェア競争激化という状況になっていた。また，消費者が食パンに求める傾向も"風味重視"から"食感重視"に変化している時期であった。こうした動向を踏まえた山崎製パンの"新食感宣言"や，フジパンの"本仕込"は消費者から高い支持を得て，好調に推移していた。一方，敷島製パンの"吟撰"や"ファンシーブラウン"といった食パンの売上は低下していた。こうした状況を打破するため，敷島製パンでは新たな主力食パン開発の必要性が高まった。

　新製品のコンセプトの抽出は，まず当時の食パンへの消費者ニーズを明確化させることから始まった。その結果，もっちりとした食感，炊き立てのご飯のような味わい，毎日食べても飽きないおいしさ，シンプル：引き算のレシピなどが消費者から強く求められていることがわかった。こうした食パンの開発を

実現するため,他の大手メーカーの食パンに加え,全国に点在する人気ベーカリーの食パンなどを食べ比べた。

検討の結果,熱湯で小麦粉の一部をこねる湯種製法(="超熟"製法)を採用することにした。この方法により,おいしいパンができることは一般に知られていた。しかし,製造に手間がかかり,ラインの変更にコストも要するため,大手メーカーは当時どこも採用していなかったが,敷島製パンは挑戦することにした。

実際の開発にあたり,多くの問題が発生し,それを1つひとつ乗り越えていかなければならなかった。まず製造においては,やはり湯種製法の難易度は高く,さらに脱脂粉乳を使用しないという条件を加えたため,蛋白質(グルテン)の変性を抑え,品質を安定化させることが極めて困難な課題となった。この問題に対しては,生産工程における工夫を重ね,半年以上かけて量産化に成功することができた。また,最高の状態で店頭に並べることを目標とし,定温輸送(20〜25℃)の導入,パン箱の洗浄管理にも力を入れた(敷島製パン 2008, pp.19-22)。

さらに,商品パッケージは,ご飯のイメージ,今までの食パンにはない色,色が引き立つデザインをキーワードに斬新なものとなった(品川 2008, p.50)。

(2) "超熟" プロモーション戦略

a. 大型プロモーション

パンは夏と冬は消費が落ちるという季節性のある商品である。一方,春と秋は拡販期にあたり,各社とも点数をためた消費者に景品(ランチボックスやエコバッグ)を提供するキャンペーンが大々的に行われる。こうしたキャンペーンは主婦には絶大な効果がある。ちなみに,食パンにおいては首都圏では8枚,関西では4枚切が好まれるという地域特性も存在している。

テレビCMに関して,以前は山崎製パンやフジパンより露出がやや控えめであったが,近年,敷島製パンも積極的に展開するようになってきている。キャンペーンや企業CMではなく,単一商品を訴求するCMは"超熟"で初めて実践された。

テレビCMにおいて,商品のイメージを代表するキャラクターの選定は極め

第Ⅱ部　どうすればプレミアムを創造し，その価値を継続させることができるのか？

て重要な案件である。"超熟"では，以下の要素に基づき，女優の小林聡美に決定した（品川 2008, p.155）。

　　"超熟"ＣＭタレントの選定要素
　　・"超熟"のメインターゲット
　　　－30代の主婦
　　・"超熟"＝日用品・最寄品
　　　－親しみやすいイメージ
　　・"超熟"のイメージ
　　　－シンプルでありながら（身近な）上質感
　　・"超熟"のパーソナリティ・イメージ
　　　－実力のある・堅実な・賢い
　　　－堂々とした・ポリシーのある
　　　（品川 2008, p.155）

b.　小型プロモーション

　販売開始当初は，消費者の認知度向上を目指し，とにかく"超熟"を大々的に店頭に露出させた。社内でディスプレイ・コンテストを企画し，"パン「モノ売り」から，食の楽しみ「コト売り」へ"をテーマに，大量の"超熟"をピラミッドのように積み上げた"ピラミッド陳列"を展開するなど，店頭における存在感を高め，消費者に大きく訴求した。また，"超熟"キャラバン隊を組織し，試食販売を積極的に展開した。その後，"超熟"を用いた父の日のメニューやボジョレーヌーボーに合うメニューなど，テーマ性のある提案営業を実施している。

　また，パン，ハム，コーヒーなどと単に近くに並べるだけでなく，サンドイッチとコーヒーの試食を展開するなど，異業種メーカーとのクロスMD（マーチャンダイジング）にも積極的に取り組んでいる。さらに，スープメーカーとともに朝食の訴求に取り組むなど，食事シーンの提案も試みられている。10周年を迎えた2008年2月には，100万人試食キャンペーン（イーストフード，乳化剤不使用化による新しい味の訴求）を実施している。

　さらに，Pascoメールマガジン"なるほどPasco"を活用した継続的な消費

第5章　プレミアム商品の実際：マス・プレミアム商品の事例研究

者への情報提供の実施や，パスコ・サポーターズ・クラブの会員を対象とした商品や企業の取り組みについてのアンケートの実施（毎月），東京・名古屋・大阪の3地区でのグループインタビュー（年に数回）など，顧客の声を商品開発や販売促進などに反映する試みが積極的に展開されている。

c.　"超熟"を核とした敷島製パンのコミュニケーション戦略

"超熟"を核とした敷島製パンのコミュニケーション戦略は，以下のとおり，3つの段階に分けられる。

第1段階　トライアル時期（1999〜2001）
- "もっちり"，"後味すっきり"，"しっとり"といった，製品そのものの特徴をきっちりと伝え，トライアル促進につなげた（風味から食感への変化を訴求）
- 従来は製品全体を対象としていたテレビCMを"超熟"に特化
- 春のみだったキャンペーンを春と秋の年2回に変更

第2段階　中盤：ロイヤルユーザーの確保と育成（2002〜2005）
- 製品そのものの訴求から，シーン訴求（朝ごはん）に変更し，消費を拡大
- 2003年には企業ブランドをPascoに統一したこともあり，「"超熟"＝Pasco」として，企業イメージを訴求

第3段階　現在：ブランドイメージの鮮度アップ：ロングセラーに向けて（2006〜）
- 改めて製品そのものの価値を訴求
- 食の安全が心配されるなか，製品開発当初の考えでもあった「引き算のレシピ＝シンプル」に立ち返り，「おいしくて，安心」を訴求（2006年：イースト，2007年：乳化剤の不使用化）

(3)　"超熟"の費用対効果

上質な小麦粉の使用や，一般的な食パンの製造リードタイムが通常8時間であるのに対して"超熟"では32時間など，コスト増となっている。

しかしながら，価格に関しては，当時の同社の高級食パン"吟撰"200円，"ファンシーブラウン"170円を踏まえ，これらを上回る品質を持つ"超熟"は200円以上の標準小売価格に設定できるとの意見もあったが，"吟撰"が好調に推移し

49

なかった理由として高価格すぎたとの見解があったことや,毎日食べてもらうことを重視し,170円に設定した(その後,原料高騰の影響もあり,上方修正)。

このように価格を抑えたものの,消費者からの強い支持を背景に,流通業者に対して,理不尽な値引きを行わずに販売することが可能となっているため,適正な利益を確保できている。また,販売量においても2年足らずの間に売上トップ(1999年2月に日経POSランキング1位)の食パンとなり,2007年には過去最高の売上高30億円超となるなど,現在でも重要な主力商品となっている。

(4) 他の商品への影響

社内における他の一般の商品が,まずく思える,もしくは2流品のイメージとなるなど,何かしら悪影響があるのではないかとも考えられるが,"超熟"により,お客様のPasco全体への信頼や好意が高まり,他の商品に対しても良い影響を与えている。信頼できる商品ブランドを持つということは企業にとって強みであり,ロール(1999年)やイングリッシュマフィン(2008年)にも"超熟"名を付与し,好調に推移している。また,現在のところ実施していないが,菓子パンにも"超熟"製法は応用可能であり,いつでも付与できる状況である。

(5) "超熟"の課題

"超熟"の課題としては,やはり他の大手メーカーの商品との差別化があげられる。山崎製パンの"超芳醇"をはじめ,品質の同質化や低価格化への対抗がポイントとなる。"超芳醇"はパン生地改良剤を使用した品質強化,"本仕込"は発酵バターを配合したリニューアルなどを行ってきているが,"超熟"では消費者の食の安全への意識の高まりを受け,シンプル・引き算のレシピをテーマにイーストフード(2006.10),乳化剤(2007.2),酢酸ナトリウム(2008.2)の不使用化を実現するなど,食品添加物を極力使用しないという独自の方針を打ち出している。もっとも,こうした不使用化について,開発者は自信があったものの,当初,消費者の反応がわからず,確信が持てなかったが,その後,お客様相談室やパスコ・サポーターズ・クラブなどを通じて消費者から高い評価を得ていることを確認している。

（6）先発優位性は存在するのか？

　パンはプロが見て口にすれば，大体の原料や調理法はわかる。そのため，模倣が容易という製品特性がある。結果，模倣合戦は常態化しており，ヒット商品が出ればすぐに他社が類似商品を販売するという状況である。しかしながら，"超熟"においては既に10年にわたりトップを維持している。よって，革新的な商品が登場しない限り，"超熟"の先発優位性は今後も継続する可能性が高い。

（7）対流通業者

　"超熟"は消費者から高い評価を得ており，ブランドが確立しているため，流通業者からの無理な価格要求を回避できている。また，日経POSランキング1位というデータも追い風となっている。このことは流通業者との折衝において「リアルな数字は説得力が違う」と営業担当者が実感している。また，PBをはじめ，商品が氾濫するなか，多くのスーパーやコンビニで棚をしっかり確保できている。食べ物の評価は難しいが，流通業者へのアピールのため（要望でもある），従来の官能評価に加え，製品品質の数値化（硬さや匂いまで）を実施している。

（8）PBの影響

　PBの影響は小さくはないが，"超熟"は差別化されている。また，現在，大手スーパーではPBにより，露出機会が少なくなった"笑顔の食卓"などの中間レベルの価格となるNB食パンに関しては，PBを持たない中小スーパーや，いわゆるパパママショップには有効であるため，今後とも継続していく予定である。

（9）プレミアムの条件：創造と継続

　"超熟"の事例研究を踏まえ，プレミアムの条件：創造と継続について，以下のとおり，まとめる。
・創造への施策
　－消費者ニーズの徹底した把握
　－ユニークさ

第Ⅱ部　どうすればプレミアムを創造し，その価値を継続させることができるのか？

　　－先陣を切る
　　－技術的裏打ち（特許製法）
　　－全社的意気込み，対応（研究開発，製造，マーケティング，輸送）
・継続への施策
　　－全社的対応（商品を大事にする，育てるという強い覚悟の全社的共有）
　　－マイナーチェンジ（製品，コミュニケーション・メッセージ，販促）

　プレミアム商品の創造に関して，まず消費者ニーズの徹底的把握から始まっている点は興味深い。いくらいい材料や技術を用いた高級品であっても，消費者ニーズとかけ離れていれば，それは勝手なつくり手のエゴとなる。また，他社の商品とは異なるユニークさが明確であることは重要であろう。また，すぐに模倣されては意味がなく，工程から変更しなければならない"超熟"の製法と設備は模倣障壁の点からも評価できる。もちろん，単に研究開発部門にとどまらず，製造，マーケティング，輸送部門が強く連携し，商品をサポートしている点も興味深い。

　プレミアムの継続に関して，敷島製パンにおいては社外からの電話に対する社員の第一声が"超熟"で始まることからも，全社的に力を入れていることが手に取るようにわかる。こうした雰囲気のもと，消費者ニーズの変化にあわせた製品，コミュニケーション，販促のマイナーチェンジが継続的に行われていることはプレミアム商品をロングセラー化させる重要な要素であると考えられる。プレミアム商品の創造に関しては，技術的な要因が大きいかもしれないが，とりわけその継続においてはマーケティングの役割の重要性が注目される。

❹　山崎製パン："超芳醇"

　日本のパン業界において，山崎製パンは圧倒的なシェアを誇るリーダー企業である。一般にリーダー企業は，他を圧倒する資金，営業力，取引先との関係性を保持しており，ビジネスを有利に展開できる。この点に関して，嶋口（1986, pp.98-100）は，経営資源力"量"（セールスマン数，営業・流通拠点数，生産能力，資金力など）と経営資源独自性"質"（マーケティング力，イメージ，ブランド・ロイヤリティ，流通チャネル力，研究開発技術など）において，リ

ーダー企業は他社より高いレベルのものを有すると指摘している。しかしながら，山崎製パンが敷島製パンの"超熟"やフジパンの"本仕込"に対抗し，投入した"超芳醇"は，現在のところ，2社の商品に大きな差をつけられている。

　なぜ，圧倒的な資金力や営業力など，多くの優位性を保有するリーダー企業である山崎製パンの"超芳醇"が好調に推移していないのか？ 敷島製パンの"超熟"やフジパンの"本仕込"との比較を通じて検討し，さらにプレミアムの創造と継続について考察を深める。

(1) 山崎製パンの優位性

a. 山崎製パンとは

　山崎製パンは，1948年，創業者である飯島藤十郎が千葉県市川市に山崎製パン所を開業し，委託加工のコッペパンを製造したことから始まる。会社概要は右のとおりである（山崎製パン・ホームページ）。

> ・山崎製パン株式会社
> 設立　1948年
> 本社所在地　東京都千代田区岩本町3-10-1
> 代表取締役社長　飯島延浩
> 資本金　110億1,414万3千円
> 売上高　8,117億円（連結），6,145億円（単体）
> 従業員数　15,879人
> 販売店舗　約96,500店舗
> 主な事業内容　食パン，菓子パン，和菓子，洋菓子，調理パン・米飯類等の製造および販売ならびにその他仕入れ商品の販売
> （平成20年12月31日現在）

　従業員や販売店の数を業界2位の敷島製パン，3位のフジパンと比較すると，従業員数で約4倍，販売店数においても2～3倍程度となっている（**表5-7**）。また，シェアに注目すれば，日本市場の約3割を占め，2位の敷島製パンの3倍になっている（**図5-4**）。こうした数字を見るだけでも，山崎製パンが日本のパン業界の圧倒的なリーダー企業であることがわかる。

表5-7　大手パンメーカー3社の比較

	山崎製パン	敷島製パン	フジパン
従業員数	15,879人	3,865人	約3,500人
販売店数	約96,500店	約51,300店	約30,000店

出所：各社・ホームページ（アクセス日：2009.11.23）
（注）フジパンはグループ全体ではなく，フジパン㈱単体の数字

・売上構成比

　山崎製パンの全体の売上構成比を見ると（**図5-17**），パンが全体の3分の2

第Ⅱ部　どうすればプレミアムを創造し，その価値を継続させることができるのか？

を占め，洋菓子，和菓子がそれぞれ10％程度となっており，大手メーカーの中では和・洋菓子の比率が高い。

・パンの商品構成比

　パンにおける売上構成比では，菓子パンが7割，食パンが2割となっており，菓子パンの比率が極めて高い（**図5-18**）。

図5-17　山崎製パンの売上構成比(全体)（2008/12期, %）

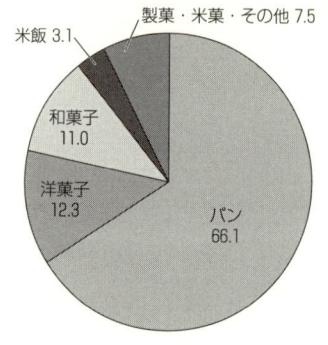

米飯 3.1
製菓・米菓・その他 7.5
和菓子 11.0
洋菓子 12.3
パン 66.1

出所：矢野経済研究所（2008）p.349

図5-18　山崎製パンの商品構成比(パン)（2008/12期, %）

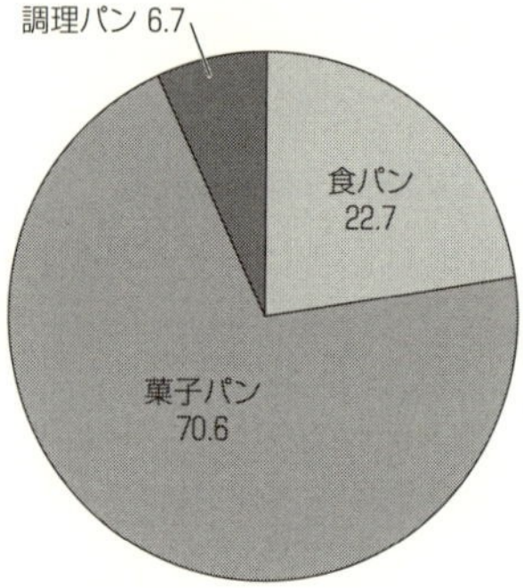

調理パン 6.7
食パン 22.7
菓子パン 70.6

出所：矢野経済研究所（2008）p.349

・流通経路

　流通経路に注目すると，量販店での売上が4割を占める。コンビニは22％，一般店の割合は27％となっており，フジパンや敷島製パンと比較し，流通経路に偏りがなく，バランスがとれていると言える（**図5-19**）。

　特に一般店においては，量販店のように他社との激しい競争が展開されず，山崎製パンの圧倒的なシェアに大きく貢献していると考えられる。

図5-19　山崎製パンのチャネル構成比(全体)（2008/12期, %）

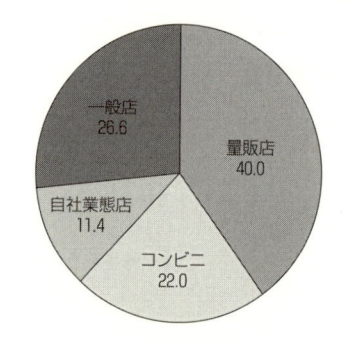

一般店 26.6
自社業態店 11.4
コンビニ 22.0
量販店 40.0

出所：矢野経済研究所（2008）p.352

b.　山崎製パンの製品群別シェア

　食パンにおいては，3割を上回るシェアを保持している（**図5-5**）。しかしながら，このカテゴリーでは，"超熟"というヒット商品を擁する敷島製パンが

2割弱のシェアを保有している。

食卓パンにおいては，20%のシェアにとどまっている（**図5-6**）。2位のフジパンはマーガリンが入ったロールパンを初めて開発し，大ヒットとなっており，16%のシェアとなっている。全カテゴリーの中で唯一，トップをめぐるシェア争いが展開されている印象を受ける。

菓子パンにおいては，4割のシェアを保持し，2位の敷島製パンの4倍となっており，他社を完全に圧倒している状態である（**図5-7**）。

調理パンにおけるシェアは最も低く，1割程度となっている（**図5-8**）。しかしながら，2位のトオカツフーズのシェアは5％にも満たず，大きな開きがあることがわかる。このカテゴリーにおいては敷島製パンもフジパンも影響力がない。

以上，山崎製パンは全てのカテゴリーでトップとなっており，市場におけるリーダー企業が通常，採用するフルライン戦略が実行されていることがわかる。

c. 山崎製パンの戦略

山崎製パンの全社的な戦略，とりわけ研究開発とプロモーション戦略に注目し，考察していく。

・研究開発

山崎製パンでは，年間1,000アイテム以上のパンが開発されている（山崎製パン・ホームページ）。研究開発においては，既存の技術に依存することなく，"湯捏生地使用製品の日持ち延長に関する研究" や "難消化性澱粉を用いた食後の血糖値上昇抑制効果を付与した食パンの開発" など（矢野経済研究所 2008, pp.349-351），商品の競争力を高める，先鋭的かつ戦略的な取り組みが行われている。

・プロモーション

▼キャンペーン

日本の大手パンメーカー各社は，春と秋に大きなキャンペーンを実施している。一般に，キャンペーンにおいては，対象商品に貼付されている点数シールをためて応募すれば，全員に景品がプレゼントされ，主婦を中心に根強い人気を誇っている。

第Ⅱ部　どうすればプレミアムを創造し，その価値を継続させることができるのか？

"ヤマザキ春の食パンまつり"における"白いおしゃれ小鉢"プレゼントは，1981年から28年継続して行われている。また，秋には，食パン，菓子パンなどを対象に，"秋をおいしく食べよう！キャンペーン"が実施されており，東京ディズニーランド・パスポートなどを抽選でプレゼントするキャンペーンが全国的に展開されている（矢野経済研究所 2008, pp.349-351）。

▼テレビCM

テレビCMに関して，企業広告には松たか子，ランチパックには入山法子，ダブルソフトには酒井美紀を起用するなど，積極的に展開している（山崎製パン・ホームページ）。敷島製パン，フジパンともに，女優1名のみの起用となっており，こうしたことからも山崎製パンの資金力やフルライン戦略が垣間見られる。

▼イベントの協賛

各種イベントの協賛も積極的に行われている。例えば，日本実業団陸上競技連合が主催する"全日本実業団対抗駅伝競走大会"には1994年から協賛している（山崎製パン・ニュースリリース 2009.12.17）。

▼ドラマとのコラボレーション

パン業界においては極めて希少な事例であるが，ドラマとのコラボレーションにも山崎製パンは取り組んでいる。テレビドラマ"あんどーなつ"（平成20年にTBS系列で全国放映）と連携し，"たっぷりつぶあんどーなつ"と"もっちこしあんどーなつ（きなこ）"という商品を開発し，ドラマの放送開始日にあわせて発売している（山崎製パン・ニュースリリース 2008.7.2）。

・全社的戦略における今後の課題

今後，山崎製パンでは，急速に進展してきている量販店PB等のオリジナル商品に対抗すべく，お客様が求める価値がどこにあるかを見極めたNB商品の開発とNBを売ってもらう体制整備を強化していくとのことである（矢野経済研究所 2008, p.352）。商品群においては，とりわけ食パンに注力していく計画となっている。

d. 食パン事業への取り組み

全社的な今後の課題で取り上げられるほど，山崎製パンにとって食パン事業

は重要な課題となっている。以下，山崎製パンの食パン事業について検討する。

・開発体制

菓子パンは各工場レベルで開発し，本社でまとめて統一企画として販売する商品と，エリア内の商品・地場の商材として販売する商品に分かれている。食パンは本社において開発され，統一企画として販売されることが一般的である（矢野経済研究所 2008, pp.349-351）。

・山崎製パンの食パン

▼ "ダブルソフト"

食パンに対するソフトな食感というニーズの高まりを受け，1989年に"ダブルソフト"が販売された。2つ山の独特の形状と耳までソフトな食感が大好評となり，ソフトブレッドの代表格として販売量20億斤を突破する超ロングセラーとなっている（矢野経済研究所 2008, pp.347-349）。

▼ "新食感宣言"

1997年2月には"新食感宣言"（山型食パン5枚入り）を発売している。でんぷんを使用することで麺のような腰のある食感を実現し，トーストすれば，表面はカリッ中はもちもちとした食感が味わえる。小麦の旨味を引き出す発酵種を使用した生地を使い，"手丸め"によって，丁寧につくられている。現在では，山型に角型や玄米入りが加わり，バリエーションを増やしている（矢野経済研究所 2008, pp.347-349）。

▼ "超芳醇"

フジパンの"本仕込"や敷島製パンの"超熟"に対抗すべく，2000年に発売された。"超芳醇"に関しては後ほど詳しく分析する。

▼ "米粉食パン"

20％米粉を使用した"米粉入り食パン"の開発に成功し，2008年9月1日より発売されている。"米粉入り食パン"は，米粉の難点であったパンの膨らみを，新たな技術により開発された超微粒子の米粉の使用により改善している。従来の米粉はグルテンの働きを弱める原因となっていたが，超微粒子の米粉はグルテンとなじみやすいように工夫されている。また，パンのしっとり感を高め，よりソフトなパンに仕上げる独自の発酵技術により，食感のパサつきとパンの老化の課題を克服している（矢野経済研究所 2008, pp.349-351）。

第Ⅱ部　どうすればプレミアムを創造し，その価値を継続させることができるのか？

▼　"ふんわり食パン"

　2008年12月に千葉県で販売を開始し，その後，全国販売され，好調な売上を維持している。手で触れるとしっとり，耳まで白く軟らかく，その名のとおり，柔らかさにこだわっている（日経TRENDY 2009.12）。

▼　"モーニングバランス"

　難消化性澱粉を用いた食後の血糖値上昇抑制効果を付与した食パンである"モーニングバランス"は厚生労働大臣より特保（特定保健用食品）の許可を受け，2009年4月より発売されている（山崎製パン・ニュースリリース 2009.3.3）。

　このように，米粉や難消化性澱粉といった新素材を採用した，全く新しいタイプの食パンの開発・販売にも積極的に取り組んでいる。

　大手3社の食パン商品数を見ると（**表5-5**），まずフジパンは"本仕込"に注力した4アイテム，敷島製パンでは"超熟"を中心に10アイテムとなっている。一方，山崎製パンでは食パンだけで24アイテムもあり，食パンにおける山崎製パンのフルライン戦略が確認できる。

（2）プレミアム食パン"超芳醇"への取り組み

　"超芳醇"は山崎製パンのホームページの食パン・コーナーで最初に紹介されている。そういう意味でも，山崎製パンを代表するプレミアム食パンと言えるであろう。以下，"超芳醇"に対する山崎製パンの取り組みについて検討する。

a.　歴史

　プレミアム食パンブームは，1994年1月に全国販売が開始されたフジパンの"本仕込"から始まる。その後，1998年10月に敷島製パンから"超熟"が発売された。これらに続き，山崎製パンでは2000年に"超芳醇"を発売している（"芳醇"は1999年10月に発売されている）（矢野経済研究所 2008, pp.79-80）。

b.　商品特性

　"超芳醇"は甘みのある食パンが市場でヒットしていることに対応し，独自の"湯捏製法"により，小麦の持つ自然な甘みを引き出した食パンである。"湯

捏製法"とは，小麦粉の一部をお湯で捏ね，デンプンをα化したものを約一昼夜寝かせ，これを生地に加える製法である（山崎製パン・ホームページ）。パンの耳までやわらかく，焼かなくてもおいしく食べられるほど，口どけが良い点をセールスポイントにしている。もっちりとした食感が特徴である"本仕込"に対して，"超芳醇"は"超熟"同様，自然な旨味や甘みが特徴である（矢野経済研究所 2008, pp.347-349）。

c. "超芳醇"のシェア

　食パンの個別ブランドの売上では，敷島製パンの"超熟"が金額シェア7.6％で首位となっている。次いで，フジパンの"本仕込"が5.8％で続く。単品ベースでみる限り，豊富な経営資源を有するリーダー企業である山崎製パンはチャレンジャーである2社の商品に大きな後れをとっており，"超芳醇"は1.8％で10位にとどまっている。

d. 製品間マネジメント

　全社的に2007年12月と2008年5月に希望小売価格の値上げを行ったため，主力の"超芳醇"や"ダブルソフト"とPB商品の価格差が大きくなってしまった。この価格差を埋める商品として，角型の食パンでは"芳醇"の拡販に注力し，山型食パンでは"新食感宣言"の拡販にくわえ，"ダブルソフト"の2/3斤（4枚）タイプを発売している。また，低価格帯商品として，"ヤマザキブレッド"と"サンブレッド"を2008年6月に発売し，フルレンジの価格対応を行っている（山崎製パン 2008.8.6, p.3）。

　2009年においても，"超芳醇"シリーズでは引き続き値頃感のある"芳醇"の定番化を徹底した結果，"芳醇"の売上は89億円（前期比139.1％）へと順調に伸長した。一方，"芳醇"より上の価格帯の"超芳醇"と"超芳醇特撰"（厳選した上級小麦粉とバターを使用）は消費者の節約志向が強く，売上が減少したと山崎製パンは公表している（山崎製パン 2009.8.6, p.2）。

　このように豊富な経営資源を有する山崎製パンは，デフレ環境に対応すべく，自社のフルライン戦略を活用し，低価格帯商品に注力するとともに，"超芳醇"シリーズにおいては，値頃感のある"芳醇"の拡販を志向している。山崎製パ

ンでは,"超芳醇"は消費者の節約志向が強いため売上が減少したと分析しているが,シェアトップの敷島製パン"超熟"の平均価格は146.0円と,"超芳醇"の141.3円を上回っており(2009年10月:日経テレコン21・POS情報),消費者の節約志向の問題というより,自社の戦略に起因している部分が大きいと捉えるべきであろう。また,製法やネーミングなどで,敷島製パン"超熟"と重なる部分が多く,消費者にうまくアピールできていないとも考えられる。そもそも,"超芳醇"シリーズにおいては,"超芳醇"の上のランクに"超芳醇特撰",下には"芳醇",さらに"ぶどう入り"と,"超芳醇"内においてすら,フルライン戦略が展開されており,"超芳醇"の意味や位置付けが極めて不明確になっている。こうした点は,"超熟"や"本仕込"とは大きく異なる。

山崎製パンは食パン事業における今後の方針として,製法などの技術革新によって,特に食パンを中心とした主力商品の品質改善を図り,食パンの伝統を超えた新しい味と香りを訴え,マルチブランド戦略,隙間のない製品ラインアップのもと,品質の高い食パンで市場への浸透を図っていくことをあげている(矢野経済研究所 2008, p.352)。

山崎製パンが今後も積極的に推し進めていくとするフルライン戦略は,豊富な品揃えを活用した柔軟な価格対応により,売上を拡大させる。しかしながら,プレミアム商品のように長期の視点に立ち,1つの商品をじっくり育てる戦略とは対極にあると言える。むろん,売上を重視し,新製品をどんどん投入していくことも,また,戦略の選択肢の1つではある。

(3) インプリケーション

食パン業界においては,テキストで競争戦略のケースとして紹介されるような,典型的な競争の構図が確認できた。まず,最大のシェアを保持するリーダーである山崎製パンは,市場の拡大およびシェアの維持・拡大を目指し,自社製品ラインの隙間を埋めるフルライン戦略を展開している。これに対して,チャレンジャーであるフジパンが"本仕込"(1994年～),敷島製パンが"超熟"(1998年～)を,社内の資源を集中的に投下することにより,開発・販売してきている。開発においては長い時間をかけ,製造設備をはじめ工程変更にまで及ぶ取り組みを行い,それまでパン業界では行われていなかった単体の商品を

対象とするテレビCMが行われた。つまり，Porter（1980）が指摘する差別化戦略が行われているわけである。こうした商品に対し，山崎製パンは類似の商品で追随する同質化（模倣）戦略により，"超芳醇"（2000年～）を発売している。

　しかしながら，他を圧倒する資金や販売力を要するにもかかわらず，製品ごとのシェアを見る限り，"超芳醇"は，"超熟"や"本仕込"に差をつけられている。これは，近年，"超芳醇"よりも，"芳醇"に注力するという会社方針の影響もあるが，そもそもこうした方針は敷島製パンやフジパンでは考えられない。なぜなら，"超熟"や"本仕込"には，まさに社運がかかっているからである。もちろん，だからこそ，そうした商品に何かしらの問題が起きた場合，全社的に計り知れないほど大きなダメージを受けるリスクが内包されていることも，当然のことながら事実である。

　確かにフルライン戦略は，売上の拡大，リスク回避など，利点は多々あるだろうが，"本仕込"や"超熟"で強調された"全社一丸となった取り組み"とは相容れない。食パンの事例研究を通じて，プレミアム商品の構築においては，"全社一丸となった取り組み"が重要であり，よってフルライン戦略を展開する傾向が強いリーダー企業よりも，差別化戦略を重視するチャレンジャー企業において生まれやすいのではないかとの考えを抱くに至った。

第Ⅱ部　どうすればプレミアムを創造し，その価値を継続させることができるのか？

5.2. プレミアム・ビール（サッポロビール："ヱビス"vs.サントリー："ザ・プレミアム・モルツ"）

　高価格帯であるプレミアム・ビールと言えば，従来，サッポロビールの"ヱビス"の独壇場であったが，2003年の5月から本格的な販売を開始したサントリーの"ザ・プレミアム・モルツ"（以下"プレモル"）が2008年にシェア1位の座を奪っている（日本経済新聞 2009.12.9, p.15）。プレミアム・ビール市場には，これまでキリンビールから"ニッポンプレミアム"（2007年），アサヒビールから"プライムタイム"（2006年）などが投入されてきたが，好調に推移することなく，市場から消えてしまった。また，現在でもキリンビールが"ザ・プレミアム無濾過"を，アサヒビールが"熟撰"を販売しているものの，大きく成功しているわけではない。

　本節では，まず現時点においてはプレミアム・ビールのシェアトップの座を譲っているが，これまでキリンビールやアサヒビールの競合商品を退け，長期にわたり，シェアトップを維持してきた"ヱビス"のプレミアムの創造および価値を継続させてきた要因に加え，今後のプレミアム戦略について検討していく。

　次に，プレミアム・ビール市場でシェアトップとなった"プレモル"における，プレミアムの創造要因の明確化を中心に考察していく。

❶ 日本のビール市場

（1）シェアの状況

　ビール，発泡酒に新ジャンルを加えたビール系総市場は，2001年には5億6,229万ケースであったが，2006年以降，5億ケースを割り込み，2008年は4億8,268万ケースとなり，漸減傾向になっている。しかしながら，プレミアム・ビール市場は，2001年には1.7％だったビール系総市場におけるシェアが，2008年には5.3％と大きく伸び，ビール市場内でのシェアは10.0％を占めている（サントリー・ニュースリリース 2009.4.3）。ちなみに，サントリーはプレミアム・ビールを定番ビールよりも店頭での実勢価格が高い商品と定義している（同上）。また，サッポロビールは"ヱビス"を高価格ビール：スタンダード・ビールよりも価格の高いビール（輸入ブランドビールを除く）と位置付けている

(サッポロビール・ニュースリリース 2006.12.26)。

メーカーごとのシェアに注目すると、2009年のビール系飲料の課税済み出荷量において、キリンビールが0.2％の僅差でアサヒビールを上回り、9年ぶりに首位を奪還した（**図5-20**）。これら2社はそれぞれ市場の3分の1以上のシェアを保有している。残りの3分の1を3位のサントリー、4位のサッポロビールで分け合っている。このように4社により寡占化しており、さらに、この4社の中でも1，2位の企業と3，4位の企業の間には大きな開きがあるというのが、日本のビール系飲料市場の特徴である。

図5-20　ビール系飲料の課税済み出荷シェア(2009年, %)

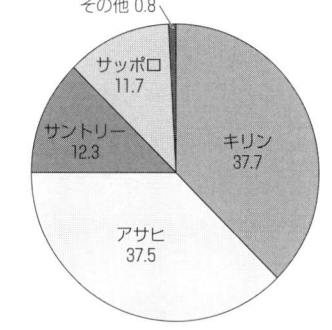

その他 0.8
サッポロ 11.7
サントリー 12.3
キリン 37.7
アサヒ 37.5

出所：日本経済新聞（2010.1.16）p.13

（2）流通構造の変化

ビールの流通に関して、近年、大きな変化が見られる。ビールをはじめとする酒類の2001年の小売シェアを見ると（**図5-21**）、一般酒販店が半数以上を占めていたことがわかる。つまり、消費者にとってビール購買の主たる場は街の酒屋さんであったという訳である。スーパーは2割弱、コンビニは1割、量販店に関しては全く影響力がなかった。しかし、わずか5年後の2006年のシェアを見ると、状況は一変している。大きな勢力を保持していた一般酒販店のシェアは3割にも満たないほどに落ち込み、代わってスーパーマーケットのシェアがトップになっている。また、何ら影響力を持たなかった量販店のシェアが1割を超えている。それから4年経った2010

図5-21　酒類の業態別小売シェア（%）

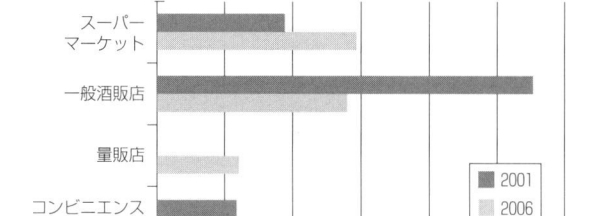

（スーパーマーケット、一般酒販店、量販店、コンビニエンスストアの2001年・2006年比較の棒グラフ）

出所：国税庁（2001）（2006）

第Ⅱ部 どうすればプレミアムを創造し、その価値を継続させることができるのか？

年の現在においては、こうした傾向が一層強まっていることであろう。

　小売シェアの変化は単に顧客の購買の場が変わるという限定的な意味にとどまらず、メーカーのビジネスモデルにも大きな影響を与える。従来、ビールの販売においては一般酒販店の個人経営者との深い人間関係構築という営業の力が重要であったと考えられる。経営者とのつながりにより、自社商品を優先して消費者に推奨してもらうことも頻繁に生じていただろう。しかし、スーパーや量販店の経営者とは、そもそも会うことすら難しく、深い人間関係を構築することは至難の技と言えるであろう。また、仮に人間関係を構築できたとしても、一般にスーパーや量販店においては接客が行われず、消費者が各自で商品を選択するため、効果的に作用するとは考えられない。もちろん、POP広告や陳列などで、優位に立てることはあるだろうが、スーパーや量販店は、通常、一般酒販店よりも広いスペースと大きな冷蔵庫を有するため、全メーカーの数多くの商品を陳列することが可能である。よって、営業に注力しなければならないことに変わりはないが、従来以上に営業力に対する商品力の重要性が増し

表5-8　ビール上位20品

	メーカーおよび商品名	金額シェア(%)	平均価格(円)
1	アサヒ スーパードライ 生 缶 350ML×6缶	12.2	1044.5
2	アサヒ スーパードライ 生 缶 350ML×6缶×4	11.3	4098.6
3	アサヒ スーパードライ 生ビール 缶 500ML×6缶	6.2	1431.4
4	キリン 一番搾り 生 缶 350ML×6缶	5.1	1065.5
5	サントリー ザ・プレミアム・モルツ 生ビール 缶 350ML×6缶	3.4	1216.5
6	サッポロ ヱビスビール 生 缶 350ML×6缶	3.2	1178.8
7	キリン 一番搾り 生 缶 350ML×6缶×4	3.0	4144.8
8	キリン 一番搾り 生ビール 缶 500ML×6缶	2.9	1448.4
9	アサヒ スーパードライ 生 500ML×6缶×4	2.9	5571.3
10	アサヒ スーパードライ 生 缶 500ML	2.7	248.7
11	アサヒ スーパードライ 生 缶 350ML	2.3	186.2
12	キリン ラガービール 缶 350ML×6缶	1.8	1084.3
13	キリン 一番搾り 生 缶 500ML	1.5	250.6
14	サッポロ ヱビスビール 缶 500ML×6缶	1.4	1557.7
15	サッポロ 黒ラベル 生 缶 350ML×6缶	1.4	1063.9
16	サントリー ザ・プレミアム・モルツ 生ビール 春デザインパック 缶 500ML×6缶	1.3	1612.0
17	キリン ラガービール 缶 350ML×6缶×4	1.2	4202.4
18	キリン ラガービール 缶 500ML×6缶	1.2	1460.5
19	キリン 一番搾り 生 缶 350ML	1.1	187.6
20	アサヒ スーパードライ 生 鮮度パック 缶 350ML×6缶	1.1	1038.6

出所：日経テレコン21・POS情報（アクセス日：2010.1.20）
（注）2009年12月

第5章　プレミアム商品の実際：マス・プレミアム商品の事例研究

てきていると考えられる。

　商品に注目すると，金額シェアでトップになっているのは，アサヒビールの"スーパードライ"で圧倒的な強さとなっている（**表5-8**）。次いで，キリンの"一番搾り"となっており，大手2社の主力商品が並ぶ。しかしながら，5位には"プレモル"，6位は"ヱビス"となっており，ビール市場におけるプレミアム・ビールの存在感が確認できる。

(3) プレミアム・ビールの価格

　ビール系飲料の価格は一般にオープン価格となっており，メーカーからは公表されていないため，店頭で調査を行った。正価で販売されていると考えられるCVSと割引価格で販売されているGMSの2か所で行った。

　CVSのプレミアム・ビールの価格は"プレモル"256円，"ヱビス"249円であり，"プレモル"がプラス7円という若干，高い価格に設定されていた（**表5-9**）。この価格差なら，プレミアム・ビール間において，消費者の商品選択にあまり影響を及ぼさないように思われる。しかしながら，"スーパードライ"などの一般ビールの価格は217円であり，プレミアム・ビールは1.2倍程度の価

表5-9　ビール系飲料の価格

分類	商品	価格（円） CVS	価格（円） GMS	割引率（%）
プレミアム・ビール	ヱビス	249	205	18
	ヱビス（超長期熟成）	289	—	—
	ヱビス（琥珀）	259	—	—
	ヱビス（ザ・ブラック）	249	—	—
	ヱビス（ザ・ホップ）	249	—	—
	ザ・プレミアム・モルツ	256	215	16
ビール	NB	217	185	15
発泡酒	NB	157	128	18
新ジャンル	NB	139	115	17
	PB：ザ・ブリュー（サントリー製）（セブンイレブン）	123*	—	—
	PB：麦の薫り（サントリー製）（イオン）	—	100	—
	輸入品：プライムドラフト（韓国HITE社製）	—	88	—

出所：店頭調査（2009.1.22）（350ml缶）
　　　CVS：サークルK自由が丘店（名古屋市内）＊セブンイレブン本山店（名古屋市内）
　　　GMS：イオン八事店（名古屋市内）

第Ⅱ部　どうすればプレミアムを創造し，その価値を継続させることができるのか？

格となっている。さらに，発泡酒が157円，新ジャンルは139円となっており，それぞれ1.6倍，1.8倍となる。つまり，プレミアム・ビール1本で新ジャンル2本飲めることになる。

CVSとGMSの価格を比較すると，15%～18%の割引率となっており，ジャンルや商品ごとにおける割引率の差はほとんど見られない。

❷ サッポロビール："ヱビス"

まず，長期にわたり，シェアトップを維持してきた"ヱビス"のプレミアムの創造および価値を継続させてきた要因について整理する。さらに，ヱビスの今後のプレミアム戦略について検討し，プレミアムの創造と継続要因について考察を深めていく。

調査に際し，2010年3月9日（10：00～12：00），サッポロビール本社において，ヱビスブランド戦略部をはじめ，ヱビスに携わる5名のスタッフに対して，個別訪問面接調査を実施している。また，2010年3月5日にはヱビスビール記念館，ヱビスバー銀座店を視察している。

(1) サッポロビール

"ヱビス"はサッポログループのサッポロビールが取り扱う日本最古のプレミアム・ビールである。

a. サッポログループとは

サッポログループは，「食品価値創造事業」と「快適空間創造事業」の2つの事業ドメインにおいて，ビジネスを展開している（サッポログループ 2009, p.2）。組織的には，持株会社であるサッポロホールディングス㈱のもと，サッポロビール㈱：国内酒類事業，サッポロインターナショナル㈱：国際酒類事業，サッポロ飲料㈱：飲料事業，㈱サッポロライオン：外食事業，恵比寿ガーデンプレイス㈱：不動産事業という5つの事業会社からなる。"ヱビス"は国内酒類事業でビールを扱うサッポロビール㈱により，製造・販売されている。

2008年のサッポログループ連結売上高は4,145億円，経常利益は105億円となっている。事業ごとの内訳を見ると，国内酒類事業が2,996億円で，全体の7

割を占めている(**図5-22**)。

- **サッポロビール株式会社**
  設立 2003年
  本社所在地 東京都渋谷区恵比寿4-20-1
  代表取締役社長 寺坂史明
  資本金 100億円
  事業場 地区本部9,工場7,研究所1
  事業内容 国内酒類事業:ビール・発泡酒・その他の酒類の製造・販売,ワイン・洋酒の販売他

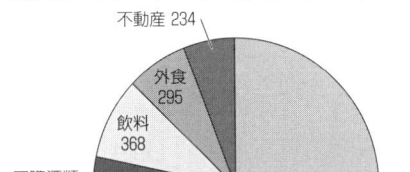

図5-22 サッポログループの事業別売上(2008年,億円)

不動産 234
外食 295
飲料 368
国際酒類 250
国内酒類 2,996

出所:サッポログループ(2009) p.2

b. サッポロビール

サッポロビールのビール系飲料(発泡酒および新ジャンル含む)の2009年度の総販売数量は5,465万函で,前年比97.1%となっている(**表5-10**)。"ヱビス"も1,060万函で前年比97.9%と微減傾向にある。しかしながら,ビール系市場全体が前年比97%,ビール市場に関しては93%と大きく低下しているため,"ヱビス"は結果的にビール内のシェアを伸ばしたこととなり(サッポロビール広報室 2010.1.15),縮小するビール市場において17年連続でシェア・アップとなっている。

表5-10 ビール系飲料の販売状況(2009)

		販売数量(万函)	前年比(%)
ビール		3,234	91.2
	黒ラベル	1,948	90.4
	ヱビス計	1,060	97.9
	その他	226	72.9
発泡酒		319	55.2
新ジャンル		1,912	127.0
合計		5,465	97.1

出所:サッポロビール広報室(2010.1.15)を一部追加修正

個別の商品に注目すると,"ヱビス","黒ラベル","麦とホップ"という3点が重点商品となっている。"ヱビス"は,ビールの売上の1/3以上を占めるというボリュームもさることながら,「"ヱビス"を日本で最高のビールと自負している」という担当者の言葉からもわかるとおり,サッポロビールにとって,とりわけ重要な商品になっている。『Fuji Sankei Business i』(2010.2.25, p.22)においても,サッポロビールの内

第Ⅱ部　どうすればプレミアムを創造し，その価値を継続させることができるのか？

部でも，本物のビールへのこだわりが"ヱビス"に対してはより強くあると紹介されている。

(2) "ヱビス"
a. 誕生からの経緯

　1887年にサッポロビールの前身である日本麦酒醸造会社が設立され，その3年後の1890年に"ヱビス"（当時は恵比寿ビール）は発売された（ヱビス本2009.4.30, pp.86-89）。当時のビールは似たような味のものが多かったが，ドイツから機械設備を導入し，ドイツ人醸造技師を招いてつくられた本格的なビールである"ヱビス"は評判が高く，その後，各地でラベル偽装が頻発するほどであった。さらに，三井物産の専務委員から日本麦酒醸造の社長となった馬越恭平は日本発のビヤホールとなる「恵比寿ビールBeer Hall」（銀座）のオープンや，毎年正月には恵比寿様と社名を染め抜いた法被を従業員が羽織り，初荷のビールを牛に引かせて練り歩くパレードを行うなど，イベントや宣伝，口コミを重視した戦略を展開し，"ヱビス"を日本を代表するビールにまで発展させた。正月のパレードは，新宿・銀座界隈の住民から「これを見ないと正月気分になれない」と言われるほどの人気であった。さらに，その実力は1900年のパリ万博で金賞，1904年のセントルイス万博ではグランプリを受賞するなど，世界にも認められている。

　文豪にも愛され，内田百閒の『百鬼園日歴』では，「酒は月桂冠の壜詰め，麦酒は恵比寿麦酒である。」，夏目漱石の『二百十日』では，「ビールは御座りませんばってん，恵比寿なら御座ります。」など，ストーリーの中に登場している（ヱビスビール記念館にて展示）。

　しかし，第2次世界大戦によりビールは配給品となり，1943年にビールの全商標がなくなった。"麦酒"という文字が書かれた統一ラベルとなり，"ヱビス"の名も消えた。

　1971年，当時社長であった内多蔵人の強いリーダーシップにより，28年ぶりに"ヱビス"は復活した。戦前，"ヱビス"の営業をしていた内多は，"ヱビス"に強い思いを持っており，自身の常務就任時に"ヱビス"の復活を試みたが，メインブランドであった"サッポロビール"との銘柄2本立ては困難であると

の意見が強く実現しなかった。しかし，その5年後の社長就任により，再び動き始める（ヱビス本 2009.4.30, p.88）。内多は単なるブランド復活ではなく，ドイツに負けない本物の日本のビールの商品化を目指し，1516年に発布されたドイツのビール純粋令「ビールの醸造には大麦，ホップ，水以外のものを用いてはならない」にならい，麦芽，ホップ，水以外の副原料を一切使わずにつくられた高級ビールである"ヱビス"を完成させた。価格は当時の大瓶より10円高い150円という高めの設定であった（Fuji Sankei Business i 2010.2.25, p.20）。

1971年の発売時には，新聞，雑誌，ポスターなどで積極的な広告展開がなされた（ヱビス本 2009.4.30, p.88）。翌年の1972年には，純金・純銀製の恵比寿像が当たるキャンペーンを展開し，当時，大きな話題となっている。

しかし，その後，会社の方針により，"ヱビス"の広告は行わないこととなり，売上は最盛期の10分の1程度にまで落ち込み，長い低迷期に入ってしまう。ただ，こうした状況においても，"ヱビス"に対して高いロイヤリティを持ち続けるファンは少なくなかった。例えば，1988年には，人気漫画の『美味しんぼ』16巻（pp.34-35）に"ヱビス"が登場し，「量は微々たるものですが，日本のメーカーでも麦芽だけのビールを作っているのです。」，「これこそ本格派のビールです。飲んだあとに舌の上に稲妻が立つ。実に力強いが，あと口はさわやか。」などの表現で紹介されている。このような形で"ヱビス"が紹介されたことは売上に大きく反映しており，消費者への認知度を高めることにより，大きく販売を伸ばす可能性があることがサッポロビール社内において確認され，その後の「ヱビスビールあります。」キャンペーンに発展していったと考えられる。

1994年，「ヱビスビールあります。」キャンペーンが大々的に展開された。当時，"ヱビス"は一般消費者に広く認知されていたわけではないが，こだわりのある飲食店を中心に極めて高い評価を得ていた。そこで，「ヱビスビールあります。」のコピーが大きく印刷されたポスターを飲食店の店先に掲げ，"ヱビス"を取り扱っている店は料理にもこだわりのある名店というイメージを消費者に訴求し，"ヱビス"と飲食店の双方にとって大きな相乗効果を上げることになった。さらに，テレビCMも積極的に展開し，"ヱビス"="ちょっと贅沢なビール"というコピーも広く浸透していった。このCM以降，"第3の男"

第Ⅱ部　どうすればプレミアムを創造し，その価値を継続させることができるのか？

がヱビスの曲として定着している（ヱビス本 2009.4.30, p.89）。これ以前のCMでは，美空ひばりの"ラ・ヴィ・アン・ローズ"などで高尚なイメージを強調していたが，軽快な"第3の男"のテーマ曲などを採用し，より広い顧客に上質かつ親しみやすいイメージを訴求することに変更したのである。「ヱビスビールあります。」キャンペーンの効果は大きく，1993年に343万函であった販売数は1996年には848万函と，3年間で2.5倍の伸びとなっている（ヱビス本 2009.4.30, p.95）。

b. 製造：本物へのこだわり

　1971年の復活以来，パッケージは1984年，1986年，1991年と変更してきているが，味のレシピは変わっていない。むしろ，いかにこだわりの本物の味を守りぬくかということが難しく，熟練した技師による官能検査の徹底など，最終的には人により，味が守り続けられている。ただし機械設備の技術革新などにより，よりおいしい，高品質のビールになっている一面もある。例えば，ビールは酸素に弱いが，フレッシュキープ製法を導入し，品質を向上させている。
　"ヱビス"における，本物にこだわり，原料調達からパッケージングにいたるまで徹底している人の感覚を重視した，きめ細かなプロセスの詳細は以下のとおりである（ヱビス本 2009.4.30, pp.71-73）。
　ビールは，麦芽，ホップ，水，酵母でできている。まず，"ヱビス"に使用される麦芽は欧州，オーストラリア，カナダなどで，栽培方法にまでこだわった二条大麦からつくられる。こうした麦芽を担当の技師が実際に噛み，味や香りを吟味し，"ヱビス"にふさわしいと認めたものだけを使用する。ホップは，醸造技術者と農場を管理するフィールドマンが，年1回行われるセレクションで生のバイエルン産のアロマホップを手でもみ，匂いを嗅いで品質を確認し，採用を決定している。こうして選び抜かれたバイエルン産のアロマホップは"ヱビス"でふんだんに使用されている。ビールの95％以上を占める水は，工場ごとに異なる原水を独自技術により，"ヱビス"にふさわしい軟水（イオン分を含みすぎない水がふさわしい）へと磨きをかける。最後に，酵母はサッポロビール研究所の"酵母バンク"が保有している1,000以上のビール酵母のなかから，通称ヱビス酵母と呼ばれる専用酵母が培養され，使用されている。

"ヱビス"の製造は，時間をかけてじっくり行われている。例えば，熟成では通常のビールの1.5倍の時間をかけており，仕込からパッケージングまでに2カ月もの時間を要する。また，ビールの原料である麦芽やホップは天然の原料であり，毎年，全く同じ品質という訳にはいかない。さらに，水も地域によって異なるが，こうした条件を乗り越え，毎年，どこの工場においても同じ品質に保たなければならない。そのために，製造ラインは機械により，自動化されているが，最終的には人手による官能検査や機械の厳格な管理が重要となる。製造にかかわる技術系のスタッフは入社以来ずっと訓練を受けているため，「これがヱビス」という，かなりはっきりした五感レベルでの共通認識を持っている。

(3) "ヱビス"のマーケティング

以下，近年，実施されている"ヱビス"のマーケティングについて検討する。

a. マーケティング体制・方針：「ヱビスブランド戦略」の推移

・"2007年「ヱビスブランド戦略」"

サッポロビールが発表した"2007年「ヱビスブランド戦略」"では，「ヱビスでありながら，ヱビスを超えていく」ことがメッセージとして強調されている（サッポロビール・ニュースリリース 2006.12.26）。また，2006年10月に新設されたヱビスブランド戦略部により，ヱビスブランドのマーケティングに従来以上に注力するとともに，ヱビスブランドを冠した新たな商品提案などを積極的に行うと記されている。

・"2009年「ヱビスブランド戦略」"

"2009年「ヱビスブランド戦略」"では，「ヱビスは時間をおいしくします」がメッセージとして強調されている（サッポロビール・ニュースリリース 2008.12.25）。

コミュニケーション戦略においては，これまで強調してきた贅沢なシーンや，食にフォーカスした"ヱビス＝ちょっと贅沢なビール"というイメージを，2009年には「ヱビスは時間をおいしくします」というイメージに一新するとしている。従来，飲み手をメインとするCMはなかったが，今回はメインキャラクターに小泉今日子，浅野忠信，高橋幸宏らを起用し，一貫したイメージの訴

求を行うことが強調されている（同上）。

　従来のユーザーの中心は40～50代であったが，"エビス"に対して敷居の高さを感じている20代や30代が親しみを感じて，もっと"エビス"を飲んでもらえるように，小泉今日子や浅野忠信を起用している（宣伝会議 2009.2.15, p.46）。

・**"2010年「エビスブランド戦略」"**

　"2010年「エビスブランド戦略」"では，発売から120年を迎え，「エビスビールらしさの再発見」がメッセージとして掲げられている（サッポロビール・ニュースリリース 2009.12.8）。

　120年施策では，店頭，ウェブ，各種メディア他，あらゆる場面で，120年記念をキーワードに，顧客が"エビス"と接触する場面をつくっていくとしている。具体的には，限定商品"120年記念・匠エビス"を景品とする大型キャンペーンの実施や，120年記念パック他のメモリアル商品の販売などに加え，顧客が実際の体験により，エビスブランドとの絆を深めることができるコンテンツとして，"エビスビール記念館"や"YEBISU BAR"の展開などがあげられている。これらの詳細は後述する。

　コミュニケーション戦略では，"エビスビールらしさの再発見"をテーマに，日本・四季・粋・歴史・伝統・逸話・製法・原料等を伝え，顧客それぞれが持っている自分ならではの"エビス"の味わいを再認識し，"エビス"を飲みこなす喜びを感じてもらえるようにするとしている。そのためテレビCMでは2つのバージョンを展開し，1つは恵比寿様が120年を機会に味わいの魅力について自ら語るバージョンであり，もう1つは"エビス"と親和性の高い日本の四季や文化にフォーカスし，身近でありながら奥深い日本情緒とともに"エビス"を味わうシーンを上質に描いていくバージョンとなっている。芸能人をメインキャラクターに起用した昨年とは大きく異なり，従来のイメージや訴求法に復古している印象を受ける。

　製品ラインの拡大に関して，"エビス"においてはこれまで様々な味わいを持つエクステンション商品が開発・発売されてきている。2010年も"エビス"とは異なる味わいとなる価値を有し，新たなエビスブランドの楽しみ方を顧客に提案し得る商品を展開していくとしている。その具体策の1つとして，"シ

ルクエビス"の全国通年発売があげられている。エクステンション戦略に関しては，後ほど詳細に検討する。

b. マーケティング施策
・パッケージ
　3月，4月の"お花見"や"卒業"など"ハレの日"が多い季節にあわせ，例えば，牧野伊三夫による"春はヱビス"という力強い文字と，鯛や筍のイラストが配置されたパッケージの投入など，積極的な取り組みが行われている（サッポロビール・ニュースリリース 2008.1.16）。また，父の日にも特別なパッケージが用意されるなど，季節やイベントにあわせた，様々なデザインのパッケージが投入されている（サッポロビール・ニュースリリース 2008.4.2）。

・キャンペーン
　例えば，"ヱビス　至福の贅沢プレゼントキャンペーン"では，期間限定の老舗宿や人間国宝のタンブラーなど，ヱビスブランドが提案する上質で文化的な日本の贅沢がプレゼントされている（サッポロビール・ニュースリリース 2008.4.23）。また，"ヱビス120年記念醸造「匠ヱビス」プレゼントキャンペーン"など（サッポロビール・ニュースリリース 2010.1.15），数多くのキャンペーンが積極的に行われている。

・"ラッキーヱビス"
　通常，"ヱビス"のラベルの恵比寿様は鯛を一匹しか抱えていないが，数百本に1本程度という非常に低い確率で，もう一匹，鯛を抱えているラベルがあり，縁起のいい"ラッキーヱビス"と呼ばれている。これも和食をテーマとする人気の高い漫画である『おせん』11巻（2006, pp.12-13）に取り上げられ，話題となっている。ちなみに，こうした漫画はヱビスビール記念館で展示されている。

・限定商品
　2007年より，日本最大のクルーズ客船"飛鳥2"の船内限定で"ヱビス ASUKA CRUISE〈まろやか熟成〉"が発売されている（サッポロビール・ニュースリリース 2007.3.23）。この商品は，"飛鳥2"で過ごす"悠々とした上質な時間にふさわしいビール"というコンセプトをもとに，"飛鳥2"専用に

第Ⅱ部　どうすればプレミアムを創造し，その価値を継続させることができるのか？

特別に醸造されたものである。通常の"ヱビス"よりも多くの麦芽を使用し，時間をかけてゆっくりと仕上げることで，アルコール分5.5％とやや高めでありながら，深みとコク，まろやかな味わいに仕上げている。また，デザインは，"飛鳥2"のイメージカラーである青色に金の配色を基調とし，中央には大きく船体のイラストが配されている。

　日本を代表するクルーズ客船"飛鳥2"において，日本のプレミアム・ビールの代表であるヱビスブランドの商品を販売することで，より一層の価値向上を共に図れ，また特定の飲用シーンを想定したビールという新しい試みであることから，マーケティング戦略上でも貴重な情報が得られる。

　この他，超長期熟成や琥珀ヱビスなど，期間限定で新しいタイプの"ヱビス"を積極的に投入している。

・ギフト（お歳暮・お中元）

　プレミアム・ビールである"ヱビス"はお歳暮やお中元などのギフトと相関が高く，"2009 SAPPORO SUMMER GIFT"（サッポロビール・ニュースリリース 2009.4.8），"2009 SAPPORO WINTER GIFT"（サッポロビール・ニュースリリース 2009.9.2）などでも，"ヱビス"を中心としたラインアップとなっている。

・ホームページからの情報発信

　2004年には，ホームページ上でオリジナルWEB小説「プレミアムストーリーズ」が公開されており，小説を堪能しながら"ヱビス"を飲むことで，顧客のくつろぎの時間が，一層豊かで贅沢なものになることが意図されていた（サッポロビール・ニュースリリース 2005.4.15）。

　また，現在の"ヱビス"専用サイトでは，"ヱビス"らしい，ゆったりとした時間を楽しめる，ローカル線との取り組み"Y列車で行こう！"が実施されている（サッポロビール・ニュースリリース 2009.12.2）。年間を通じ，各地のローカル路線周辺の文化や風土を一緒に紹介し，何気ないローカル線の旅が"ヱビス"があることによって，いつもより豊かで幸せな時間に変わることが訴求されている。第1弾では，房総半島西側を走る内房線を取り上げ，その内房線の旅にふさわしい，旅の時間をおいしくする弁当として，ヱビス特製駅弁"ヱビス亭 暑中乃膳"が企画され，万葉軒より製造・販売されている。

第5章　プレミアム商品の実際：マス・プレミアム商品の事例研究

・"ヱビスビール記念館"

　2010年2月25日にサッポロビール本社地下1階にオープンした"ヱビスビール記念館"は，国内では珍しい，単独商品ブランドの記念館である。"ヱビス"の時代ごとの商品や貴重な資料が紹介されている"ヱビスギャラリー"，一杯400円で試飲できる"テイスティングサロン"，オリジナルグッズが販売されている"ミュージアムショップ"などが設置されている（Fuji Sankei Business i 2010.2.25, p.26）。また，"ヱビスギャラリー"をガイドしてくれる試飲付きの"ヱビスツアー"（500円）も実施されている。

　実際に参加した"ヱビスツアー"では，自らがオルゴールを回すことにより，"ヱビス"のテーマ曲と言える"第3の男"が流れてきたり，試飲時には"ラッキーヱビス"など，"ヱビス"に関するクイズも行われ，"ヱビス"をしっかりと体感できる場となっていた。

・"YEBISU BAR"

　ヱビスの魅力を発信する飲食店舗を目指す"YEBISU BAR"（ヱビス バー）の第1号店を，サッポロライオンと連携し，2009年12月9日に銀座にオープンさせている。2010年以降も店舗数を拡大し，食とヱビスの関わりを中心に，ヱビスの味わいを新しい形で顧客が体験できる機会を増やそうとしている。

　ちなみに，サッポロライオンのホームページでは，「"YEBISU BAR"は，ヱビスビールを通じて西洋化された現代のライフスタイルの中で息づく日本の味と心を感じていただくことを目指す"和モダンビヤバー"です。店内はブランドカラーであるエンジ色を基調とし，スタイリッシュなデザインでありながら，日本の伝統工芸を連想させるモチーフや素材を使用した，上質で安らぎの空間です。工場直送の樽生ヱビスビールの全ラインアップを揃え，個性豊かなそれぞれのヱビスビールの味わいに合わせたお料理とのマリアージュをお楽しみください。」と紹介されている。

　個別の料理でも，"ヱビス"に漬け込んだ"八幡鯛のカルパッチョ"や"ヱビス〈ザ・ブラック〉"で煮込んだ"北海道樽前湧水豚のスペアリブ"など，"ヱビス"が徹底的にアピールされている（Fuji Sankei Business i 2010.2.25, p.25）。

(4) "ヱビス"のエクステンション戦略

　現在，"ヱビス"は，オリジナルに加え，"ヱビス〈ザ・ブラック〉"，"ヱビス〈ザ・ホップ〉"，"シルクヱビス"など，そのラインを拡大させている。こうした"ヱビス"のエクステンション戦略について，以下，検討していく。

a. ライン拡張の動機

　新ジャンルの隆盛などにより，単に安く酔えれば良いという風潮が強まり，ビール文化というものが薄れつつある。サッポロビールには，「"ヱビス"は，色や味の奥深さなど，日本のビール文化を広げてきた」という自負があり，こうした事態の進行を食い止める必要性を感じていた。

　また，ライン拡張には現在の"ヱビス"のメインとなる顧客層の満足度をさらに高めることに加え，"ヱビス"への間口を広げ，エントリーユーザーを獲得するという狙いもある。"ヱビス"のメインの顧客層は40〜50代の男性となっている。この背景として，20代でビールに出会い，30代前後でビールの味の違いが気になり，40代で"ヱビス"に行き着き，ロイヤルカスタマーとなるパターンが多いようである。もちろん，年齢に比例し，経済的な余裕が拡大していくことも影響している。一方，少子高齢化の影響などにより，日本のビール市場全体が縮小傾向のなか，"ヱビス"顧客予備軍の育成も重要な課題であり，ライン拡張には若者を惹きつけ，アピールするという意図もある。

　さらに，商品数を増加させ，店頭の棚における存在感を高め，消費者にアピールし，売上を拡大させるという狙いもある。

b. ライン拡張の是非

　"ヱビス"はサッポロビールを代表する商品であり，どのような事柄に対しても，社内から注目される。ましてや，"ヱビス"のライン拡張となると，ことさら大きな話題となり，万が一，うまく進行しなかった場合，その影響は新商品に限定されず，ヱビスブランド全体，さらには会社全体に波及するリスクがあるため，当然のことながら，社内でも否定的な意見が少なくなかった。

　また，長い歴史を持つヱビス固有の問題として，長期にわたり，今までのオリジナルの"ヱビス"に高いロイヤリティを有する顧客の一部には，こうした

第5章　プレミアム商品の実際：マス・プレミアム商品の事例研究

新たな取り組みに対して批判的な意見があることも事前の調査において明らかになっていた。他のビールよりも高価格であるにもかかわらず，飲み続けてくれた顧客の"ヱビス"へのロイヤリティは他のビールと比較して圧倒的に高いことは明確であり，その分，賛否いずれの場合にしろ，強い意見となっている。

このように，社内・社外ともに，"ヱビス"への思い入れは強く，ライン拡張については，双方を納得させる基本方針や製品をつくり上げ，説明責任を果たしていかねばならなかった。こうした重要かつ困難な課題を取り扱う部署として，ヱビスブランド戦略部は立ち上げられている。ヱビスシリーズの商品企画やマーケティング，営業管理などの権限は，ヱビスブランド戦略部に集約しており，"ヱビス"の開発から育成までの全てを司る。新たな取り組みへの軋轢，他部署からのプレッシャーなど，"ヱビス"に対する社内外の厳しい目を受けながら，この部が主導し，物事を進めている。

ちなみに，一般に社内では部署間で利害が相反することも少なくはなく，様々な反対意見が出てくることも予想されるが，"ヱビス"の新ラインに関しては，説得力のある商品戦略を構築できれば，営業部門も生産部門も納得し，モチベーションの高い全社一丸の取り組みが実践されている。これはサッポロビールの風土という側面もあろうが，全社的な"ヱビス"への熱い思いや誇りや高い期待に大きく起因していると考えられる。

c.　ライン拡張の実際

長い伝統を保有し，会社を代表する商品であり，また顧客からの目も厳しい"ヱビス"という製品のライン拡張は，しっかりとした理念のうえ，厳格に行われている。まず，"ヱビス"の基本的な理念として，「日本のビール文化を豊かにしたい」，「世界のビール文化を日本に伝えていきたい」ということがあげられ，これに準拠したもののみ製品化される。さらに，社内的には"ヱビス憲法"とも呼べる，ヱビスブランドブックというものがあり，開発，製造，営業などに関する細かな事項が記され，全社的に厳守されている。

実際のプロセスに注目すると，ケースバイケースではあるものの，製品開発とプロモーションを中心とするマーケティング・プランの開発は同時進行的に実施される場合が多い。例えば，2007年に発売された"ヱビス〈ザ・ホップ〉"

第Ⅱ部　どうすればプレミアムを創造し，その価値を継続させることができるのか？

は，ターゲットを20〜30代に設定し，このターゲット層から高い満足度を獲得することができる製品やプロモーションの開発がほぼ同時に進行している。ちなみに，こうした新商品の市場投入は，味，価格，パッケージ，ネーミングを含め，最終的には取締役会で決済される。

d. ライン拡張により誕生した商品

　様々な課題を乗り越え，2003年にライン拡張の第一弾として，"ヱビス〈黒〉"が発売された。黒ビールが選定された理由は，通常のビールと比較し，色や味などが明確に異なるため，ビール文化を広げるという基本コンセプトに適合したからである。ライン拡張に関して，現在は地域やインターネットなど，限定販売を経ることが多いが，"ヱビス〈黒〉"はいきなり全国に通年発売された。結果，わずか2週間で売り切れ，一時休売となり，恵比寿様が「ごめんなさい」と品切れを詫びるCMまで放映されるほど，好調に推移した。

　現在は，黒をリニューアルした"ヱビス〈ザ・ブラック〉"に加え，"ヱビス〈ザ・ホップ〉"，"シルクヱビス"が販売されている。こうした"ヱビス"のライン拡張はオリジナルの"ヱビス"の重要なポイントである良質な麦芽，厳選されたアロマホップ，ヱビス酵母をベースとしており，これらはヱビスシリーズのブランドアイデンティティと言えるであろう。

　各商品のコンセプトを整理すると，深いコクという味がクローズアップされているオリジナル"ヱビス"に対抗し，"ヱビス〈ザ・ホップ〉"は開発に際して，香りに注目し，爽やかなホップの香りが強調されている。"シルクヱビス"では，きめ細かい泡，絹のようになめらかな口当たり，上品な味わいが強調され，結果的に女性を重視する商品となっている。このように，いずれもオリジナルの"ヱビス"を核としたうえで，それぞれの個性が強調されている。

　さらに，サッポロビールのホームページでは，上記3商品のこだわりを以下のとおり，紹介している。

- **"ヱビス〈ザ・ブラック〉"のこだわり**

　"ヱビス〈ザ・ブラック〉"では，製造，仕込，発酵・貯蔵工程におけるこだわりが紹介されている。具体的には，熟練の技術者が専用のロースターで，220℃〜230℃の温度を維持しながら，じっくりローストすることや，カラメル

麦芽の増量，10℃前後の低温で約10日間かけての発酵などが取り上げられている。

　メッセージでは，「のどの渇きを一気に癒すというタイプではないが，時間が経ってもそのおいしさを十分に味わうことができるビールゆえ，一日の終わりの自分の時間を，ゆったりと満ち足りた気分で過ごすパートナーに相応しいビールである」と推奨している。また，ホームページでは，オリジナルの"エビス"と"エビス〈ザ・ブラック〉"を混ぜて飲むハーフ＆ハーフなども提案されている。

・"エビス〈ザ・ホップ〉"のこだわり

　"エビス〈ザ・ホップ〉"のこだわりとして，チェコ産ファインアロマホップが取り上げられ，ドイツ・バイエルン産アロマホップにこのチェコ産ファインアロマホップをバランス良く加えることで，爽やかな香りを実現している。

・"シルクエビス"のこだわり

　オリジナルの"エビス"の原料・製法をベースに，協働契約栽培の小麦麦芽を配合することにより，きめ細かい泡，絹のようになめらかな口当たり，上品な味わいを実現している。また，通常の麦芽をより多く使用し，より上品で豊かな味わいとなっている（アルコール分：5.5％）。

　期間限定販売も含めた，エビスのライン拡張の経緯は，以下のとおりである。

・2003.5.28　"エビス〈黒〉"

　日本のビール文化の向上に貢献すべく，日本には十分に根付いていない黒ビールに注目し，エビスブランドならではのこだわりを込めて"エビス〈黒〉"として発売（サッポロビール・ニュースリリース 2003.4.2）。

・2005.3.9　"エビス超長期熟成"（インターネット限定販売）

　従来の約2倍の期間，熟成させ，アルコール度数は高めの約6％，色合いはやや濃く仕上げ，一層の深みとコクのある，まろやかな味わいを実現（サッポロビール・ニュースリリース 2004.10.13）。

・2006.11.22　"琥珀エビス"（限定醸造発売）

　オリジナルの"エビス"より麦芽を増量し，厳選したクリスタル麦芽を加えることで，琥珀色の深みのある味わいを実現したアンバービール（サッポロビ

ール・ニュースリリース 2006.9.20）。
- **2007.3.7 "ヱビス〈ザ・ブラック〉"**

  じっくりローストした黒麦芽に従来よりカラメル麦芽を増量し，バランスよく配合することで，よりコクのある，まろやかな深い味わいを実現（サッポロビール・ニュースリリース 2006.12.26）。

- **2007.4.4 "ヱビス〈ザ・ホップ〉"**

  協働契約栽培をしているドイツ・バイエルン産アロマホップに，同じく協働契約栽培のチェコ・ザーツ産ファインアロマホップをバランスよく加え，心地良い香りを実現（サッポロビール・ニュースリリース 2006.12.26）。

- **2009.3.4 "シルクヱビス"**

  既存の"ヱビス"の原料・製法をベースとしながら，小麦麦芽を一部配合することで，きめ細かい泡，絹のように，なめらかな口当りを実現（サッポロビール・ニュースリリース 2008.12.25）。

- **2009.7.3 "ヱビス スタウト クリーミートップ"（飲食店限定発売）**

  日本人のためのスタウト（黒ビール）タイプを追求した結果，本場ドイツに負けない味わいでありながら，日本の食との相性も良い"ヱビス"を実現（サッポロビール・ニュースリリース 2009.6.29）。

e．ライン拡張の効果

まず，オリジナルの"ヱビス"と一般のビールを比較すると，原料や熟成時間などの違いにより，当然，"ヱビス"はコスト高となっている。しかし，その分は割高な商品価格設定において十分に吸収されている。さらに顧客からの強い支持により，順調な販売状況となっており，利益をもたらす商品となっている。

次に，オリジナルの"ヱビス"とライン拡張により誕生した他のヱビスブランドとを比較すると，まず商品の原価レベルにおいては，例えば"シルクヱビス"における，小麦など，原料において若干のコスト増要因があるものの，新たに大型の設備投資を行う必要はないため，全体として大きなコスト増とはなっていない。むしろ，新商品の発売にあわせて実施するプロモーションの費用が大きな負担となる。

また，"ヱビス"は高い知名度を有しているものの，流通業者との折衝においては，特別に有利に作用することはなく，他の商品同様，厳しい交渉となる場合が少なくはない。もっとも，2006年当時，プレミアム・ビール・ブームの時には，流通業者から引く手あまたの状況であったが，現在は商品力はもちろん，売り方の提案力も求められている。

(5) "ヱビス"の課題と今後の方向性
・価値の創造
いろいろなアイデアや思いはあるものの，実際にビールで実現できることは限られており，少し高い価格に対して，消費者が納得してくれる価値を実現し，提供していくことは難しい課題となっている。

・ブランドの再構築
120周年を迎え，情報をより積極的に発信していく。具体的には，"ヱビス"が少し高い理由づけを，ヱビスビール記念館での歴史紹介，YEBISU BARにおける飲食シーンの提供などを通じた経験価値の提供により，実践していく。

昔のブランドというものへのイメージは，"おごそか"や"あこがれ"などが強かったものの，現在は"あそこはおもしろそう"など，従来のように高い位置ではなく，自分たちの身近にあるものに対して，ブランドを高く評価する傾向が強いとの理解のもと，顧客により近づき，"ヱビス"体験の機会を拡大させようとしている。

市場環境は厳しく，"高く払う理由がない"と，一度，消費者に判断されてしまえば，その修正は難しく，顧客の中でしっかりと価値化してもらえるように速く，積極的な動きが必要になっている。そのために，現在のブランドイメージである"上質"や"和"をさらに尖らせ，既存顧客の満足度を高めることに加え，ライン拡張に代表されるように山裾を広くし，新規顧客の獲得にも精力的に取り組んでいる。

こうしたマネジメントは極めて難しく，例えば，2009年のタレントを活用したテレビCMを中心とするキャンペーンは，顧客層拡大には有効であったが，従来からのコアな顧客の一部からは高い評価を獲得できないなどの問題があり，誕生120周年を迎え，2010年は原点回帰，"本物"を強調するプロモーションが

第Ⅱ部 どうすればプレミアムを創造し，その価値を継続させることができるのか？

展開される。

・"エビス"の位置付け

　社内において，"エビス"をどのように位置付けるか？ は重要な課題となっている。例えば，短期的にシェアを重視すると，"エビス"のライン拡張を発泡酒にまで広げれば，大きな売上となるであろうが，長期的視点からはエビスブランドに負の影響を与えることが懸念される。飲酒人口が減り，ビール市場も減少傾向にあるなか，エビスの価値を守りつつ，拡販していくことは大きな課題となる。

　また，近年，急激に販売数を増加させているサントリーの"ザ・プレミアム・モルツ"に対しては，特別に意識して対抗策を講じるのではなく，「これまでの地道なエビスの歩みをさらに極める」，「エビスの本質を伝えていく」，「エビスを太くする（ライン拡張）」などにさらに徹していくとしている。"ザ・プレミアム・モルツ"の躍進の陰には，"モルツ"を大きく犠牲にした面が否めないが，サッポロビールでは"黒ラベル"への人気は根強く，風味も大きく異なるため，一般のビールでは"黒ラベル"，プレミアムビールでは"エビス"という両輪を強化し，サッポロビールのコーポレート・ブランドを高めていく。また，どちらかと言えば"黒ラベル"は東日本で人気が高く，西日本は東日本に比べ，ややシェアが低いという傾向が若干ある。"エビス"はそういう偏りがないなど，様々な補完関係がある。

(6) プレミアムの創造と継続

a. プレミアムの創造

・本物へのこだわり

　1890年に発売された"エビス"は，当時，似たような味のビールが多いなか，ドイツから機械設備を導入し，ドイツ人醸造技師を招いてつくられた。その実力は1900年のパリ万博で金賞，1904年のセントルイス万博ではグランプリを受賞するなど，世界にも認められている。

　また，戦争を経て，28年ぶりの1971年の復活に際し，単なるブランドの復活ではなく，ドイツに負けない本物の日本のビールの商品化を目指し，1516年に発布されたドイツのビール純粋令「ビールの醸造には大麦，ホップ，水以外の

ものを用いてはならない」にならい，麦芽，ホップ，水以外の副原料を一切使わずにつくられた高級ビールとして，"ヱビス"を完成させている。

- **先陣を切る**

 1890年の発売，1971年の復活ともに，他社に先駆け，高級ビールを市場に投入したことになる。

- **強いリーダーシップ**

 馬越恭平のリーダーシップによる日本初となる"恵比寿ビールBeer Hall"のオープンをはじめとする，様々なプロモーションの展開や，復活時における「本場ドイツに負けない本物のビールをつくる」という社長であった内多蔵人の強い意志は社内に深く浸透したと考えられる。

- **プロモーション**

 ビアホールや正月のパレードなど，ヱビスが誕生した1890年代には，大々的なプロモーションが展開された。また，復活に際し，1971年の発売時には，新聞，雑誌，ポスターなどを中心に積極的な広告展開がなされ，翌年の1972年には，純金・純銀製の恵比寿像が当たるキャンペーンを展開するなど，当時，大きな話題となっている。

b. プレミアムの継続

- **本物を守り抜く**

 1971年の復活以来，味のレシピは変わっていない。むしろ，いかにこだわりの本物の味を守りぬくかということが難しく，熟練した技師による官能検査の徹底など，最終的には人により，味が守り続けられている。

- **本物を追い求め続ける**

 レシピは変更していないが，何よりもビールの根本のところ，つまり基本価値である味に徹底的にこだわり，真摯に取り組んできている。例えば，最新の機械設備を導入したフレッシュキープ製法，極めて高いレベルでの原料調達や製造を愚直に実践している。

- **顧客との関係性**

 基本価値である味にこだわり，本物を追求し続けてきたことを，顧客が評価し，長い歴史のなかで，そうした支持がさらに深まるという顧客との関係性が

しっかりと構築されてきている。つまり、"ヱビス"に関わるスタッフの真摯な取り組みに顧客が共感し、支え続けてくれている。

また、例えば、人気漫画の『美味しんぼ』で"ヱビス"が紹介され、売上が拡大したことは、一般的な成功要因分析では、偶発的な要件として捉えられがちであるが、本物にこだわった真摯なモノづくりの態度に対して、作者が強く共感した側面もあったのではないかと推測される。ちなみに、『美味しんぼ』に加え、『新世紀エヴァンゲリオン』2巻（1996, pp.42-43）や、『おせん』11巻（2006, pp.12-13）にも取り上げられ、話題となっている。

・**高い機能的価値と顧客との関係性をベースとしたプロモーション**

1994年に大々的に展開された「ヱビスビールあります。」キャンペーンは、単なる思いつきの広告ではなく、長期にわたる顧客との強い関係性がベースとなっている。つまり、"ヱビス"のこだわりに対して、高いロイヤリティを持ち、採用し続けてくれた飲食店があったからこそ、実現したキャンペーンである。店頭に張られた「ヱビスビールあります。」のポスターやテレビCMは、従来、どちらかと言えば、あまり目立つことがなかった"ヱビス"のこだわりと、それに対する顧客の強い支持を表面化させ、一般の消費者にまで広める結果となった。1996年の販売数がキャンペーン展開前の1993年の3倍となっていることからも、このキャンペーンの効果の大きさは容易にわかる。

・**全社的取り組み**

"ヱビス"のみを取り扱う、ヱビスブランド戦略部の立ち上げや、毎年、ヱビスブランド戦略がニュースリリースで発表されるなど、全社的に注力されていることがわかる。"ヱビスビール記念館"や"YEBISU BAR"など、大がかりなプロモーションの展開も社運をかけるほどの意気込みが感じられる。

・**リーダーシップ**

"ヱビスビール記念館"や大々的なプロモーションをはじめ、"ヱビス"に見られる、様々な全社的取り組みは、当然のことながら、トップの強いリーダーシップのもと、行われている。

・**社員の商品への思い："商品愛"**

インタビューにおける「ヱビスビールを日本で最高のビールと自負している」という担当者の言葉に代表されるように、サッポロビールの内部でも、"本物

のビールへのこだわり"が"ヱビス"に対してはより強くある。こうした社員の商品への強い思いは"ヱビス"の製造，広告，営業などを実践する際に大きなバックボーンとして有効に機能していると考えられる。

・きめ細かなプロモーション

　時代にあわせ，訴求すべきメッセージの微修正や，季節やイベントにあわせたパッケージの変更，定期的なキャンペーン，限定商品，ホームページでの情報提供など，きめ細かなプロモーションが積極的に行われている。

・ライン拡大

　"ヱビス〈ザ・ブラック〉"，"ヱビス〈ザ・ホップ〉"，"シルクヱビス"など，積極的なライン拡大が行われている。こうした新製品投入により，店頭の棚での存在感の向上，消費者ニーズの把握，さらには"ヱビス"に対する社会からの注目度を陳腐化させない効果も生じていると考えられる。

・長い歴史

　これは結果論的要因となるが，こうした取り組みが結実し，120年という長い歴史となり，消費者からは歴史ある伝統的なプレミアムビールとしての評価を得ている。

(7) インプリケーション

　"ヱビス"の事例を通じて，愚直に本物のビールを志向し続けてきた結果，極めて忠誠心の高いロイヤルカスタマーの創造に成功し，プレミアムの価値を継続させていることがわかった。また，製品とプロモーションがうまくリンクしていることも明らかになった。こうした取り組みの結果，2006～2007年あたりに生じたプレミアム・ビールのブームの後，シェア上位のキリンビールやアサヒビールの商品が市場から撤退していくなか，現在に至るまで"ヱビス"は順調にビール内シェアを伸ばしている。

　長い歴史を持つということは，消費者に対して大きな信用を与え，強いメリットになると同時に，それだけ社内および顧客からの期待や関心も大きく，伝統を守るという宿命も負うことになり，新たな取り組みに対して消極的にならざるを得ない部分もある。しかしながら，少子高齢化が進み，ビール市場が縮小傾向にある状況において，ブランドを陳腐化させないためには，挑戦し続け

ることが重要となる。よって，オリジナルの"ヱビス"においては，伝統の味を守り抜き，本物を極めるために真摯な取り組みを続けるとともに，一方では積極的なライン拡張により，消費者ニーズを把握しながら，市場での存在感をさらに高めていくという戦略は，ロングセラー化している"ヱビス"の価値のさらなる継続・拡大に有効に作用すると考えられる。

また，「ヱビスビールあります。」キャンペーンが大々的に展開された1994年当時は，アサヒビールの"スーパードライ"が急激に勢力を拡大させている時期でもあり，チャレンジャーによる差別化戦略という意味合いもあったと考えられる。

最後に，インタビューにおいて，「プレミアムを継続させるために重要なことは？」との質問に，「やめない，あきらめない」とのコメントがあった。もちろん，当たり前のことと言ってしまえばそれまでだが，現代の市場において，消費者ニーズの変化は激しく，またPOSにより商品の売れ行きがリアルタイムで把握できることもあり，商品のライフサイクルが急激に短縮化してきている。こうした状況のなか，実際の組織において，商品を継続させることは極めて困難な課題となっているが，だからこそ本物にこだわった商品を開発し，大事に育てていくことが，他の商品との差別化において，重要な要件の1つになり得ると言えるであろう。

❸ サントリー："ザ・プレミアム・モルツ"

プレミアム・ビール市場において，躍進著しいサントリーの"ザ・プレミアム・モルツ"（以下"プレモル"）のプレミアムの創造および継続要因について考察していく。調査に際し，2010年3月6日，サントリー武蔵野工場における"ザ・プレミアム・モルツ講座"での情報収集を行っている。

（1）サントリーとは

"プレモル"は，サントリーにより，開発され，販売されている。サントリーは，1899年，鳥井信治郎によって創業された。甘味葡萄酒"赤玉ポートワイン"による日本の洋酒文化の開拓，日本初となるウイスキー事業への着手，さらにビールや食品・清涼飲料事業への進出など，創業者の「やってみなはれ」

の言葉に代表されるフロンティアスピリッツを極めて重視する社風はあまりにも有名である。また，近年，その領域をさらに拡げ，健康食品・外食・花など，多彩な事業を展開している（サントリー・ホームページ）。株式上場はしておらず，創業者一族の影響力が極めて大きい。いわゆる非上場・オーナー企業である。

　サントリーのビール事業は，創業者の鳥井信治郎の「やってみなはれ」の言葉をうけ，2代目社長の佐治敬三が1963年に始めた。その後，長い歳月を経て，2008年に営業利益約30億円を記録し，初めての黒字となり，市場シェア12.4％で初の業界3位となった。もちろん，原料高騰で競合3社が7月にビールを値上げした中で，9月まで価格を据え置いた効果や"ジョッキ生"や"金麦"といった新ジャンル商品のヒットも影響しているが，"プレモル"を年間1,000万ケースを超す基幹ブランドに育成できたことも大きく影響している（日経情報ストラテジー 2009.5, pp.84-89）。

　会社概要は，以下のとおりである（サントリー・ホームページ）。

・サントリーホールディングス株式会社	・サントリーグループ
創業　1899年 設立　2009年 本店所在地　大阪府大阪市北区堂島浜2-1-40 代表取締役社長　佐治信忠 資本金　700億円 事業内容　グループ全体の経営戦略の策定・推進，およびコーポレート機能	グループ会社　182社（2008年12月31日現在） 従業員数　21,845人（2008年12月31日現在） 連結売上高　15,130億円（2008年） 連結経常利益　792億円（2008年） 事業別売上構成　食品8,311億円（55％），酒類5,493億円（36％），その他1,324億円（9％）

（2）"プレモル"の売上

　2001年に，"プレモル"の前身となる"モルツ・スーパープレミアム"が販売され，2003年に現在の名称とパッケージとなった。2004年までは，50万ケースのレベルにとどまっていた（**図5-23**）。

図5-23　"プレモル"の販売実績（万ケース）

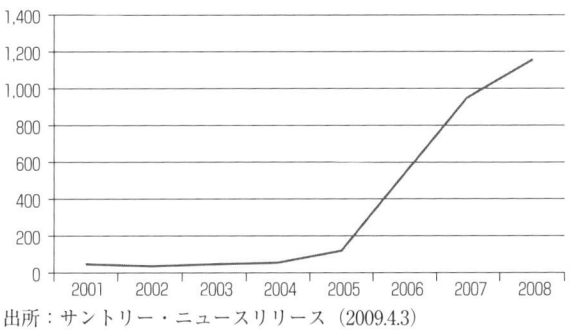

出所：サントリー・ニュースリリース（2009.4.3）

第Ⅱ部　どうすればプレミアムを創造し，その価値を継続させることができるのか？

しかし，2005年のモンドセレクション受賞を契機に126万ケース（2005年），550万ケース（2006年），951万ケース（2007年），1,149万ケース（2008年）とまさに右肩上がりとなり，2008年にはエビスビールを抑え，プレミアム・ビールのシェアでトップとなった。

(3) "プレモル"の誕生

　宣伝や営業力に定評があるサントリーのビール事業が長らく黒字化できなかった理由について，佐治信忠社長は「消費者にうまいと思ってもらえるものを作れなかった。サントリーはそれを学ぶのに45年かかった」と語っている（日経ビジネス 2009.3.9, pp.52-60）。

　サントリーは1963年，当時，"キリンラガー"全盛で苦味をしっかり感じるビールが主流であった市場に，2代目の社長である佐治敬三が惚れ込んだ軽い味わいのビールで参入した。市場での主流商品とのあまりの違いに，消費者は「味が薄い」と拒否反応を示した。さらには「ウィスキーくさい」という中傷まで出る始末であった（同上）。消費者不在の，まさにつくり手のエゴの塊のような商品になっていたわけである。

　その後，1986年になって，ようやく麦芽100％でコクのある"モルツ"に転換した。「それまで我々が作ったものは絶対にうまいんだ，それをわからん方が悪いという，少し驕ったところがあった。佐治敬三のそうした哲学を社内で打ち壊すことができなかった。それを壊すのは直系である息子の役目」と現社長である佐治信忠が考え，実行した（同上）。

　1989年，副社長に就任した佐治信忠は武蔵野工場内に通常の20分の1の規模のミニブルワリーを建設し，ビールの商品開発と生産チームに「うまいビールを作れ」という指示を出した。研究室ではなく，量産移行が可能な本格的な施設で，それまで温めていた質の高いビールをつくって，ノウハウを積み重ねろという意味だった（同上）。また，当時の工場は1回の仕込量が大きく，製造後の販売を考えると，個性的なビールを製造することは難しく，ヨーロッパのように小規模生産可能な施設が必要という事情もあった（サントリー・ホームページ）。

　このようにトップの強力なリーダーシップのもと，ミニブルワリーまで建設

第5章　プレミアム商品の実際：マス・プレミアム商品の事例研究

して取り組むという大きなプロジェクトが立ち上がった。以下，"プレモル"のコンセプトの抽出，製法について，サントリーのホームページで詳細に記述されている情報を利用し，分析していく。

a.　素材へのこだわり

　"プレモル"の開発者である山本隆三は，「今からおよそ30年前，ビールの本場ヨーロッパに単身渡り，様々なビールの研究を重ね，世界で一番飲まれているピルスナービールで世界最高峰のビールをつくりたいという想いこそが"ザ・プレミアム・モルツ"誕生の出発点でした」と語っている（サントリー・ホームページ）。そのために，まず素材選びからこだわった。ホップは香り高いビールを実現するために苦みの少ないアロマホップを使用し，香り付けにはファインアロマと呼ばれる最高クラスのホップの中から，さらに厳選を重ねている。また，麦芽は豊かな味わいと爽快な後口のビールにいちばん適した二条大麦のなかでも，でんぷんの多く含まれる粒が大きいものを選択している。水はビールの約9割を占め，品質を決定する大切な素材であり，自然の地層によってろ過された清浄な深層地下水を100％使用している。深層地下水は季節や天候に左右されないため，安定した品質を保つことができる。また豊富に含まれるミネラルが旨み成分を抽出してくれる。さらに，こうした日本の水はピルスナー発祥の地，チェコのピルゼンと同じく軟水であり，ピルスナービールに適している。

b.　製法へのこだわり

　ホップにある花のような香りをいかに程よく出すかという課題に対して，試行錯誤を重ねている。研究開始から約10年もの歳月を費やし，2～3度に分けてホップを追い足すように投入する"アロマリッチホッピング製法"に辿り着いた。さらに，仕込みの工程にも手間をかけている。通常なら1度しか温度を上げないところを，2度にわたり上げる"ダブルデコクション"を採用し，しっかりと濃厚な麦汁をつくりだすことに成功した。さらに，濃い麦汁ならではの発酵条件を採用し，味に深みを出している（サントリー・ホームページ）。

第Ⅱ部　どうすればプレミアムを創造し，その価値を継続させることができるのか？

c. "プレモル"の特徴

　"プレモル"は，華やかな香りとともに感じた苦味が一瞬にして消え，飲んだ後には心地良い戻り香としっかりとしたコクの余韻を感じることができる味わいとなっている。また，厳選された麦芽100%のため，麦芽に含まれる泡タンパクが豊富で，きめ細かく持ちの良い泡ができる。泡持ちの良さは，ビールの旨さの指標になるとも言われており，クリーミーな泡のなめらかな口当たりと飲んだ時の爽快感をセールスポイントとし，広告においても，「"プレモル"はグラスで飲む」ことを強調している（サントリー・ホームページ）。

　また，元東京農業大学教授の吉澤潔は，サントリーのホームページにおいて，「日本のビールは明治時代に登場して以来，高温多湿の気候の影響もあり，しっかりした味わいを楽しむ他に，軽快な味わいですっきり感を楽しむという飲み方があります。日本でビールが"まずは乾杯"という食前酒として位置付けられているのもこの流れからでしょう。しかし，ビールの本場ヨーロッパでは，シチュエーションに応じて様々な味わいのビールを楽しむのが主流です。"ザ・プレミアム・モルツ"は深いコクと旨み，そして華やかなホップの香りが特徴的なビールです。ある意味，今の軽快派優勢という流れからは逆行しているかもしれません。しかしながら，最近は日本でも"ゆとり"や"本当の贅沢"を見つめ直す気運が感じられます。そんな中，味わい深いビールをゆっくり，贅沢に食中酒として楽しむ。"ザ・プレミアム・モルツ"は日本のビールの味わい方にそういった新しい方向性を示したビールとして高く評価しています。」とコメントしている。

（4）モンドセレクション最高金賞

　"プレモル"は，業務用の限定販売を経て，2001年に商品名："モルツ・スーパープレミアム"，350ml缶243円で販売が開始された（サントリー・ニュースリリース 2001.3.21）。サントリーは，首都圏2,000人の消費者への調査を行い，「少々高くても上質なビールを飲みたい」46.5%（1995年）から53.1%（2000年），「ビールの原料・製法に興味がある」46.5%（1995年）から53.7%（2000年）へと増加傾向にある「少々高くても上質なビールを飲みたい」というニーズを踏まえ，「贅をつくしたスーパープレミアムビール」として，"モルツ・スーパー

プレミアム"を発売した。その後，佐治信忠社長の「安いものにシフトした揺り戻しで，個性の強いものも求められる。"モルツ・スーパープレミアム"にもっと力を入れよう」との大号令のもと（日経情報ストラテジー 2009.5, pp.84-89），2003年に自社最高峰の品質であることをアピールするために"プレミアム"を強調し，現在の名称とパッケージ・デザインとなった（サントリー・ニュースリリース 2003.4.8）。

しかし，2003年のリニューアルにもかかわらず，"プレモル"を売り込む機運は社内では盛り上がらなかった（日経ビジネス 2009.3.9, pp.52-60）。実際，売上も2004年までは，50万ケースのレベルにとどまっていた（サントリー・ニュースリリース 2009.4.3）。転機となったのは，2005年度のモンドセレクションのビール部門で日本初の最高金賞を受賞したことだった。当時を振り返り，猪澤伊知郎・醸造技師長は，「サントリービールは宣伝や営業の力で売っているといわれてきた。製造に携わる者として思うところがあった」と語っている。モンドセレクションに応募したのは，品質に自信があったビールの裸の実力を，ビールの本場，欧州の品評会で試すためだった（日経ビジネス2009.3.9, pp.52-60）。

モンドセレクションについて補足すると，世界中から優れた製品を発掘・顕彰することを目的として，1961年から始まった世界的に権威のあるコンテストであり，品質向上に関する賞としては，世界で最も古く代表的なものとなっている。審査は，品質，味覚等についてベルギー厚生省に認可された機関で分析を行い，さらに業界有識者で組織される委員会により総合的に評価される。審査結果に対して，最高金賞，金賞，銀賞，銅賞という4段階の賞が授けられる（サントリー・ニュースリリース 2005.6.14）。

取締役である鳥井信宏は，「この賞を受賞したことで社内の士気が高まったのはもちろんですが，私たち以上に，この結果を評価していただいたのは，マーケットの皆様でした。流通関係者から高い評価をいただき，取扱量が一気に増えたのです。あまりのオーダーの急増ぶりに一時は生産が追いつかず，休売という事態も生まれたほどです。」と当時を振り返っている（Wisdom 2008.3.3）。

第Ⅱ部　どうすればプレミアムを創造し，その価値を継続させることができるのか？

(5) "プレモル"のマーケティング

a. 体制

　2006年1月にビール事業部で"3カ年プロジェクト"の初年度がスタートし，"プレモル"や高級ウィスキーを専用に扱うプレミアム戦略部がマーケティング室に設置された（週刊東洋経済 2006.12.9, pp.68-71）。また，営業組織の中にプレミアム営業部が設置され，東京，大阪に50人が配備された（日経ビジネス 2007.7.23, pp.12-13）。プレミアム営業部は，いわゆる"いいもの"を消費し得るエリアやゾーン，つまり東京と大阪，象徴的には銀座と新地を意識してつくられた部署である（JMR生活総合研究所 2007a）。また，東京支社プレミアム営業部営業担当部長の根岸貴博は，「樽製品を中心に各店に量を売るより，商品ブランドを高める営業をすることがこの部署の使命。瓶製品でもいいから多数の名店に採用されればブランド価値が高まる」と語っている（日経情報ストラテジー 2009.5, pp.84-89）。

b. 大胆な投資

　"プレモル"のマーケティングには大きな資源が投入された。首都圏営業本部営業企画部長である松岡一衞は，「ビール類の予算の大半は"ザ・プレミアム・モルツ"に，ダイナミックに投入しました。4倍強の成長というのは，極めて戦略的な目標の数字で，通常では考えられない成長率でしょう。ただ，我々のビール事業を大きくシフトチェンジしていくには，売れる商品というものが絶対必要で，同質的な競争をしていては，絶対トップメーカーには勝てないという意識がありました。その中で"ザ・プレミアム・モルツ"という可能性を秘めた商品がありますから，かなり戦略的な目標にはなりますが，"エビスビール"が20年間でやったところを2，3年で達成するためには，大きなマーケティングコストも必然だったと思っています。ある意味ではオーナーシップの会社だからできた意思決定だともいえますが，その投入コストに対するリスクというのは，全社員が背負うんだという自覚も生まれてきました。それだけの商品としてみんなが一緒に"ザ・プレミアム・モルツ"を育てようという意識を持てたのが，インナーの要素として大きいかもしれません。」と語っている（JMR生活総合研究所 2007a）。

c. メインの顧客層

　まず，地理的な要因に関して，プレミアム商品は都市型の商材であると言え，例えば新ジャンルでは首都圏の売上構成比は3割程度であるが，プレミアムビールの場合は全体売上に占める首都圏の比率が4割を超えている（JMR生活総合研究所 2007a）。

　年齢層に関して，営業企画部長の松岡一衛は「もちろん年代によるビールの飲用構成分布の差はあります。20代の方というのは，比較的酒類の総消費自体が低いので，絶対量には違いが出ますし，金額的な問題もあります。1缶あたりでは何十円の差ですが，累積では何百円，何千円になりますから，やはり経済的にも余裕の出る30代後半から40代がコア層であることは間違いありません。」と述べている（同上）。

　また，所得に関しては，「飲用と所得との関係をみると，他のブランドや新ジャンルと比べて，明らかに収入ゾーンがずれているということはありません。……お客さんは，オケージョンとか，そのときの食卓の状況だとかで，飲み分けをされています。」と分析している（同上）。

d. 営業

・対飲食店

　モンドセレクション最高金賞の"プレモル"の商品力は，現場の営業にも大きな影響を与えている。営業スタッフは，「世の中がちょっとしたぜいたくを求めています。おたくのような名店に扱ってほしいんです」といって，飲食店に"プレモル"を2本置いていくということを積極的に行っている。これまで，老舗など名店でサントリーは相手にしてもらえることが少なかったが，"プレモル"に対しては，店主や料理長から「矢沢永吉のＣＭでしょ」，「買って飲んだことあるよ」と，認知度が高く，好意的に受け入れられている。また，価格交渉でライバル会社より，優位に立てず，諦めかけた商談も，"プレモル"のファンだからと契約してもらえることもあり，今までの商品では考えられない事態が起こっている（週刊東洋経済 2006.12.9, pp.68-71）。

　特に，味にこだわる老舗には注力している。大手居酒屋チェーンに比べれば数量は圧倒的に少ないが，あの店が認めた味ということになるからである。「従

第Ⅱ部 どうすればプレミアムを創造し，その価値を継続させることができるのか？

来，サントリーという会社で売ってきたが，"プレモル"により品質をアピールして勝負をかけれるようになった」と，現場の営業マンは語っている。銀座には酒を出す店が1,500店あり，すでに500店に"プレモル"が入っている（同上）。

さらに，「"ザ・プレミアム・モルツ"はすごい武器なんですよ。この商品があるから私たちは自信を持って切り込める。」，「高級な旅館や飲食店に勧められる商品を得たのが大きかった。ご提案ができるし，さまざまな作戦を立てられる。商品で現場はガラッと変わります」との声も現場から上がってきている（プレジデント 2008.12.29, pp.72-74）。

また，地域によっては，既存の"モルツ"採用店に"プレモル"への置き換えを促す営業も推奨している。飲食店への配慮は欠かさず，"プレモル"に置き換えたいが，仕入値やビール一杯の提供価格を上げたくないと考える店には，例えば500mlのジョッキで"モルツ"を提供している場合，400mlのピルスナーグラスで"プレモル"を提供することを勧めている。2008年，"プレモル"の年間販売数の6割は業務用となっていた（日経情報ストラテジー 2009.5, pp.84-89）。

また，2009年からは，"プレモル"小瓶用器材"ボトルドラフト"を，全国のホテルのバーを中心としたバー業態限定で投入している。この"ボトルドラフト"は，瓶ビールでも樽生ビールに近いクリーミーな泡が楽しめるように開発されており，ビールを専用グラスに注いで本体にセットすると，自動的に起動し，ノズルからグラスの中のビールに炭酸ガスが噴射され，口当たりの良いクリーミーな泡ができあがる（サントリー・ニュースリリース 2009.2.24）。

・対小売店

小売店に対する提案の実際に関して，営業企画部長である松岡一衛は次のように語っている。「新ジャンルだと，価格も手ごろですからちょっと試しにということでブランドスイッチが簡単に起こります。プレミアムカテゴリーは，衝動買いが少ない代わりに飲まれたら定常化するチャンスがある商品ですから，店頭フェイスが広がるということはものすごく大事なことです。ですから，我々が"ザ・プレミアム・モルツ"を売り出すときに最初に『プレミアムビールコーナーをつくりませんか』と，ご提案しました。そのコーナーには，"ヱビス"

も，キリンさんのチルド系も入れましょう，もちろんその真ん中には"ザ・プレミアム・モルツ"を大きく置いてください，というご提案です。」(JMR生活総合研究所 2007a)。このように単なる数量や価格の交渉を超えた，プレミアムビール市場拡大による"プレモル"売上増を狙った提案も行われている。

・工場を活用したプロモーション

　百貨店のバイヤーや外商社員，売り場の販売員にまで声をかけ，工場に招き，製造現場の案内や品質へのこだわりの説明，樽生"プレモル"の試飲などを実施している。「一番おいしいビールは工場で飲む樽生。ベストの状態の味は記憶に残る。店頭での接客時に品質の語り部になってもらえる。『これ，私も工場に行って飲んだのですが』といってもらえるのは大きい」と首都圏支社流通営業部の中江嘉宏部長は指摘する。サントリーの工場を見学した百貨店のギフト担当者は半分を超えたというほどの徹底ぶりである（日経ビジネス 2009.3.9, pp.52-60）。

　また，大口顧客となる旅館の女将や若女将を工場に連れ出し，製品情報に加え，おいしい注ぎ方，ビールやグラスの管理などを伝える取り組みも行われている（プレジデント 2008.12.29, pp.72-74）。

　さらに，消費者向けにも，ファン層の拡大のために，"ザ・プレミアム・モルツ講座"を実施している。通常の工場見学とは別に用意した90分間の特別コースで，参加者は東京の武蔵野工場だけでも過去3年で2万人を超えている（日経ビジネス 2009.3.9, pp.52-60）。講座の内容は，1.こだわり講義：香りの決め手となるアロマホップを実際に手にできるほか，「開発秘話ビデオ」の上映，"プレモル"の素材や製法の紹介。2.製造工程見学：仕込みから発酵・貯酒・濾過・充填・パッケージなど，一連の製造工程の見学。3.こだわり試飲："プレモル"の試飲に加え，家庭で簡単にできるおいしい注ぎ方など，こだわりの情報が紹介されている（サントリー・ニュースリリース 2006.2.23）。筆者が参加した武蔵野工場の"ザ・プレミアム・モルツ講座"では，他では飲むことのできない"ザ・プレミアム・モルツ〈黒〉"の生ビールが試飲でき，また，併せて提供されたおつまみはピーナッツなどのありふれたものではなく，"プレモル"との相性を考えて，厳選された老舗のお菓子やドライフルーツなどであり，"プレモル"に対する細部にまで及ぶ徹底したこだわりや意気込みを体感することが

第Ⅱ部　どうすればプレミアムを創造し，その価値を継続させることができるのか？

できた。

・"全社員ザ・プレミアム・モルツ作戦"

　最高金賞受賞でプレモルの味に自信を深めたサントリーは，もっと多くの人にとにかく一度飲んでもらうことに重点を置くことにした。しかし，ビール業界の慣習として新発売から1年が経過した商品は店頭でのサンプル配布ができない。そこで2007年1月20～21日に実施された"全社員ザ・プレミアム・モルツ作戦"を皮切りに，ビール事業以外の社員まで店頭で"プレモル"の品質を詳しく説明する活動を始めた。「味は作り手のこだわりを知っているかどうかで印象が違ってくる。話を聞いてから飲むと『なるほどうまい』と強く感じ，ファンになってもらえる」とビール事業部ブランド戦略部長の山口昌利は語っている（日経情報ストラテジー 2009.5, pp.84-89）。

　この草の根作戦の決定打は，開発者と営業担当者による地道な企業訪問である。例えば，営業拠点ごとに，同じビルに同居している会社など，あらゆるつてを頼って企業を訪問し，ビールのおいしい注ぎ方や飲み方を説明してから試飲してもらうという地道な活動が，開発者と営業担当者を中心に行われた。情報システム部が取引先のITベンダーを営業部に紹介したこともあるようだ。2009年は2008年の2.5倍の8万人に試飲してもらう計画を立てている（同上）。

・"ハレ"，"小バレ"にあわせた販売

　価格が高い"プレモル"は利益の絶対額が増えることから，量販店や酒販店では歓迎される。ただ，高価な分，売り方の提案に工夫が必要になってくる。その一例が，"ハレ"，"小バレ"にあわせた販売である（日経ビジネス 2009.3.9, pp.52-60）。"ハレ"の需要とは暦の上でのイベントや休日などである。盆暮れの贈答や正月の需要も"ハレ"の需要に属する。例えば，バレンタインデーには，母親や娘が父親に渡すギフト需要を狙い，レギュラー缶が縦に3本入った高級感ある筒状のパッケージが用意された。"小バレ"の需要とは消費者の生活で個別に訪れる良い時である。例えば，営業部隊は新幹線のワゴン販売やホーム売店での営業を強化した。出張帰りや旅行の際は少しぜいたくな気分になっているため，プレミアムビールを手にしてもらいやすいからである（同上）。

e. メッセージ

　消費者へのメッセージは，発売後，消費者ニーズにあわせ，変更されている。この点に関して，相場康則常務は「2006年,『週末にゆったりと贅沢な気持ちで最高金賞を受賞したおいしいビールを飲みませんか』というメッセージを込めて宣伝することにした。消費者調査で,『普段は安いビールで構わないが，たまにはよいビールを飲みたい』というニーズが見て取れたからだ。その後，宣伝メッセージのターゲットを徐々に広げ，2008年には『頑張った自分へのご褒美として平日も飲みませんか』と提案し始めた。高額ビールを飲む習慣の広がりや消費者の嗜好の変化に合わせて半歩先を進む。」(日経情報ストラテジー2009.5, pp.84-89)と，消費者ニーズにあわせたコミュニケーション戦略について述べている。

　また，2008年には"プレミアムなホテルのひとときプレゼント"(サントリー・ニュースリリース 2008.8.5)，"プレミアムな味の幸せプレゼント"(サントリー・ニュースリリース 2008.9.2)など，プレミアムを前面に打ち出していたが，2009年以降は，"感動体験グラス・プレゼント"(サントリー・ニュースリリース 2009.1.20)，"感動体験キャンペーン第2弾　2009年新ホップ使用・初仕込製品プレゼントキャンペーン"など(サントリー・ニュースリリース 2009.4.14)，"プレミアム"から"感動体験"へとメッセージ表現の細かな変更も行われている。

f. プロモーション

・パッケージ

　"ハレ"の日を中心に季節やイベントにあわせたパッケージが提供されている。例えば，2003年の正月には，新年を祝うのにふさわしい華やかなデザイン，缶中央には"HAPPY NEW BEER"の文字を大きく配し，"初摘みホップ使用"を明記することで，この時期にしか手に入らない特別醸造の限定品であることをアピールしている(サントリー・ニュースリリース 2002.11.5)。また，6缶パックに桜の花を配したデザインを採用することにより，春の訪れを店頭で華やかに演出したり(サントリー・ニュースリリース 2006.2.2)，6缶パックに「最高金賞のビールを最高のお父さんに。」というメッセージを添え，父の日の

第Ⅱ部　どうすればプレミアムを創造し，その価値を継続させることができるのか？

贈り物に適したデザインを採用している（サントリー・ニュースリリース 2006.3.28）。

・キャンペーン

　キャンペーンにおいては，"プレモル"のイメージを高めることを目的とし，徹底的にプレミアムを感じさせる賞品がプレゼントされている。

　例えば，2005年の"こだわりの逸品"プレゼントキャンペーンでは，鹿児島産黒豚セット，いなにわ手綯うどんセット，キャビア，フォアグラなどが合計1,000名にプレゼントされた（サントリー・ニュースリリース 2005.7.14）。2006年には，高級ガラスメーカーであるバカラのビアタンブラー（サントリー・ニュースリリース 2006.6.6）や，ビールの本場・ドイツ，チェコを巡る1千万円を超える旅がプレゼントされている（サントリー・ニュースリリース 2006.8.1）。また，全日本空輸の協力を得て"ANAプレミアムクラス航空券"のプレゼントも行っている。さらに，"プレモル"とANAのロゴをあしらったトートバック入り6缶パックを限定発売し，同キャンペーンを大々的に盛り上げている（サントリー・ニュースリリース 2008.6.3）。"プレミアムなホテルのひとときプレゼント"キャンペーンでは"ザ・ペニンシュラ東京"ペア1泊宿泊券（サントリー・ニュースリリース 2008.8.5），"プレミアムな味の幸せプレゼント"では，高級老舗料亭"なだ万"の"オリジナル懐石料理ペアお食事券"（サントリー・ニュースリリース 2008.9.2）がプレゼントされている。

　また，将来の商品化に向けたマーケティング・リサーチも兼ねてであろうが，キャンペーンでしか手に入らない限定醸造"ザ・プレミアム・モルツ〈黒〉"（非売品）などもプレゼントの対象となっている（サントリー・ニュースリリース 2006.10.3）。

・広告

　サントリーは，2005年から，矢沢永吉を起用したテレビCMを展開している。当時のメッセージは，「最高金賞のビールで最高の週末を。」であり，週末にはちょっといいビールを飲んでいただきたいという意味が込められていた。矢沢永吉の起用については，ロックスターとして長年に渡り第一線で活躍し，華やかな魅力溢れるイメージが最適であるとの判断による。普段はステージなどオンのイメージの強い矢沢永吉が，週末というオフを演じることで，"プレモル"

を楽しむちょっと贅沢な週末を訴求している（サントリー・ニュースリリース 2005.12.15）。また，矢沢永吉というキャラクターの選択は，当然"永ちゃん"という意味合いが通じる年代，30代後半から上の層を意識してのことである（JMR生活総合研究所 2007a）。

その後，2008年のテレビCMのキャラクターには矢沢永吉に加え，20代の女性に人気の高い女優の竹内結子を起用している。こうした戦略により，2008年5月の調査では，2006年3月と比べて，20～30代男性の顧客層は3倍，女性ユーザーは2.4倍に拡大し，年配が飲む高級ビールとして敷居が高かった"プレモル"のイメージ転換に成功している（日経産業新聞 2008.8.7, p.5）。

この点に関連し，2008年5月下旬，週刊漫画誌『モーニング』で連載中の人気漫画の主人公，島耕作（©弘兼憲史，講談社）の社長就任を知らせる紙面が新聞各紙を飾り，そこには「最高のお祝いには最高金賞のビールを。」の謳い文句と，島耕作が"プレモル"で乾杯しようとする姿があった。この漫画は20～40代の男性に人気があり，サントリーはこの層を取り込むことを目的として広告に起用しているとの指摘もある（同上）。

2009年のテレビCMは，矢沢永吉に加え，新たに歌手・yokoを起用した親子で"プレモル"を楽しむ和やかな雰囲気の内容に変更された。親子での初共演になると同時に，yokoにとってはCM初出演となり，大いに話題となった。メッセージは「ウチ飲みを，プレミアムにしよう。」に変更され，平日の夕食を"プレモル"が豊かなひとときにしてくれることが印象的に描かれている（サントリー・ニュースリリース 2009.9.3）。つまり，週末特化型から平日への拡大を意図していると理解できる。

・コラボレーション

2003年，サントリーとセブンイレブン・ジャパンは，"スーパープレミアムモルツ〈冷蔵配送〉"（330ml瓶・248円）を共同開発した。セブン-イレブン・ジャパンが持つチルド物流網の活用をはじめ，全国の店舗に来店する1日960万人のPOSデータに基づいた販売情報などを参考として，チルド配送ならではの出来たてのおいしさを届けることを目指していた。品質保持期限は90日に設定されていた（サントリー・ニュースリリース 2003.6.25）。

また，日経ホーム出版社（現・日経BP社）と提携し，雑誌『日経おとなの

第Ⅱ部　どうすればプレミアムを創造し，その価値を継続させることができるのか？

OFF』が厳選した，全国47都道府県にある名宿（47ヶ所）の宿泊券（1泊2日）のプレゼントも行っている。さらに，『日経おとなのOFF特別編集　OFFムックスペシャルVOL.2　とっておきの宿―旅先で過ごす，おとなのためのプレミアムな時間』の特集では，賞品となる旅館が紹介されており，消費者の関心を高める工夫がなされている（サントリー・ニュースリリース 2007.8.7）。

g."プレミアム・ビールに関する消費者飲用動向調査"

　サントリーでは，毎年，"プレミアム・ビールに関する消費者飲用動向調査"を実施している。これは，製品開発やマーケティングを実施するうえで，貴重な判断材料となり，また自社が実施している製品やマーケティングに関する施策の効果の検証にも有効活用できると考えられる。調査対象は，プレミアム・ビールを月2，3回以上自宅で飲用している20～59歳の男女1,000人となっている。

　2008年の調査結果を見ると（サントリー・ニュースリリース 2008.4.15），平日と休日の飲用回数の変化に関しては，「主に休日に飲んでいたが，平日に飲む回数が増えた」と22.7％が回答しており，こうした予兆を踏まえ，メッセージや広告が構築および変更されている。

　また，飲用時に求めるイメージに関して（表5-11），プレミアム・ビールでは「自分へのご褒美になりそう」（59.6％），「お客様に出せる」（51.4％）が上位にランクしているが，定番ビールでは「爽快な気分になれそう」（41.3％），発泡酒・新ジャンルでは「気軽に飲めそう」49.2％が1位となっており，各商品群の特徴がよく表れている。

　2009年の調査結果では（サントリー・ニュースリリース 2009.4.3），2008年のビール価格値上げ後，一般のビールを飲む量が減ったとする割合は20％を上回っているものの，プレミアム・ビールについては10％程度にとどまっており，逆に増えたとの回答が20％を上回っている。

　また，普段飲むビール系飲料におけるプレミアム・ビールの割合について，「ほとんどプレミアム・ビールしか飲まない」との回答が16.3％となっている。2005年の第1回調査結果では8.3％であり，約2倍のレベルとなっている。

　プレミアム・ビールの飲み方に関しては，「グラスに注いでから飲む」（68.2％），

「缶のまま飲む」(31.8%) となっている。一方，一般ビールでは「グラスに注いでから飲む」(58.0%)，「缶のまま飲む」(38.8%)，発泡酒／新ジャンルでは「グラスに注いでから飲む」(37.7%)，「缶のまま飲む」(41.4%) となっており，プレミアム・ビールを飲むときは，飲み方にもこだわって，グラスに注いでから飲む割合が高いことがわかる。これはサントリーが広告において強く訴求してきたことであり，つまり広告が有効に機能していると考えられる。

表5-11 飲用時に求めるイメージ

	プレミアム・ビール	定番ビール	発泡酒・新ジャンル
1	自分へのご褒美になりそう 59.6%	爽快な気分になれそう 41.3%	気軽に飲めそう 49.2%
2	お客様に出せる 51.4%	ほっと一息つけそう 40.7%	毎日飲めそう 33.5%
3	気分転換できそう 45.6%	気分転換できそう 40.4%	爽快な気分になれそう 30.5%
4	気分よく酔えそう 41.9%	仲間とワイワイ飲めそう 39.4%	仲間とワイワイ飲めそう 29.2%
5	ほっと一息つけそう 41.0%	食事に合いそう 33.4%	気分転換できそう 26.6%

出所：サントリー・プレミアムビール・レポート2008（サントリー・ニュースリリース 2008.4.15）

(6) 継続的取り組み

このように順調に立ち上がった"プレモル"の価値を継続させる取り組みについて，製造を中心に考察する。

・**製造関係**

武蔵野ビール工場醸造技師長である猪澤伊知郎は，「コスト重視で高効率を目指すような時代にありながら，"プレモル"は，全く反対に手間暇をかけ，その結果として，美味しいビールに仕上げています。」と述べている（サントリー・ホームページ）。こうした継続的に取り組まれている手間暇について，サントリーのホームページの情報に基づき，検討する。

素材に関して，ファインアロマホップであるザーツ種の香りは年毎や農園によって微妙に変わる。よって，その年の最高の香りを持つホップを調達するために，必ず現地へ赴き現物を官能し，選んでいる。厳選したホップは収穫時から工場の使用時まで徹底管理され，高い品質と鮮度を保っている。また現地で

は，ホップの栽培から手がけるホップマイスターの育成にも取り組んでいる。大麦・麦芽についても，現地で製麦会社の技術者とともに，その年の現物の大麦の特徴（粒の大きさや膨らみ具合など）やできた麦芽について入念に現物を確認し，品質協議を実施してから工場に納入している。"プレモル"の醸造に使用される深層地下水も，徹底した検査が繰り返されている。

さらに，缶は外観に傷がつかないように専用のラインスピードを通常より遅くしており，また，できあがった"プレモル"は，一本一本，容量・外観検査を機械と目視で行い，その後，箱詰め機に送るという徹底ぶりである（同上）。

・モンドセレクション

2005年に獲得したモンドセレクションは，"プレモル"の躍進の大きな原動力となった。もちろん，そこには多大なる苦労があったものの，その後，3年にわたり，継続的に受賞することにはさらなる労力を要している。なぜなら，消費者が気づかない味の変化まで審査されるため，再受賞するためには昨年とはできが違う麦芽やホップで昨年と同じ味わいと香りを実現しなければならないからである。「3回受賞できれば1つのブランドとしてずっとやっていけると考えた。武蔵野工場全員の期待を痛感していたから，3回目の受賞が一番うれしかった」と造技師長である猪澤伊知郎は述べている（日経情報ストラテジー 2009.5, pp.84-89）。この点に関して，取締役の鳥井信宏は「特に3年目の出品の際には，マーケティング，営業，製造それぞれが立場を超え心が一つになっていました。製造に携わる方々にとっては大きなプレッシャーでもあり，大変な日々だったと思います。」とコメントしている（Wisdom 2008.3.3）。

・顧客へのフォロー

飲食店で顧客に最高の状態で"プレモル"を飲んでもらえるように，樽生の機材の定期的な洗浄をアドバイスする樽生クルー・ドラフトアドバイザーが，各飲食店を巡回している。また，注ぎ方のセミナーの開催や，飲食店で使用するグラスに泡持ちをよくする内面加工を施すなどの取り組みも行われている（サントリー・ホームページ）。

(7) 今後の課題：製品間マネジメント

"プレモル"によって，サントリーのステータスは確実にあがっている。

2006年のお中元市場で、"プレモル"は前年比4倍となっている。これに手ごたえを感じたサントリーは、歳末商戦で初めてギフト広告を作成している。ビール市場に参入し、43年目で本格的にギフトへの進出を果たせたことになる（週刊東洋経済 2006.12.9, pp.68-71）。

また、"プレモル"で培った、原料や製法へのこだわりは、新ジャンル商品である"金麦"にも活かされている（サントリー・ホームページ）。サントリーのビール・RTDカンパニー社長の丸山紘史は「今後も"プレモル"のシナジーを全商品に広げていく」と述べている（同上）。

しかし、取引先飲食店に樽生ビールを"モルツ"から"プレモル"に切り替えるように促したため、2006年の"モルツ"の販売数量は前年に比べ16.6％減少してしまっている。（日経産業新聞 2007.7.26, p.20）。"プレモル"は原料や製造に手間をかけているが、350ml缶当たり30円高く、粗利の高い利益商材である。また、値引き不要で販促費を抑えられるとの指摘もあり（週刊東洋経済 2006.12.9, pp.68-71）、取締役の鳥井信宏は「サントリーのビールを"プレモル"に一本化するために"モルツ"を"プレモル"のサブブランドにするなどの施策も必要である」と言及している（日経ビジネス 2007.7.23, pp.12-13）。"モルツ"をはじめ、製品間マネジメントは今後の重要な課題となるであろう。

(8) プレミアムの創造と継続

a. プレミアムの創造

・消費者ニーズに応える

首都圏2,000人の消費者への調査を行い、「少々高くても上質なビールを飲みたい」というニーズを踏まえ、本格的な市場参入が行われている。もちろん、以前より、技術の蓄積はあったものの、自社で自信のある技術を一方的に押し出すのではなく、消費者ニーズとマッチしたタイミングで市場に投入している。

・機能的価値

受賞直後から、急激に売上が拡大したことからも明らかなとおり、モンドセレクションは"プレモル"の成功に大きく寄与している。こうした世界が認めた味を創出できた要因として、原料、製法に徹底的にこだわり、時間をかけて開発したことがあげられる。

第Ⅱ部 どうすればプレミアムを創造し，その価値を継続させることができるのか？

・トップのリーダーシップ

　ミニブルワリーを建設させ，ビールの商品開発と生産チームに「うまいビールを作れ」という指示を出した，トップのリーダーシップから"プレモル"の道は始まる。これに関連し，佐治信忠社長は「新しいことに取り組む時……必ず反対がある。……とにかく前向きに指示を出していく。有無を言わせないリーダーシップをとらないと新しいものは世に出せません。……『これがこうなって，これだけの利益を……』なんていう細かい話よりも我々が新しいサントリーグループをつくるんだという熱気を社内にたぎらせる。その機関車役ですわ。」(日経ビジネス 2009.3.9, pp.52-60) とコメントしている。

・全社一丸となった取り組み

　「モンドセレクション最高金賞受賞により，社内の士気が高まった」と鳥井信宏取締役が指摘するとおり，製販をはじめ全社が一体となり，"プレモル"に注力していたことは，"全社員ザ・プレミアム・モルツ作戦"など，事例において随所に確認できる。

・広告

　中高年層にとって，極めてインパクトの強い矢沢永吉をCMに採用し，大々的に広告を行ったことは，消費者はもちろん，飲食店の店主などにも効果的に作用している。

・選択と集中を徹底した営業

　飲食店を皮切りに，小売のバイヤーへの提案型営業など，徹底的な営業活動が行われている。また，地域によっては，既存の"モルツ"採用店に"プレモル"への置き換えを促す営業も推奨されており，まさに選択と集中が行われている。

・挑戦を好む風土

　鳥井信宏取締役は，「サントリーという会社は，元来プレミアム戦略好きというか，得意な会社であるといえるのではないでしょうか。ウイスキーをはじめとして洋酒文化を日本に紹介し，新しいマーケットを開拓しました。単なる酒類メーカーの枠を超え，絶えずお酒の文化，食文化に対して様々な提案をしてきました。このような実績を見てもサントリーという会社自体は，プレミアム戦略に違和感のない企業体質であると言えると思います」(Wisdom 2008.3.3)

と発言しており，社風や風土の影響も大きいと考えられる。

b. プレミアムの継続

・全社的覚悟

2006年1月，ビール事業部で"3カ年プロジェクト"の初年度がスタートし，プレミアム戦略部がマーケティング室に設置され，また営業組織の中にはプレミアム営業部が設置されるなど，徹底した組織体制が構築された。また，ビール類の予算の大半は"プレモル"にダイナミックに投入したとのコメントからも，"プレモル"にかける覚悟というものを強く感じる。

・全社的協力体制

"全社員ザ・プレミアム・モルツ作戦"では，ビール事業以外の社員まで店頭で"プレモル"の品質を詳しく説明する活動が行われている。また，同じビルに同居している会社など，あらゆるつてを頼って企業を訪問し，ビールのおいしい注ぎ方や飲み方を説明してから試飲してもらうという地道な活動などを見ても，全社的協力体制がよく表れている。

・商品への愛着

営業マンの商品への評価や鳥井信宏取締役の「特にモンドセレクションへの3年目の出品の際には，マーケティング，営業，製造それぞれが立場を超え心が一つになっていました。」とのコメントからも，経済的意味を超え，自社を代表する商品である"プレモル"に対して，全社的に強い愛着を抱くようになっていると考えられる。

・ファンづくり

飲食店のスタッフや小売のバイヤーを対象とした工場での商品説明，さらに消費者対象の"ザ・プレミアム・モルツ講座"など，精力的なファンづくりの取り組みが行われている。

・商品の基本品質の徹底管理

商品の基本品質は変わっていない。しかしながら，3年連続モンドセレクション最高金賞受賞など，逆に，毎年，異なる原料でありながら，同じ味を中心とする基本品質を保つために，原料調達や製造において，人手をかけた取り組みが行われている。

第Ⅱ部　どうすればプレミアムを創造し，その価値を継続させることができるのか？

・市場にマッチしたメッセージ
　当初の「週末にゆったりと贅沢な気持ちで最高金賞を受賞したおいしいビールを飲みませんか？」というメッセージが，高額ビールを飲む習慣の広がりや消費者の嗜好の変化にあわせて，「頑張った自分へのご褒美として平日も飲みませんか？」との提案に変わっている。常に消費者を中心とする市場に留意している証拠であろう。

・顧客層の拡大
　当初，30代後半以上の男性をターゲットとしていたが，その後，市場動向を踏まえ，女性を含めた20代以上に拡大させている。

・広告の変更
　市場動向や対象とする世代の拡大にあわせて変更した，メッセージに対応する広告が的確に実現している。例えば，テレビCMでも，新たなタレントを加え，うまく訴求できている。

・キャンペーン
　"プレモル"＝こだわり，最高の体験といったイメージを訴求するために日々，徹底したキャンペーンが展開されている。

・顧客（飲食店）へのきめ細かなフォロー
　樽生の機材の定期的な洗浄をアドバイスする，樽生クルー・ドラフトアドバイザーの各飲食店への巡回，注ぎ方セミナーの開催，飲食店で使用するグラスに泡持ちをよくする内面加工を施すなど，日々，細かな顧客フォローが行われている。また，バーに対しては"プレモル"小瓶用器材である"ボトルドラフト"の投入なども行われている。

（9）インプリケーション

　取引先飲食店に対して，樽生ビールを"モルツ"から"プレモル"に切り替える手法は"スーパードライ"に通ずるとの指摘もある（日経産業新聞 2007.7.26, p.20）。つまり，アサヒビールの"スーパードライ"は人気拡大に伴い，"アサヒ生ビール"を置き換えながら販売数量を伸ばしており，現在の"プレモル"も同様のスタイルであるということである。さらに，既存商品にこだわる消費者が少なかったという当時のアサヒビールの状況が"スーパードライ"への切

り替えを可能にしており，例えば黒ラベルで根強いファンを持つサッポロビールを含め，他社が真似をすれば固定客の反発を招くため，今のサントリーにしか実行できない戦略であるとしている。

"スーパードライ"発売以前のアサヒビールはシェア10%を割り込む，弱い立場であった。こうした状況を打破するため，"スーパードライ"は，当時，好まれていた苦みとコクというビールへのニーズに対して，新機軸となる，すっきりとした辛口の商品として誕生している。つまり，リーダー企業に対する，チャレンジャー企業による差別化戦略であり，今回の"プレモル"のプレミアム戦略も差別化戦略の一環と捉えることができる。

サントリーは業界3位，エビスを展開するサッポロビールは4位であり，ともにプレミアム・ビール以外にも商品を抱えているが，上位2社と比較すると，商品点数は少ない。通常，リーダー企業はより多くの商品を市場に投入しており，よってチャレンジャー企業の方が1つの商品に対して全社的に取り組むことができる傾向は構造的に高くなる。

また，一般にリーダー企業はシェア拡大により，規模のメリットを最大化させようとする傾向が高いため，割高な商品に全社的に強く取り組むことは困難な課題となるであろう。

5.3. プレミアム・シャンプー（花王："アジエンス" vs. 資生堂："ツバキ"）

❶ 日本のシャンプー市場

　日本のドラッグストアの店頭には150以上のシャンプーのブランドが並び，店頭販売以外も含めると全体では300近くのブランドがあるとされ，日本のシャンプー市場は1,900〜2,000億円の規模となっている。しかもコスメ（化粧品）

表5-12　洗髪剤上位20品

	メーカーおよび商品名	金額シェア(%)	平均価格(円)
1	資生堂　ツバキ　シャンプー　替　10%増量　440ML	2.4	458.5
2	花王　メリット　シャンプー　詰替　430ML	2.4	294.1
3	資生堂　ツバキ　コンディショナー　替　10%増量　440ML	1.9	457.7
4	ユニリーバ　ラックス　スーパーリッチシャイン　シャンプー　詰替　10%増量　420ML	1.7	369.3
5	花王　アジエンス　インナー・リッチ　シャンプー　詰替　380ML	1.5	464.6
6	P&G　h&s　シャンプー　詰替　380ML	1.4	495.6
7	花王　リンスのいらないメリット　シャンプー　詰替　400ML	1.4	432.3
8	ユニリーバ　ラックス　スーパーリッチシャイン　シャンプー　詰替　380ML	1.4	375.8
9	花王　エッセンシャル　ダメージケア　リッチプレミア　シャンプー　詰替　400ML	1.4	336.1
10	花王　メリット　リンス　詰替　430ML	1.3	293.4
11	ユニリーバ　ラックス　スーパーリッチシャイン　コンディショナー　詰替　10%増量　420ML	1.3	368.4
12	資生堂　ツバキ　ダメージケア　シャンプー　替　10%増量　440ML	1.2	553.3
13	P&G　パンテーン　プロブイ　エクストラダメージケア　シャンプー　詰替　増量　440ML	1.2	351
14	花王　アジエンス　インナー・リッチ　ポンプペアセット　濃密ヘアマスク15ML付　シャンプー530ML・コンディショナー530ML	1.2	919.4
15	花王　アジエンス　インナー・リッチ　コンディショナー　詰替　380ML	1.1	463.7
16	花王　エッセンシャル　ダメージケア　リッチプレミア　コンディショナー　詰替　400ML	1.0	335.5
17	ユニリーバ　ラックス　スーパーリッチシャイン　コンディショナー　詰替　380ML	1.0	373.5
18	資生堂　ツバキ　ダメージケア　コンディショナー　替　10%増量　440ML	1.0	552.9
19	P&G　パンテーン　プロブイ　エクストラダメージケア　シャンプー　詰替　400ML	0.9	369.3
20	花王　セグレタ　シャンプー　詰替　360ML	0.9	648.4
20	P&G　h&s　コンディショナー　詰替　380ML	0.9	494.2
20	資生堂　ツバキ　シャンプー　替　400ML	0.9	467.7
20	ユニリーバ　ラックス　スーパーダメージリペア　シャンプー　詰替　10%増量　420ML	0.9	368.4

出所：日経テレコン21・POS情報（アクセス日：2010.1.20）
（注）2009年12月

第5章　プレミアム商品の実際：マス・プレミアム商品の事例研究

とハウスホールド（家庭用日用品）の両方の側面を持ち，国内はもとより世界的なビューティ関連ブランドも参入している特異な市場と言える（Wisdom 2008.2.25）。

このようにシャンプー市場ではある意味グローバルな競争が展開されており，ブランディングに関してもコンセプトはもちろん，基礎研究，成分処方，製品開発，ネーミング，パッケージ，宣伝やプロモーションでの音，画作り，色彩，映像などオールアイテムが関連し，連携しあわなければ成功が難しいカテゴリーであるとの指摘もあり，広告宣伝費はビールと発泡酒をあわせた金額よりも大きい（同上）。

こうした極めて厳しい競争が展開されている市場において，首位を獲得しているのは，資生堂の"ツバキ"である（**表5-12**）。また，5位は花王の"アジエンス"となっている。これらの商品の価格は2位の"メリット"や4位の"ラックス"と比較して3〜5割程度高いにもかかわらず，上位に位置している。"アジエンス"が2003年，"ツバキ"は2006年に発売されており，ともにある程度の年数を経ているにもかかわらず，依然として上位に位置している。こうしたことから，プレミアムの創造と継続における好例であると捉え，考察していく。

❷　花王："アジエンス"

（1）"アジエンス"開発までの道のり

```
・花王株式会社
　創業　1887年
　設立　1940年
　本店所在地　東京都中央区日本橋茅場町1-14-10
　資本金　854億円
　従業員数　5,854人（連結対象会社合計 33,745人）
　代表取締役　社長執行役員　尾﨑元規
　連結売上高　1兆2,763億円（2009年3月期）
　事業分野
　・一般消費者に向けたコンシューマープロダクツ事業
　　ビューティケア事業分野：化粧品やスキンケア，ヘアケアなど
　　ヒューマンヘルスケア事業分野：特定保健用食品の飲料，食用油やサニタリー製品など
　　ファブリック＆ホームケア事業分野：衣料用洗剤や住居用洗剤など
　・産業界に向けた工業用プロダクツ事業
　　ケミカル事業分野
　（2009年3月31日現在）
```

"アジエンス"は日本のシャンプーメーカーの元祖と言える花王により，発売されている。花王の概要は左のとおりである（花王・ホームページ）。

花王は，1932年，日本初のシャ

109

第Ⅱ部　どうすればプレミアムを創造し，その価値を継続させることができるのか？

ンプーとなる"花王シャンプー"の発売以来，70年近くマーケットシェアでは不動のトップであった（Wisdom 2008.2.25）。しかし，1970年代に発売した"メリット"，"エッセンシャル"という2大ブランドに続く商品がなかなか育ってこないという状況に陥っていた（日経ビジネス 2004.12.13, pp.38-40）。

　花王は大規模な消費者ニーズを満たす商品開発，大量生産，マス広告による販売を軸とする，万人型商品のマーケティングを主として行ってきた一方，ニーズが大きく括れない，機能だけを訴求しないといった個人型商品に対するマーケティングの知識や経験が不足していた（宮脇・石井 2006）。

　個人型の商品である，"ラックス"や"ヴィダルサスーン"に対抗し，1996年には"ラビナス"を投入し，一時期うまくいったが，その後，うまく育成することができなかった（同上）。1994年から2003年までの10年間で合計7つの新製品を投入したが，どれも不発に終わり（日経ビジネス 2004.12.13, pp.38-40），2001年にはシェア首位を空け渡す事態となった（Wisdom 2008.2.25）。

(2) "アジエンス"・プロジェクト

　家計簿調査では，「家族のために買っている」，もしくは「自分のために買っている」という項目があり，"ラックス"や"ヴィダルサスーン"は「自分のために買っている」つまり選択的消費の対象となっていることがわかった（宮脇・石井 2006）。「家族のために買っている」といった基礎的消費は横ばいで，今後の成長は見込めないため，花王でも選択型商品の開発に注力することになった。ちなみに，万人型商品の購入理由は「品質がいい」，「値段が手頃」，「使い慣れている」が3大要件となっているが，個人型商品では「自分のもの」，「自分に合っている」がキーワードになっている（同上）。

　こうした問題意識を踏まえ，家族みんなで使う，"メリット"や"エッセンシャル"といった歴史あるシャンプーのブランドに加え，女性が自分の髪を美しくするために使う新しいシャンプー，リンスのブランドをつくる社内プロジェクトが2001年に立ち上がった（オピネット 2004）。本格的な個人型の商品である"アジエンス"開発の始まりである。

　"アジエンス"の開発にあたり，トップ主導の全社プロジェクトを立ち上げ，事業部，商品開発部，研究関連部門以外にも，コピーライターやデザイナーも

参画させ（宮脇・石井 2006），社内外の精鋭を結集した30名のプロジェクトチームとなった（Wisdom 2008.2.25）。そこでは，ロゴを縦にする，非対象の容器，月のマークの除外など，従来の花王では考えられない提案が行われた。例えば，非対象の容器などは生産効率を極端に低下させるため，通常，認められない。「これで失敗したら，もう花王は個人型商品はできない，そのくらいの覚悟はありました。」とマーケティング開発センター長の宮脇賢治は述べている（宮脇・石井 2006）。

また，プロジェクトの進行について，パーソナルケア事業本部ヘアケアグループの熊木明子は，「本当にこだわって作りました。また，発売前はああでもない，こうでもないとずいぶん話し合いました。プロジェクト・メンバーの意見が合わないところは全て調査をして本当にそうなのかということを一つ一つ調べました。延べ6,000人くらいに調査して，調査の結果を見て間違いないと確認し，その結果をプロジェクト・メンバー全員が共有していきました。」と述べており（オピネット 2004），メンバー全員の意思統一が行われるまで，徹底的に調査や議論が行われるなど，プロジェクト・メンバーの覚悟というものが伝わってくる。

通常，花王では技術ができあがり，商品となり，その後，「こんなものが売りたい，これをどう売るか」という流れであったが，"アジエンス"のプロジェクトでは，女性のインタビュアーが女性の対象者と一緒にホテルに泊まり，夜，髪を洗い，朝，仕上げて出て行くまで，観察・測定・インタビューを徹底して行う"お泊りデプス"という調査を行うなど（宮脇・石井 2006），まさにシーズ志向からニーズ志向への転換が行われている。

(3) コンセプト

アジアブームだったこと，また，コンペティターが"西洋"を強調していたこともあり，テーマおよびコンセプトを"アジアン・ビューティ"とし，アジアのエッセンス，サイエンスという意味から，ブランド名を"アジエンス"とした（宮脇・石井 2006）。"アジアン・ビューティ"では「外から足りないものを補う」のではなく，「内面から美しく」という東洋美容の考え方に基づいた東洋人ならではの美しさが強調されている（オピネット 2004）。当然のこと

第Ⅱ部　どうすればプレミアムを創造し，その価値を継続させることができるのか？

ながら，とりわけ日本を強く意識し，日本人の髪質にあわせたシャンプーになっている。日本人と欧米人では髪の毛の太さや色，断面の形など髪質が異なり，欧米人はカールがかかりやすく，日本人の髪はストレートヘアをつくりやすいなどの特徴があるが，こうした違いがあっても，今まで「日本人のために作られた」という観点の商品はなかった（オピネット 2004）。ターゲットは20～30代の女性を中心とすることとなった（日経ビジネス 2004.12.13, pp.38-40）。

(4) 商品開発

　花王は，長年，生薬の研究をしている。また欧米やアジアでもヘアケア事業を展開しているため，各国の毛髪に関する情報を蓄積しており，こうした知見を"アジエンス"にうまく生かすことができている（オピネット 2004）。

　具体的には，1,000種類くらいある髪に良さそうな成分を１つひとつ調べ，"東洋美容エッセンス"を開発した。大豆・真珠プロテイン（補修成分），米・朝鮮人参エキス（保湿成分），按葉（ユーカリ）エキス（保護成分）の５種類を配合している。「アジアのイメージがあるから朝鮮人参が入っています」という安易な組み合わせではなく，データに基づき配合している（同上）。

　また，日本人の髪本来のハリやしなやかさを引き出し，「結っても跡がつかないほどの洗い上がり」を特徴とする"アジエンス"は，花王の全社的な技術力の結晶とも言える。尾﨑元規社長は「社内に様々な技術の蓄積があったから（開発できた）」と述べている。花王には，複数の研究所が持つ技術やデータを集めて１つの商品をつくるという商品開発手法が定着している（日経ビジネス 2004.12.13, pp.38-40）。

　商品開発の実際に関して，まずパーソナルケア第１事業本部シャンプー・リンスグループの伊藤浩史シニアマーケターは言葉で説明しても，コンセプトの"アジアン・ビューティ"は研究員たちにうまく伝わらず，コンセプトに合ったアジア人女性の写真を用いて説明した。そこからヘアケア研究所の新井賢二は東洋的で，なおかつ髪に良い成分を配合できないかと考え，"ヘルシア緑茶"の開発過程で植物成分を分析し，豊富なデータをそろえていた生物化学研究所に相談した。こうしたデータから，アジアのイメージがあり，また髪の水分を補う朝鮮人参やたんぱく質を補う大豆プロテインなどに注目することになった

（同上）。

　さらに，「結っても跡がつかないほどの洗い上がり」を実現するためには，柔らかさと弾力をもたらすトリートメントが必要だった。そこで素材開発研究所と共同で衣料用の柔軟剤に使われる活性剤を応用する研究を始めた。この活性剤には静電気を防止し，物質を柔らかくする作用があった。このように"アジエンス"の開発には様々な社内の研究所の良い部分がうまく活用されている（同上）。

　花王には研究所間の協力を促進する土壌がある。まず，組織的要因に注目すると，基盤技術系の研究所（生物化学研究所や素材開発研究所など）と商品開発系の研究所（ヘアケア研究所など）が交差するマトリックスが構築されている（同上）。基盤技術系の研究所はどの事業部にも属していないため，研究成果を様々な商品開発担当者に提供することが円滑に行われる。また，人事評価的要因として，花王の研究員は基本的に商品化にどれだけ貢献したかという観点で評価されるため，「基盤技術系の研究員は社内をこまめに回り，常に商品化の商談を持ちかけている」と研究開発担当の高石尚武常務は述べている（同上）。こうした社内の技術を有効に活用・拡大できる花王のシステムが"アジエンス"を支えている。

　さらに，香りに関しても，こだわりが見られる。今までのシャンプーは爽やかな香りや，お風呂に入ってすがすがしい香りなどが多かったが，"アジエンス"では"アジアン・ビューティ"という女性像を提案しており，それに合った特長のあるものを目指した。しかしながら，癖が強いと臭く感じてしまうなど，調整には手間取った。試行錯誤を重ね，最終的にフロリエンタルというちょっと変わった香調を選び，"花果実の香り"に決定している（オピネット 2004）。

　パッケージの形は蓮の花や女性の凛とした立ち姿をイメージしている。シャンプー・コンディショナーのフタはちょっと右上がりになっているが，この形を大量生産することは困難な課題であり，商品開発の担当者が工場を走り回り，調整を重ね，実現させている。また，パッケージの金色は内面の輝きをイメージをしている。金に赤の商品ロゴの組み合わせは東洋で伝統的によく使われており，アジアを強く意識させる。金色の輝きをプラスチック製品で表現することも困難な課題であった（同上）。

第Ⅱ部　どうすればプレミアムを創造し，その価値を継続させることができるのか？

(5) プロモーション

"アジアン・ビューティ"とは表面だけの美しさではなく，内面からにじみ出る美しさであり，"アジエンス"では髪を綺麗にするだけではなく，綺麗な肌や生き方も提案していくブランドとすることが目指されている（オピネット2004）。具体的な消費者への訴求に関して，従来，花王が展開してきた消費者とのコミュニケーションでは，テレビ広告などでとにかく技術の部分を前面に出していたが，"アジエンス"では，情緒的な部分を前面に見せておいて，技術のバックグラウンドは小出しにしていく戦略となっている（宮脇・石井2006）。

テレビCMでは，アジアを代表する中国出身の女優であるチャン・ツィイーを起用している。CMはストーリー仕立てになっており，第1弾では黒髪の美しさ，チャン・ツィイーの美しさなど外見的なインパクトを重視し，その後，第4弾の"舞台のリハーサル編"では，チャン・ツィイーがダンスを披露するなど，次第に内面を重視するストーリーとなっている（オピネット 2004）。CMには毎回，西洋人の"嫉妬ガールズ"が登場し，"アジアン・ビューティ"を消費者に対比的にわかりやすく伝える工夫も施されている。また，坂本龍一によるCMのテーマ曲も話題となった。さらに，ASIENCEプロモーションの一環として行われたイベントである，チャン・ツィイーとファンの集い"アジアンビューティ・ツィイーの美の秘密を探る"には，多数の応募から選ばれた30組60名のカップルたちが招待されている（同上）。

ホームページでは，"アジエンス"のコンセプトに基づき，魅力的なライフスタイルを持つ女性の紹介，オリジナルフードやヨガを体験できるイベントを企画し，"アジエンス"をPRしている（同上）。

(6) 業績

2003年秋に発売されたアジエンスの売上は発売後1年で100億円以上に達した。3％のシェアを獲得すれば大成功とされるシャンプー市場で7％のシェアを獲得し，花王は2年前に日本リーバに奪われたヘアケア製品トップの座に再び返り咲いた（日経ビジネス 2004.12.13, pp.38-40）。過去30年間，新しく発売されたシャンプーが売上ベスト3に入ることはなかったが，"アジエンス"はベス

ト3入りを果たしている（オピネット 2004）。"アジエンス"が成功したことで，花王にとっては"メリット"，"エッセンシャル"に続く第3の柱ができた訳である（Wisdom 2008.2.25）。

（7）顧客からの評価

JMR生活総合研究所は"アジエンス"のユーザーに対して，アンケート調査を実施している。調査は全国の20～49歳の女性343人を対象に2004年4月28日～29日においてインターネットにより実施されている（JMR生活総合研究所 2004）。

まず，シャンプーやリンス，トリートメントなどヘアケア商品への関心度を見ると，「非常に関心がある」42.0％，「まあ関心がある」46.6％となっており，女性の9割がヘアケア商品に関心があることがわかる。

また，シャンプーを選ぶ際に手がかりとする情報に関しては，「テレビCM」54.8％，「店頭での商品」53.1％，「サンプルを使った感じ」50.7％となっている。マス広告での認知から体験させるまで，全てのプロセスが重要であることがわかる。

"アジエンス"に関して，「知っているもの？」については，「アジアン・ビューティ」93％，「日本人本来の髪の美しさ」60％，「黄色のパッケージ」60％となっており，テレビCMでのコピーや容器の外見など，イメージに関連した項目が上位にあがっている。しかし，「非常に魅力的だと感じるもの？」に関しては，「結っても跡がつかないくらいしなやかな髪」66.1％，「洗いながら髪に美容成分を浸透させる技術」65.1％，といった製品機能に関する項目が上位を占めている。この結果から，消費者への訴求において，イメージ戦略はもちろん重要ではあるものの，実際の購買に関しては製品機能が重要な役割を果たしていることがわかる。"アジエンス"使用者満足度は，「非常に満足している」30.3％，「まあ満足している」63.6％となっている。

（8）製品改良

"アジエンス"では，2003年の発売以降，継続的に製品改良が行われている。時代にあわせ，さらなる消費者満足度の向上に加え，2006年に発売された"ツ

第Ⅱ部　どうすればプレミアムを創造し，その価値を継続させることができるのか？

バキ"への対抗という意図もあると考えられる。

・**2005年**

　"東洋美容エッセンス"を真珠プロテイン・椿油（新配合）・朝鮮人参エキス・ユーカリエキスという処方に変更している。これにより，カラーリングやパーマなどによってもろくなっている髪に対して，髪内部のバランス・うねりに働きかけ，芯からしなやかな髪へ導く効果が向上している（@cosme・ホームページ）。

・**2007年**

　キューティクルの保護膜の役割を果たし，毛髪の最表面に存在する"18-MEA"を髪に強固に定着させる独自技術を開発し，"アジエンス"に採用している。これまでの髪内部のケア効果に加え，髪表面のケアを実現することにより，進化した髪のしなやかさをさらに感じることができる（花王・発表資料 2007.9.13）。

・**2008年**

　従来の"アジエンス"を改良し，もろくなりがちな毛先まで強くしなやかで吸いつくような触れ心地に仕上げるラインとして"アジエンス　インナー・リッチ"に名称変更するとともに，根元から軽くしなやかな髪に仕上げる新ラインとして"アジエンス　ネイチャー・スムース"を新発売し，"アジエンス"を2ライン化している（花王・発表資料 2008.12.17）。

　花王の調査によると，"アジエンス"のターゲットである20代後半～30代の女性においては，髪の傷みが気になり毛先までしっとりまとまりのある仕上がりを志向するグループと，頭皮のベタつきや脂っぽさが気になり，根元から軽くしなやかな仕上がりを志向するグループに大きく二分化されており，2ラインのアジエンスはこうしたニーズに対応して開発されている。

　共通する特徴としては，真珠プロテイン，月桃エキス，蘆薈（アロエ）エキス，椿油，朝鮮人参エキスから成る"東洋エナジーエッセンス"の配合があげられる。2ラインそれぞれの特徴として，"アジエンス　インナー・リッチ"は，王乳（ローヤルゼリー）エキスが配合され，香りは"陽の光を浴びて熟した花果実の香り"となっている。また，"アジエンス　ネイチャー・スムース"は，ヒバマタ海藻エキスが配合され，香りは"スコール後の清らかな白花蜜の香り"

となっている。

(9) プレミアムの創造と継続
"アジエンス"の事例を踏まえ、プレミアムの創造と継続に関して総括する。

a. プレミアムの創造

・**危機意識**

1932年に日本初となる"花王シャンプー"を発売して以来、70年近くマーケットシェアでは不動のトップであったものの、"メリット"、"エッセンシャル"という2大ブランドに続く商品がなかなか育たないという状況に陥り、2001年にはシェア首位を空け渡すという事態に対して、社内において強い危機感が生まれていた。

・**トップのリーダーシップ**

トップ主導の全社プロジェクトを立ち上げ、社内外の精鋭を集めた30名のプロジェクト・チームで開発が行われている。

・**外部人材の積極的な活用**

開発プロジェクトにおいては、コピーライターやデザイナーなど外部の人材が参加しており、開発当初から積極的に関与していることがわかる。花王における従来の常識にとらわれない外部からの視点は、個人型の製品開発に有効に機能している。

・**これまでの常識を打ち破る**

ロゴを縦にする、非対象の容器、月のマークの除外など、従来の花王では考えられないコンセプトが実現している。非対象の容器については、大量生産が困難であると難色を示す製造部に対して粘り強い交渉を行い、実現させている。

・**徹底した消費者ニーズへの対応**

延べ6,000人への調査や、"お泊りデプス"など、徹底した消費者ニーズへの対応が実践されている。

・**全社的対応**

社内の研究所をはじめ、様々な部署が関与し、社内の技術を集結させている。また、研究所が基盤技術系と商品開発系に分かれたマトリックス組織であることに加え、商品化への貢献で評価される人事システムが積極的な協業関係のバ

ックボーンとなっている。

- **機能的価値**

  花王の全社的技術が終結し，成分や配合など，消費者に対して説得力のある機能的価値が実現できている。

- **プロモーション**

  アジアを代表する女優であるチャン・ツィイーを起用したテレビCMは，かなりのコストだと考えられるが，積極的に展開している。

- **製品コンセプトの拡張**

  "アジアン・ビューティ"とは表面だけの美しさではなく，内面からにじみ出る美しさであり，"アジエンス"では髪を綺麗にするだけではなく，綺麗な肌や生き方も提案していくことが目指されている。こうしたコンセプトはCMやホームページで的確に訴求されており，単なる商品の売買を超えたレベルでの消費者との関係性構築において有効に機能していると考えられる。

b. プレミアムの継続

- **継続的な製品改良**

  単なるパッケージ変更ではなく，新成分配合など，しっかりとした機能的価値の変更を踏まえた，製品改良が継続的に行われている。また，消費者ニーズにあわせた，2ライン化も実現している。

- **プロモーション**

  フィギュアスケートの浅田真央の起用など，話題性のあるCMが継続的に展開されている。また，ホームページでは，"Asian Beauty 2010 Project"が行われており，アジエンスブランドの売上から財団法人ユネスコ・アジア文化センターへの寄付や，アジア各国から6人のアーティストを集結させたプロモーションなども展開している（花王・ホームページ）。

(10) インプリケーション

　強いトップのリーダーシップのもと，全社的協力体制のなかで"アジエンス"は誕生した。製品開発においては，社内の様々な研究所の技術が集約され，機能的価値の高い商品が実現している。また，同時に大型のプロモーションも展

開されている。

　興味深いポイントとして，"アジエンス"ユーザーへのアンケートにおいて，「"アジエンス"に関して知っているもの？」については，「アジアン・ビューティ」93％，「日本人本来の髪の美しさ」60％など，花王が狙った情緒的価値の訴求が見事に行き渡っている反面，「非常に魅力的だと感じるもの？」に関しては，「結っても跡がつかないくらいしなやかな髪」66.1％，「洗いながら髪に美容成分を浸透させる技術」65.1％といった製品機能に関する項目が上位にあがっている。つまり，情緒的価値の訴求は消費者を惹きつけるアピール材料として有効ではあるが，最終的な購買においては機能的価値が重要になると捉えられる。

❸　資生堂："ツバキ"
（1）資生堂のマーケティング
a.　資生堂とは

- **株式会社資生堂**
  創業　1872年
  本社所在地　東京都中央区銀座7-5-5
  代表取締役　執行役員社長　前田新造
  資本金　645億円（2009年3月31日現在）
  売上高（連結）6,903億円（単独）2,645億円（2009年3月期）
  従業員数　3,500名（グループ従業員数 28,810名）
  　　　　　　　（2009年3月31日現在）
  国内拠点
  　生産拠点　4カ所
  　研究開発拠点　2カ所
  海外拠点（進出国・地域　71カ国）
  　生産拠点　10カ所（台湾，中国，アメリカ，フランスなど）
  　研究開発拠点　8カ所（中国，アメリカ，フランスなど）
  事業概要　国内・海外化粧品事業
  　　　　　国内・海外プロフェッショナル事業
  　　　　　ヘルスケア事業など

　"ツバキ"は日本最大の化粧品メーカーである資生堂が2006年に発売した商品であり，発売から1か月を待たずして，トップブランドとなり，現在までその座を固守している。資生堂の概要は左のとおりとなっている（資生堂・ホームページ）。

b.　マーケティングの問題点

　資生堂は日本初の洋風調剤薬局として誕生し，その後，化粧品業界に進出している。大正12年にはチェーンストア制度を採用し，美容部員制度や顧客を組織化した"花椿会"などを整備し，事業を拡大させていく。しかし，強固なチ

第Ⅱ部　どうすればプレミアムを創造し，その価値を継続させることができるのか？

ェーンストアを中心とした販売網が足かせとなり，1970年代後半から台頭してきたGMS，1980年代からのCVSやドラッグストアに対応できず，競合に後れを取ることになる（グロービス・ホームページ）。グループ売上は低下し，マーケティング部門においても，売れないために，さらに新しいブランドを追加し，開発やマーケティングコストをかさませるという，負のスパイラルに陥り，2000年には100件以上ものブランドを抱えていた。

・メガブランド戦略

　こうしたブランドをトップ主導で絞り込み，集約したブランド群の核となるものを"メガブランド"とし，マーケティングコストを集中させ，圧倒的なシェアを持つ強いブランドに育成していった（グロービス・ホームページ）。2005年8月から"マキアージュ"，"ウーノ"，"アクアレーベル"が発売され，2006年3月に第4弾となる"メガブランド"として"ツバキ"が市場に投入された（OJO 2006）。また，"メガブランド"は，単に多額の資金をかけて大きいブランドをつくるというだけのものではなく，競争が激しい状況において，本当の意味で存在感ある"資生堂の顔"をつくることも含んでいる（同上）。

　さらに，"メガブランド"の開発は，事業部の壁を取り払い，全社を挙げてカテゴリーを攻略する新しい仕事の進め方および体制により，実行されている（グロービス・ホームページ）。

・組織体制

　資生堂は2006年4月1日の組織改正で，国内の化粧品事業とトイレタリー事業を融合している。また，商品開発からコミュニケーション戦略に至るまで，担当カテゴリーにかかわるマーケティングの全てを一貫して担当するSBU制（戦略事業単位制）を導入し，スキンケア，メーキャップ，ヘア，ボディ・メンズなど8つの事業単位で，それぞれの責任者であるブランドマネジャーが各ブランドの育成から売上達成までの権限と責任を負う仕組みとなっている（OJO 2006）。さらに，トイレタリー事業を担っていたエフティ資生堂の営業機能を資生堂販売に統合し，チャネル別の営業体制へと再編している。

　こうした変更の利点として，資生堂・国内化粧品事業ヘアユニット・マーケティングディレクターの高津晶は，「特にモノ作りは広告に出ることを考えて作らなければいけない時代になっていると思うのです。できてきた商品を見て

広告を作るという分業の垣根が取り払われて，本来の意味での強いコンテンツが作れる。シャンプーの場合は，マスコミュニケーションやPRのリソースになり得るコンテンツをいかに強く作るかということが重要ですので，1人の人間がディレクションする意味は大きいんですね」と語っている（同上）。

また，客観的な視点が社内でも重要視されており，プロジェクトにおいては，著名なクリエイティブディレクターである大貫卓也が，単に広告のクリエイティブディレクターとしてではなく，商品づくりからネーミング，パッケージング，広告コミュニケーションにまで参加している（同上）。社外の人材の登用に関して，「資生堂の常識では考えられないということが数多く出てくるんですね。そんな手続きは踏んだことがない，あり得ない。そうした抵抗を食い止めるのが私の仕事でした。」と社長である前田新造は語っている（グロービス・ホームページ）。

(2) "ツバキ"のマーケティング戦略

a. コンセプト

商品コンセプトは"ジャパン・ビューティ・アドヴァンス"であり，その裏には"足元にある青い鳥"というキーワードが隠されている（宣伝会議 2006.5.15, pp.7-9）。1990年代，日本女性は欧米に強い憧れを抱いていたが，21世紀に入ってからはアジアに目が向きだし，現在では日本を見直し始めている。これが青い鳥の意味である。

また，日本女性の黒髪の美しさは世界的に評価が高く，資生堂が調べた結果，その要因として2つのことがわかった（国際商業 2006.4, pp.84-89）。まず，欧米人と比較して，日本人の場合，毛髪表面付近で光を反射しているが，欧米人の場合は内部にまで浸透し，内部で乱反射している。この光反射のメカニズムの違いから，日本人の髪は"カラスの塗れ羽色"と形容されるように，濡れたようにしっとりと艶やかな光沢を保つことができる。また，日本人の毛髪は欧米人と比較し，復元力が高いことがわかった。こうした科学的な検証結果から，日本人女性の髪の美しさの源が"艶"と"弾力感"であることがわかり，こうした点を高めることが商品において重要であるという結論に至っている。

ターゲットに関しては，30代を中心とし，ヘアケア意識や美意識が高く，自

己実現のためにこだわりを持つ,成熟した女性をコアのターゲットとすることになった(同上)。

b. 商品開発

資生堂は,古来より女性の髪を美しく保つと伝承されている,椿から抽出した椿油に注目した(宣伝会議 2006.5.15, pp.7-9)。また,椿は資生堂の花椿マークとも重なる。この伝統的な美髪成分・椿油を独自の技術で進化させ,"高純度椿オイルEX"を開発している。"高純度椿オイルEX"は,天然の椿油を高度な技術で精製し,完璧なまでに不純物を取り除いた純度の高い美容オイルをベースに,ダメージを受けた細胞を補修する機能を持つ新規ウレア誘導体と,しっとりと艶やかな状態に導く優れた機能を持つポリマーナノスフェアを融合させたものである(国際商業 2006.4, pp.84-89)。このように"高純度椿オイルEX"は魅せる機能と補修機能の2つの機能を備え,現代の日本人女性が求める美髪へのニーズを最大限に満たすことが意図されている。

また,香りにもこだわり,椿にくわえ,ザクロ,ハマナシ,黄金桃,南高梅,ショウガなどを調香した"椿密花"(つばきみつか)の香りをつくり上げている(同上)。

パッケージ・デザインは,このカテゴリーにはかつてなかった深紅色を採用し,フォルムは椿の花びらをモチーフにした曲線的なデザインになっている。

c. 流通

資生堂の流通ルートは,直販もあるものの,化粧品店とそれ以外の問屋ルートに大きく分かれており,"ツバキ"では両方の流通ルートを使っている(OJO 2006)。結果,ドラッグストア,CVS,化粧品専門店など5万店で一斉に販売することが可能となった。

d. プロモーション

・キャッチコピー「日本の女性は,美しい。」

"ツバキ"のプロモーションでは,美髪成分"高純度椿オイルEX"が艶のある髪に仕上げる"美髪力",椿の花やパッケージの赤,資生堂の花椿のマーク

から形成されるブランドの"象徴性",日本の女性の美しさを賞賛し,応援しようという"社会的メッセージ"の3つの柱があるが,特に"社会的メッセージ"が強調されている（OJO 2006）。

こうした背景により,「日本の女性は,美しい。」というキャッチコピーが生まれた。日本回帰という,シャンプーであってシャンプーではない領域のところまで,ブランドを世の中に浸透させ,共感促進活動となり,定着することが意図されている（同上）。

・曼荼羅キャンペーン

社会現象としてメディアからも注目を浴びることができるように,約50億円という広告宣伝費を投入し（国際商業 2006.4, pp.84-89）,立ち上がりの同時期にあらゆるメディアを活用した大々的なキャンペーンが展開された。これは,曼荼羅キャンペーンと呼ばれ（OJO 2006）,店頭を中心とした統合型のプロモーションが行われている（**表**5-13）。曼荼羅キャンペーンの具体的な内容は以下のとおりである。

▼サプライズイベント

2006年3月30日,表参道ヒルズで行われたサプライズイベントでは,"ツバキ"のイメージキャラクターである仲間由紀恵・田中麗奈・上原多香子・広末涼子・観月ありさ・竹内結子という人気女優6人が登場している（OJO 2006）。この模様は全国9か所の大型ビジョンに生中継され,スクリーンの下ではサンプリングが行われた。また,当日1日限定でラフォーレ原宿の壁面に巨大ランドマーク広告が出現し,表参道駅にはパッケージ部分が立体化されたバキューム広告も登場している。

▼サンプリング

使ってもらえれば品質の良さは必ず伝わるという絶対的な自信から,コアターゲット層の半数に行きわたる計算となる1,000万個のサンプリングを展開している（国際商業 2006.4, pp.84-89）。

▼新聞広告

日本の女性の美しさを賞賛し,応援しようという"社会的メッセージ"を新聞30段を使って訴求している（OJO 2006）。

第Ⅱ部　どうすればプレミアムを創造し，その価値を継続させることができるのか？

▼テレビ広告

　仲間由紀恵・田中麗奈・上原多香子・広末涼子・観月ありさ・竹内結子という人気女優6人を一度に登場させた。また，6人の女優たちのほかに，出勤する女性やサーフィンをする女性の姿などのシーンを通して，"ツバキ"が日本女性を応援する商品であることを伝えている（OJO 2006）。

▼店頭プロモーション

　店頭には，"ツバキ"の深紅色で埋めた販売台を並べ，「椿が満開」と形容したくなる店頭演出を行っている（国際商業 2006.4, pp.84-89）。

　こうした立ち上がり時における大がかりなプロモーションの展開には，しばらくするとシェアが大きく落ち込むというリスクが存在するが，シャンプー市場では体感を促進することなく，売上は定着せず，伸びないという事前の分析があり（OJO 2006.7-8），決行することになった。また，低価格な嗜好品の場合，購入時に比較検討の対象となるのは3ブランド程度であるため，当初はシェア・ナンバーワンではなく，トップ3に入ることを目指していた。

表5-13　曼荼羅キャンペーン：TSUBAKI導入キャンペーンのプロモーション構造

マスコミュニケーション	シンボリック・プロモーション	接点拡大プロモーション
新聞・雑誌広告	デビューイベント＆ 女性向ジャーナル協賛	街メディア （街頭ビジョン・ビルボード等）
TVCM	店頭プロモーション 店頭VMD* 商品リーフレット サンプリング	ホームページ
編集タイアップ	体感促進イベント＆ 街頭サンプリング	交通媒体

出所：OJO（2006）
（注）VMD（Visual Merchandising：視覚に訴える売り場づくり）

（3）製品改良

・"白ツバキ"（2007年9月）

　高機能ダメージケアライン"ツバキ・ゴールデンリペア"が2007年9月下旬に発売されている（資生堂 2007）。従来の"ツバキ"は，健康的な，黒々とした，もともときれいな髪の人のためのシャンプーと思い込んでいる消費者が少なくなく，ダメージヘア用のラインを望む声に応える形での発売となった。新しいダメージケアラインには，新たに開発された浸透補修成分"椿アミノ"が

配合されている（国際商業 2006.4, pp.84-89）。パッケージに関して，フォルムはオリジナルと同形で関連づけながら，色は品格と機能性を感じさせ，しかもオリジナルライン（赤）と対照的な価値イメージを伝える陶器のような光沢を放つ白色になっている。これにより，従来の"赤ツバキ"（美髪ケア），"白ツバキ"（ダメージケア）という2ラインに拡張されたことになる。店頭では2ラインが揃ったことを強烈に印象付けるため，赤・白の"ツバキ"を対照的に陳列する"ツインフェースづくり"を積極的に提案し，市場における"ツバキ"の存在感を高めている（同上）。

・新"高純度 椿オイルEX"（2009年3月）

近年，パーマやヘアカラーが一般化するにしたがって，髪のダメージも深刻化している。資生堂が，「髪に求めるニーズ」を調査した結果，「なりたい髪」のトップには「艶のある髪」，また「艶が無いと感じる部分」については「毛先」がトップに挙げられ，傷みやすい毛先ほど，艶が求められていることがわかった（資生堂・IR関連ニュース 2008.12.5）。

こうした消費者ニーズを踏まえ，「健康的な髪に比べて，ダメージを受けた髪は艶成分が吸着しにくい」という性質に着目し，新"高純度 椿オイルEX"（"ヤマトツバキ種子油"に，美髪補修成分"ヒドロキシエチルウレア"と三菱化学との共同開発による"(PA/MA)コポリマー"を複合した毛髪補修成分）を開発し，全品に配合している。また，毛髪を深部から整え，奥行きのある上品な光沢を実現する新成分"深層美輝パールリピッド"（パールプロテインとリシン誘導体を複合した毛髪補修成分）を全品に配合し，艶機能を強化している。

(4) プレミアムの創造と継続

a. プレミアムの創造

・**トップ主導による全社的取り組み**

"ツバキ"は社内の資源が集中的に投入される"メガブランド"の第4弾として開発が始まっている。

・**外部人材の活用**

これまでの不振を打破すべく，社外の著名なクリエイティブディレクターを，

第Ⅱ部　どうすればプレミアムを創造し，その価値を継続させることができるのか？

商品づくりからネーミング，パッケージング，広告コミュニケーションにまで参加させている。

- **消費者ニーズへの徹底対応**

　日本人の髪を徹底的に分析し，日本人女性のニーズを高いレベルで満足させる製品が開発されている。

- **高い機能的価値**

　椿油を独自の技術で進化させた"高純度椿オイルEX"には，化粧品メーカーとしてのノウハウも活かされており，消費者から高い評価を得ている。

- **製品コンセプトの拡張**

　"高純度椿オイルEX"による"美髪力"や，椿の花やパッケージの赤，資生堂の花椿のマークから形成されるブランドの"象徴性"といった直接的に製品に関わるレベルを超え，日本の女性の美しさを賞賛し，応援しようという"社会的メッセージ"が強く訴求されており，消費者から強い共感を得ることができるコンセプトとなっている。

- **プロモーション**

　商品の市場投入にあわせて，曼荼羅キャンペーンに代表される大々的な統合型のプロモーションが展開されている。

b.　プレミアムの継続

- **継続的な製品改良と製品ライン拡張**

　継続的な消費者ニーズ調査を踏まえ，消費者により高いレベルでフィットする機能的価値が付加された改良や製品ライン拡張が実施されている。

- **プロモーション**

　現在でも，旬の女優6人をCMに使用し，またホームページでは，人気作家による「日本の女性は，美しい。」をテーマとするショートストーリーが紹介されている。

5.4. プレミアム・アイスクリーム（ハーゲンダッツ："ドルチェ"）

　消費者の低価格志向が日々強まっている日本市場において，ハーゲンダッツは概ね一般のアイスクリームの2倍程度の価格で販売されているにもかかわらず，好調な売上を維持している。さらに，2007年にはハーゲンダッツ"ミニカップ"（120ml）の希望小売価格250円を2割程度上回る，310円という価格設定で"ドルチェ"（110ml）が市場に投入された。

　本節では，ハーゲンダッツの日本市場への参入および，その後の事業展開について分析し，高価格でありながら順調に推移するアイスクリーム・ビジネスの実態を明らかにする。さらに，一般のハーゲンダッツのアイスクリームと比較しても，より高価格である"ドルチェ"に関する事例研究を踏まえ，プレミアム商品の創造と継続に関する要因について検討していく。

（1）ハーゲンダッツの日本における展開

a．ハーゲンダッツの誕生

・ハーゲンダッツ ジャパン株式会社
設立　1984年
本社所在地　東京都目黒区上目黒2-1-1
他拠点　札幌・仙台・名古屋・大阪・広島・福岡
R&Dセンター　神奈川県川崎市高津区坂戸3-2-1
群馬工場　群馬県高崎市新町1306
店舗　首都圏および近畿圏中心に全国52店舗
代表取締役社長　石井靖幸
資本金　4億6千万円
出資比率　Häagen-Dazs Nederland N.V.
　　　　　　50%
　　　　　　サントリーホールディングス株式会社
　　　　　　40%
　　　　　　タカナシ乳業株式会社　10%
従業員数　231名（男性145名　女性86名）
　　　　　　（2009年9月1日現在）
平均年齢　38.0歳
事業内容　ア．アイスクリーム等乳製品の製造・
　　　　　　　　輸入・販売
　　　　　　イ．氷菓および菓子その他食料品の製
　　　　　　　　造・輸入・販売
　　　　　　ウ．アイスクリーム店およびフランチ
　　　　　　　　ャイズ業務の経営，管理

　ハーゲンダッツの誕生およびその後の展開について，ホームページの情報に基づき整理していく。

　ハーゲンダッツは，創始者であるルーベン・マタスが，1961年にアメリカ・ニューヨークで"バニラ"，"チョコレート"，"コーヒー"の3種類のフレーバーのアイスクリームを高級食材を扱うデリに登場させたことにはじまる。厳選した素材だけを使用したハーゲンダッツの味わいは，瞬く間に全米に広がり，ハリウッドのセレブリティーが自家用ジェットに乗って買いに来るほど圧倒的な評価を得た。

第Ⅱ部　どうすればプレミアムを創造し，その価値を継続させることができるのか？

1973年には全米で販売されるようになり，1976年にはハーゲンダッツ・ショップ1号店をニューヨークのブロンクスにオープンし，全米に"スーパープレミアム・アイスクリーム"として知られるようになった。1982年にはカナダ，1983年にはシンガポールと香港，1984年には日本，1987年にはドイツ，1990年にはイギリス，フランスに進出し，その後も中国，ロシア，中南米へ商圏を拡大させ，現在では世界45カ国以上でアイスクリーム・ビジネスを展開している（HDJ・ホームページ）。

日本に関しては，1984年，販売能力の高いサントリーと製造能力の高いタカナシ乳業との共同により，ハーゲンダッツ・ジャパン（以下，HDJ）が設立され，事業が行われている。

b. 日本のアイスクリーム市場

業界内の区分ではあるが，アイスクリームのカテゴリーは，乳脂肪含有率，空気含有率（オーバーラン），価格の3要素によって，スーパープレミアム（乳脂肪含有率：13％以上，空気含有率：20〜40％），プレミアム（12％，50〜65％），レギュラー（10％，80〜100％）という3つに区分されている（柴田・青木 2000）。

HDJが設立された1984年当時，レギュラータイプの製品がほとんどであった日本市場において，プレミアム・アイスクリームと言えば，"明治レディーボーデン"が存在するだけで，これが高級アイスクリームの代名詞であり，プレミアム・カテゴリーで中心的ポジションを獲得していた（同上）。ハーゲンダッツは，プレミアムではなく，その上のスーパープレミアムに属する製品であった（DIAMOND ハーバード・ビジネス・レビュー編集部 2001）（以下，DIAMOND ハーバード・ビジネス・レビュー：DHBR）。

日本における高級アイスクリームへのニーズに関して，電通第2クリエーティブディレクション局クリエーティブディレクターの中野雅春は，「プレミアムアイスクリームの食シーンを考えてみますと，コアターゲットの20代後半の女性が仕事から帰ってお風呂の後に意識的によく食べている。そこでは，充実感，達成感，自分へのご褒美として食べている。その，幸福感，開放感，贅沢感をうまく取り入れていかなければならない。そこがプレミアムアイスの100

円アイスとは全く異なったところ」と述べている（宣伝会議 2003.9, pp.100-103)。

c. 日本市場導入期の流通戦略

　1984年，ハーゲンダッツは東京都内のデパートと高級スーパー，そしてハーゲンダッツ・ショップだけで販売を開始し，マスメディアによる広告は行わず，口コミを中心にジワジワと顧客を獲得していった（DHBR編集部 2001）。具体的には，東京・青山にハーゲンダッツ・ショップの日本における1号店をオープンさせ，「ハーゲンダッツは都会的な大人のための新しいデザート」というイメージを打ち出した。当時は連日の長い行列が社会現象にもなり，マスコミでも大きく取り上げられた。

　小売店への流通に関しては，5種類のフレーバーの473mlの"パイント"を800円という価格で販売した（HDJ・ホームページ）。その後，1985年には大阪，1986年には東海，1987年には札幌，仙台，広島，福岡へとエリアを徐々に拡大させ，百貨店と高級スーパーに限定し，展開していった（柴田・青木 2000）。また，高級レストランや有名ホテルに取り扱ってもらい，メニューにブランド名を入れてもらう活動も積極的に行っている（DHBR編集部 2001）。このような戦略を実行し，「それまで子供のおやつだったアイスクリームを大人のデザートに変えることに成功したのです」と代表取締役社長である関順一郎は述べている（同上）。

d. ハーゲンダッツ・ジャパンの基本戦略

　ハーゲンダッツのビジネスは，"ハーゲンダッツ・モーメント"を守り，バリュー・プロポジションに挑戦することである。

・"ハーゲンダッツ・モーメント"を守る

　「ハーゲンダッツでは，ブランド・アイデンティティ，すなわち"ハーゲンダッツ・モーメント"（"至福の瞬間"）というコンセプトによって，ビジネスプロセスが設計されています。その結果，商品企画から，資材調達，生産，物流，販売，そして顧客の口で賞味されるまで，ブランドが求心力として働いているのです。」と代表取締役社長である関順一郎は述べている（DHBR編集部

第Ⅱ部　どうすればプレミアムを創造し，その価値を継続させることができるのか？

2001)。"ハーゲンダッツ・モーメント"とは，食べた時にハーゲンダッツでしか味わえない至福の瞬間を届けるということである。とりわけ，アイスクリームにおいては，製品の特性上，常に安定した品質を顧客に届けるためには，こうした顧客接点にはことのほか気を配る必要がある（同上）。そのために，厳選された素材を使用し，高品質であることはもちろん，顧客が味わうその瞬間までのプロセスにおいて，様々なコミットメントを実施している。例えば物流では，工場で生産された製品が納入される倉庫内は-26℃以下，輸送を担当する冷凍車の車内は-20℃以下，店頭の陳列ケース内では-20℃以下とそれぞれ適正温度で保存している。また，スーパーの店頭では，社員かマーケット・クルー（契約社員）が定期的に店舗を回り，保存状態をチェックし，必要に応じて改善要求を行っている。このように一連のプロセスにおいて，業務に携わる全員が"ハーゲンダッツ・モーメント"を意識することにより，強いブランドが維持できている（同上）。

・バリュー・プロポジション

ビジネスプロセスにおいて，もう1つ大きな柱となっているのが，常に新しい価値を提案するというバリュー・プロポジションである（DHBR編集部 2001)。

こうした戦略が功を奏し，初年度売上2億円から，2000年度においては358億円にまで拡大してきている（**図5-24**)。

商品ごとに見ると，"ミニカップ"（バニラ・ミルク系，キャラメル・チョコレート系，コーヒー・紅茶系，ナッツ系，フルーツ系，和素材，クッキー・ケーキ入りの7フレーバー）が18品，

図5-24　HDJの売上推移（億円）

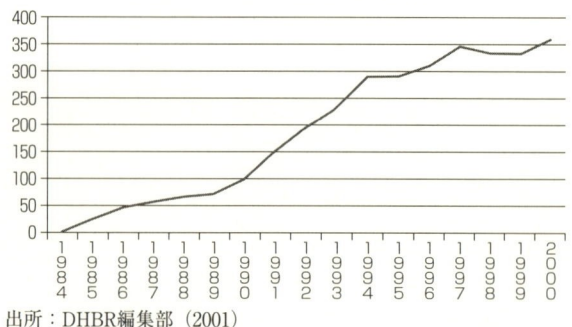

出所：DHBR編集部（2001）

"ドルチェ"（ティラミス，ブルーベリーチーズケーキ，クレームブリュレ，スイートポテトパイ，木苺のミルフィーユ）が5品，"クリスピーサンド"が4品，

第5章 プレミアム商品の実際：マス・プレミアム商品の事例研究

"バー"が2品，"パイント"が5品，"マルチパック"が3品となり（HDJ・ホームページ：2010.1.17現在），これらの商品は小売店で販売されている。加えて，ハーゲンダッツショップでは，アイスクリームをベースとした，様々なデザートも販売されている。

こうした商品の売上に注目すると（**表5-14**），上位20品のうち，ロッテの"レディーボーデン"の3品を除けば，市場を完全に独占している状態である。日本アイスクリーム協会の統計では，ピークの1994年度に約4,200億円だった市場規模は，2006年度には約3,600億円に減少しており（日経産業新聞 2008.4.9, p.22），厳しい市場環境において，ハーゲンダッツはこれらの製品を中心に2008年度の売上高408億円と好調を維持している。

表5-14 プレミアムアイスクリーム上位20品

	メーカーおよび商品名	金額シェア(%)	平均価格(円)
1	HDJ ハーゲンダッツ トリュフショコラ カップ 120ML	7.4	208.7
2	HDJ ハーゲンダッツ バニラ カップ 120ML	6.9	217.4
3	HDJ ハーゲンダッツ ミニカップ マルチパック バニラ・クッキー&クリーム・ストロベリー 75MLX6	6.9	724.3
4	HDJ ハーゲンダッツ マルチパック バニラ・グリーンティー・ラムレーズン 75MLX6	5.6	719.8
5	HDJ ハーゲンダッツ アーモンドプラリネクリーム 季節限定 カップ 120ML	5.1	205.1
6	HDJ ハーゲンダッツ アップルカルバドス 季節限定 カップ 120ML	4.9	207.8
7	HDJ ハーゲンダッツ ラムレーズン 季節限定 カップ 120ML	4.6	207.1
8	HDJ ハーゲンダッツ グリーンティー 120ML	4.5	215.1
9	ロッテアイス レディーボーデン バニラ 470ML	4.4	355.8
10	HDJ ハーゲンダッツ ストロベリー 120ML	4.4	213.9
11	ロッテアイス レディーボーデン クッキーサンド 61MLX4	3.9	376.2
12	HDJ ハーゲンダッツ ドルチェ スイートポテトパイ カップ 103ML	2.9	270.6
13	HDJ ハーゲンダッツ マカデミアナッツ カップ 120ML	2.9	212.8
14	HDJ ハーゲンダッツ クッキー&クリーム 120ML	2.8	213.3
15	HDJ ハーゲンダッツ クリスピーサンド キャラメル 66ML	2.4	246.3
16	HDJ ハーゲンダッツ クリスピーサンド クッキー&クリーム ホワイトチョコレート 66ML	2.2	248.0
17	ロッテアイス レディーボーデン シュガーコーン 75MLX4	2.0	386.9
18	HDJ ハーゲンダッツ メープルクッキー カップ 120ML	1.7	207.1
19	ロッテアイス レディーボーデン パイント チョコレート 470ML	1.7	344.4
20	HDJ ハーゲンダッツ ショコラクラシック カップ 120ML	1.3	195.9

出所：日経テレコン21・POS情報（アクセス日：2009年11月26日）
(注) 2009年10月

第Ⅱ部　どうすればプレミアムを創造し，その価値を継続させることができるのか？

e．ハーゲンダッツジャパンのこだわり

　ハーゲンダッツでは，ブランド・アイデンティティ，すなわち"ハーゲンダッツ・モーメント"の提供のため，自社のアイスクリームに対して，徹底的にこだわり抜いている。HDJ・ホームページでは，素材や品質管理における徹底したこだわりに関する，9つの項目について詳細な紹介が行われている。以下，その内容について検討する。

・良質なミルク

　高品質なミルクを得るために乳牛の健康管理はもちろん，主食となる牧草の成分分析，さらには乳牛にとって理想的な牧草が育つために土壌のpH値までも厳しく管理された土地で育った乳牛のミルクを使用している。国内生産のものは北海道産の新鮮なミルクを使用している。

・世界中から厳選された素材

　風味を決める副原料にもこだわっている。例えば，イチゴは3年もの歳月をかけて探し出した，味わい，香り，色合いとも最もハーゲンダッツアイスクリームと相性のいい品種を選定している。また，抹茶はハーゲンダッツ専用にブレンドされており，石臼で丁寧に挽いているため薫り高いものとなっている。

・"キッチン・フレンドリー"な素材

　ハーゲンダッツアイスクリームは，ミルク，砂糖，卵が主原料で，アイスクリームの風味を決めるフルーツやナッツ，チョコレートなどが副原料として加わる。こうした家庭のキッチンにあるような食材を使うことをハーゲンダッツでは，"キッチン・フレンドリー"と呼んでいる。合成添加物を使用せず，"キッチン・フレンドリー"な原材料を選んでアイスクリームをつくる理由は素材のおいしさをそのまま伝えるためである。"キッチン・フレンドリー"な原料を使うことで，風味や口当たり，口どけまでこだわった本物志向のアイスクリームに仕上げている。

・おいしくて安心・安全な素材選び

　ハーゲンダッツのサプライヤー監査では，使用する食材がどのようなもので，どのようにつくられているかを調べ，サプライヤーと協力し合って品質を高めている。監査における項目は，工場の構造や衛生管理，トレーサビリティ，微生物の検査体制など約200もの項目があり，監査後もサプライヤーとともに常

に品質を高める努力をしている。

・喜びと感動がテーマの商品開発

　今まで体験したことのない感動を提供できる味わいに仕上げるため，商品コンセプトの決定，素材選び，配合方法など，1つの商品を発売するまでにつくられるサンプル数は100を超える。フルーツを使用する商品なら世界中からサンプルを取り寄せ，海外であっても農場まで出向く。また，使用する品種が決まってからも，果汁の割合，果肉の大きさなどを変えたサンプルを納得いくまで試作する。"グリーンティー"，"クリスピーサンド"などの開発に要した時間は5年以上となっている。

・低く抑えた空気含有率

　アイスクリームのきめ細かく，クリーミーでなめらかな舌触りは，アイスクリームの中に含まれている空気の量と大きな関係がある。アイスクリームは空気の量が多くなればなるほど密度は低くなり，なめらかな舌触りは失われる。ハーゲンダッツでは，この空気含有率を約20％と低く抑え，アイスクリームの密度を高めることで，中身の濃い，なめらかな舌触りのアイスクリームに仕上げている。

・世界標準の生産体制

　日本国内で販売されているハーゲンダッツ商品の約90％がHACCP（総合衛生管理製造過程による食品の製造または加工）の承認を得た群馬工場で生産されている。2000年には品質管理および品質保証システムの国際規格ISO9001を認証取得し，原料調達，生産，物流にわたる広範囲の品質管理を標準化し，高品質で安全な商品を供給できるシステムになっている。

・おいしさのための低温管理

　アイスクリームの中にはアイスクリスタルという目に見えない氷の結晶が含まれている。製造後，約39μ（ミクロン）に保たれたアイスクリスタルが温度変化を受け，50μに成長するとなめらかな食感が失われ始め，70μを超えるとざらざらとした食感になり，風味が劣化する。ハーゲンダッツでは，アイスクリスタルを製造時の大きさの状態で届けるために，倉庫管理時は－26℃以下，輸送時は－20℃以下と決め，低温管理を徹底している。また専用の顕微鏡でサンプルのアイスクリスタルの大きさをチェックするとともに，パッケージや梱

第Ⅱ部 どうすればプレミアムを創造し、その価値を継続させることができるのか？

包形態を工夫することにも取り組んでいる。

・**お客様の声**

お客様相談室には，商品やサービスに関する質問のほか，新商品や広告の感想など，年間15,000件を超える様々な意見や感想がフリーダイヤルやEメール，手紙などで寄せられている。問い合わせの中には，品質をさらに向上させることができるヒントがたくさんある。こうしたヒントを活用し，「商品パッケージを見やすくする」，「ミニカップに品質管理のために装着しているタンパーエビデンス（内ぶた）を開けやすく改良する」などが行なわれている。また，作りたてのおいしさを届けるために卸店や量販店を対象に品質管理に関するセミナーを開催するなど，商品やサービスの更なる品質向上に取り組んでいる。

「誰もがおいしいと感じることのできるアイスクリームは，本物の素材からしか生まれない」との認識が全社的レベルで浸透しており，栄養学的にも優れ，子供から大人まで安心して食することができる商品を提供するために，コストや生産性を考えれば合理的とは言えない部分があっても徹底的にこだわっていくとHDJ・ホームページにおいて謳われている。こうした時間も手間もかかるアイスクリームづくりにより，ハーゲンダッツというブランドに，ほかに代わるもののない絶対的な価値を獲得しようとしている。

f. **日本における製品戦略**

日本市場導入後，限定的な販売チャネル戦略や独特のコミュニケーション戦略を用いて，スーパープレミアム・アイスクリームとしてのブランド価値の醸成に注力してきたが，1990年代に入り，より一層の市場拡大を目指して，製品ラインアップの拡充や販売チャネルの拡大に取り組むことになる。その第1弾として，1989年に"ミニカップ"（120ml）が発売され，従来の"パイント"（437ml）と合わせ2つのサイズになった。日米の冷蔵庫の大きさの違いなど，日本市場の特性に合った商品戦略に基づくパッケージの必要性を感じ，ブランドオーナーであるピルズベリー社と交渉し，世界に先駆けて日本で開発された。この"ミニカップ"の容器別売上構成比は，1999年には65％を占めるまでに拡大している（柴田・青木 2000）。また，このころから限られた場所でしか買う

ことができなかったハーゲンダッツがコンビニでも販売されるようになった（HDJ・ホームページ）。

　1995年には日本人の嗜好に合う商品開発を目的とし，米国フェアフィールドにあるR&Dセンターに次いでハーゲンダッツ・ジャパンR&Dセンターが川崎市に設けられている（同上）。新商品は通常，市場リサーチ→商品コンセプトの決定→試作→味覚調査→改良→発売という流れで開発されるが，商品コンセプトから実際に製品をつくるうえで，試作は特に重要な過程の1つと言える。R&Dセンターでは，米国本社のベーシックな商品コンセプトを踏まえながら，日本の市場に合った商品開発のための綿密な試作品づくりが行われている（同上）。

　その後，1996年に日米共同で開発された"グリーンティー"が大ヒットしたことで，HDJは2度目の転機を迎えた。それまではアメリカで開発された製品を販売していたが，このヒットによって，より一層日本人の嗜好にあわせた製品開発が可能になった。

　以来，毎年，春と秋の2回，新製品を発表することが定着するようになった。例えば，2003年の3月には"ミニカップ"でメロンのフレーバーが季節限定で発売されており，さらに，こうした季節限定商品はハーゲンダッツ・ショップでも販売され（HDJ・ニュースリリース 2003.1），相乗効果を高めている。また，フローズン・ヨーグルトなどの新製品もハーゲンダッツの日本での顧客層を広げることに大きく貢献している（DHBR編集部 2001）。

　2001年には，7年の歳月をかけて日本で開発された"クリスピーサンド"（希望小売価格294円）が発売され，2001年27億円，2002年42億円，2003年48億円と右肩上がりで順調に推移している（週刊東洋経済 2004.11.13, p.72）。クリスピーサンドの開発においては，まず1994年にケーキやパフェなど，今までのアイスとは違う形態の商品を開発するプロジェクトが立ち上げられ，消費者調査をしながら，1年以上模索を続け，ウエハースのようなサクサクしたものでアイスをサンドするというコンセプトが固められている（同上）。ハーゲンダッツは，新製品を出した後に，あまり売れないからひっこめるとか，味を調整し直すといったことは行わない。"ゴールドスタンダード"という言葉があり，常に最高の味を目指している。10人の消費者のうち，6～7人が満足する程度

第Ⅱ部　どうすればプレミアムを創造し，その価値を継続させることができるのか？

では発売せず，その基準は他社よりかなり高く設定されている。ちなみに，"クリスピーサンド"は2004年5月からフランスとスペインでも発売されている（同上）。

　2004年には，2種類のアイスクリームをキャラメルやフルーツのソース，クッキーなどと組み合わせ，今までにないパフェに仕上げたデザートである"パルフェ"「キャラメルマキアート」，「ベリーベリー」が発売されている（HDJ・ニュースリリース 2004.9）。"パルフェ"は日米で共同開発した日本市場向け製品である。ちなみに"パルフェ"（parfait）とはパフェの語源で，"完璧な"という意味のフランス語である。希望小売価格は380円（125ml）であり，通常の"ミニカップ"の1.5倍程度の高価格となっていた。

　2007年には，デザートやケーキの甘美な世界をハーゲンダッツならではのスタイルで表現したアイスクリームデザートである，"ドルチェ"「ティラミス」，「クレーム ブリュレ」が発売された（HDJ・ニュースリリース 2007.2）。"ドルチェ"は日本で開発された日本市場向け製品である。ちなみに，"ドルチェ"（Dolce）は「デザート」，「菓子」，「甘い」，「甘美な」などの意味のイタリア語である。希望小売価格は310円（110ml）であり，こちらもミニカップよりも高価格となっている。"ドルチェ"に関しては，後ほど詳細に検討する。

　2008年には，さらなる高価格となる，こだわり抜いた高級・希少な副原料のおいしさを余すことなく引き出した"ヘブンリースプーン"という新しいブランドのアイスクリーム「ダージリン（120ml）6個セット（6,000円：配送料込）」，「カカオ（120ml）6個セット（5,000円：配送料込）」をHDJ・ホームページにて数量限定で販売している（HDJ・ニュースリリース 2008.2）。

g．プロモーション戦略

　日本市場に参入して以来，マスメディアによる広告を実施せず，各地のハーゲンダッツ・ショップを中心に情報発信を行ってきたが，1991年にハーゲンダッツとしては世界初となるテレビCMが日本で開始された（HDJ・ホームページ）。ブランドオーナーであるピルズベリー社はブランドの高級なイメージを維持するためにテレビCMを禁じていたが，日本の食品市場における競争状況や株主であるサントリーが広告に積極的な企業であることなどが勘案され，ミ

第5章　プレミアム商品の実際：マス・プレミアム商品の事例研究

ニカップの発売と同時に日本市場に適合したブランド戦略の一環としてテレビCMが認められた（柴田・青木 2000）。テレビ広告ではハーゲンダッツブランドの持つ世界観が表現され，ハーゲンダッツの品質については雑誌広告を活用するなど，ブランドと品質を訴求するメディア展開が開始された（HDJ・ホームページ）。

　ベッド＆バス篇と題されたテレビCMは，大人の男女がベッドの上で情熱的にアイスクリームをなめ合うという官能的な内容であり，それまでの日本のアイスクリームのCMは子供や家族を対象とした広告表現であったため，大きな話題となった。また，雑誌広告では，年間を通して"クォリティーキャンペーン"が展開され，例えばHDJのブランド戦略の根底にある"徹底的な品質訴求"を理解・促進させることをねらいとした"数字キャンペーン"は，ハーゲンダッツの製品づくりを支えている様々な品質基準を示す内容の数字を紹介した雑誌広告シリーズである。具体的には，毎回，広告の中に1つ大きな数字が浮かんでおり，その数字の説明が小さな文字でなされている。例えば，0（着色料0），1（世界でNo.1の評価を得ている），2（他社製品に比してイチゴなどを2倍使用），-26（倉庫内では-26℃を常に保っている）などがある（柴田・青木 2000）。

　こうしたプロモーション戦略について，柴田・青木（2000）は，ブランドの価値を情緒的価値（イメージ）と機能的価値（機能性）とに大別したうえで，テレビCMでは「ハーゲンダッツを食べる喜びや幸福感」といった情緒的価値を訴求し，一方，雑誌広告では「ハーゲンダッツの品質へのこだわり」という機能的価値を訴求するという戦略であると分析している。ブランドを確立していくうえで，情緒的なイメージ面だけでなく，ブランド価値のベースとなる"製品品質についてのこだわり"を"素材に対するこだわり"や"製法に対するこだわり"など，様々な形で徹底的に訴求していくという方針である（同上）。

　その後，従来のテレビCMでは外国人の男女が登場するというものばかりであったが，「新商品のテレビCMと既存商品のそれとの差別化を図りたいという考えもあり，商品の本質をより前面に打ち出すテレビCMにしました」（マーケティング本部宣伝部・醍醐優子）という方針のもと，日本人の著名なタレントを起用し，従来のトーン＆マナーを一新するなど，コンセプトは崩さず，新たな表現方法に取り組んでいる（宣伝会議 2009.2.15, p.47）。

第Ⅱ部　どうすればプレミアムを創造し，その価値を継続させることができるのか？

h. 店舗からの情報発信

　青山の1号店の事例からもわかるとおり，ハーゲンダッツにおいて，店舗は重要な情報発信基地となっている。こうした発信力をさらに高めるため，フラッグシップ・ショップ（旗艦店）をオープンしている。例えば，東京・表参道にはパリのカフェのようなオープンテラス，大阪・戎橋には店内にメリーゴーランドを設置するなど，エンターテインメント性の高い，当時のトレンドをけん引するようなカフェを展開することで，従来のアイスクリームショップとは全く異なる印象を与えてきている（HDJ・ホームページ）。

　2000年12月には，第1号店である青山店をリニューアルし，「自由にくつろげる，スタイリッシュなアイスクリームカフェ」をテーマにした"ハーゲンダッツ・カフェ青山"をオープンしている。ここは，パリとロンドンで試験的に展開しているハーゲンダッツのニューコンセプト店で，世界で3番目の導入となる。「今後は，この青山の店舗をモデルとし，今までにない新たな価値を提案していこうと考えています。」と代表取締役社長である関順一郎は述べている（DHBR編集部 2001）。

　さらに，2009年7月には，東京・銀座にメニュー，サービス，店舗デザインなどあらゆる面で，ハーゲンダッツブランドの世界観を感じることができるフィロソフィーショップ"ハーゲンダッツ ラ メゾン ギンザ"をオープンしている。地下2階，地上4階の建物で喫茶や食事ができる。ハーゲンダッツアイスクリームのプレミアムなおいしさを最大限に引き立てる最高のメニュー，サービス，空間が用意され，"ハーゲンダッツ・モーメント"を感じることができる場所となっている（HDJ・ニュースリリース 2009.4）。

・季節や行事への対応

　春や秋に季節限定の商品を発売することに加え，行事にあわせた様々な取り組みを行っている。例えば，2008年のバレンタインデーには，ベルギーのチョコレートメーカーであるバリーカレボー社の"クーベルチュールチョコレート"を使用した，粒チョコレートを発売し（HDJ・ニュースリリース 2008.1），2009年のクリスマスには冬と関連するコンサートや銀座店舗前に巨大なツリーを設置している（HDJ・ニュースリリース 2009.11）。

・イベント：消費者とのコミュニケーション

以下のとおり，イベントも積極的に展開されている。イベントでは，単に楽しいという範囲を超え，消費者教育をも含む，密度の濃い消費者とのコミュニケーションが展開されている。

▼コンテスト

一般からの応募者を対象とし，アイスクリームまたはフローズンヨーグルトを使用したオリジナルフローズン・デザートを競うあう"フローズン・デザート・コンテスト"を実施している（HDJ・ニュースリリース 2003.5）。

▼講習会

講師によるレシピの説明，デモンストレーションの後，実際に参加者が調理し，最後に試食するという"フローズン・デザート・コンテスト"講習会も開催されている（HDJ・ニュースリリース 2007.9）。ハーゲンダッツアイスクリームに身近な素材や一手間を加えることで，スペシャルデザートになる楽しさを訴求し，家庭での需要拡大を狙っている。親子限定の講習会もあり，将来の需要拡大も見込まれていると考えられる。

▼出前講義

HDJの社員が講師として小学校を訪問し，温度管理，アイスクリームの種類，パッケージ表示の3項目について紹介するという"ハーゲンダッツアイスクリームスクール2009"も実施されている（HDJ・ニュースリリース 2009.3）。

・会員制

会員組織に関しては，早期から積極的に取り組んでおり，"スーパープレミアムクラブ"では10％割引や，ハーゲンダッツの会報誌「est.」などの特典が用意されていた（HDJ・ニュースリリース 2003.3）。2007年からは，ポイントカード制度が立ち上がっている（HDJ・ニュースリリース 2007.4）。現在は，メールマガジンを活用した商品やイベントなどの情報，会員専用のアンケートやプレゼント企画などを展開する"クラブ・ハーゲンダッツ"が整備されている（HDJ・ホームページ）。

・コラボレーション

例えば，映画「バレンタインデー」とのタイアップキャンペーンを全国のハーゲンダッツ・ショップにて実施し，全国共通鑑賞券プレゼントのほか，同映

画とコラボレーションしたカップデザート"チョコレートフォーユー"などが提供された。また，バレンタインギフトに最適な"アーモンドチョコレート・マスカルポーネ"，"アーモンドチョコレート・グリーンティー"という2種類のチョコレートも販売されている（HDJ・ニュースリリース 2009.12）。

・フリーペーパー

ハーゲンダッツ・ジャパンが発行するフリーペーパーである"Moment"（モーメント）では，各界で活躍する人へのインタビューおよび，その人をイメージしたフローズンデザートの紹介，その季節にぴったりなハーゲンダッツを使用したデザートレシピ，おいしさへのこだわり，ハーゲンダッツショップや新商品の情報などが掲載されている（HDJニュースリリース 2007.7）。

・環境

環境に配慮し，石からつくられたViaStone^{TM} paper（ビアストーンペーパー）を使用したハーゲンダッツオリジナルのショッピングバッグである"ハーゲンダッツ・ギフトバッグ"が全国のハーゲンダッツショップで販売されている（HDJ・ニュースリリース 2008.11）。

(2) ハーゲンダッツ："ドルチェ"

"ドルチェ"は2007年4月にハーゲンダッツのメインの商品である"ミニカップ"（120ml：250円）よりも2割以上高い310円（105ml）という価格で販売が開始された（HDJニュースリリース 2007.2）。このように高価格ではあるものの，投入から9カ月で売上高53億円を突破し，販売目標額40億円を大きく上回るヒット商品となっている（日経トレンディネット 2008.3）。開発にあたり，部門を横断したプロジェクトが立ち上げられ，3年の歳月を要して商品化されている（HDJ・ニュースレター 2007.5.25）。こうしたドルチェについて開発までの経緯，製品開発，マーケティング戦略を中心に分析していく。

a. 開発の背景

"ドルチェ"の開発動機に関して，「少子高齢化でアイスを食べるお子さんが少なくなったのと，デザートの選択肢が増えたことで，アイス市場が年々縮小傾向にある。この市場を活性化し，同時に，ハーゲンダッツのブランド価値を

高めることを狙った」と商品開発部ドルチェ開発リーダーの田子薫は述べている（日経トレンディネット 2008.3）。大きな方向性として，今までの商品では，税抜きで"ミニカップ"が250円，"クリスピーサンド"は280円という価格レンジであったが，より高付加価値の商品を提供していくということがあった（JMR生活総合研究所 2007b）。また，同じニーズにいろいろな商品を用意しても，カニバリゼーションをおこしてしまうので，既存のハーゲンダッツの商品と違うものを食べたいときの選択肢になり得る商品の開発という考えもあった。既存の商品と重ならない高付加価値のコンセプトの抽出に関して，2004年に発売した"ミニカップ"「カスタードプディング」という商品が，想定以上に大成功をおさめたことがヒントになっている。それまでは，バニラやストロベリー，グリーンティーなど，素材そのもののおいしさをアイスクリームにして提供するというコンセプトであったが，カスタードプディングはデザートをコンセプトに開発された。これにより，シンプルな"ミニカップ"と，素材の組み合わせなど，全体でつくり出す味わいを楽しめるデザートのような"ドルチェ"という線引きとなり，既存の"ミニカップ"との差別化が図られている（同上）。

b. ターゲット

そもそもハーゲンダッツの商品は，ゆっくり一人で夜に食べたいというニーズが強く，昼間にちょっと軽くスナックとして食べたいというニーズではない（JMR生活総合研究所 2007b）。ターゲットという点から見ると，ハーゲンダッツの顧客は比較的，年齢の高い層にも多く，"ミニカップ"は全年代で男女を問わず食用層が広がっている（同上）。一方，"ドルチェ"においては，新商品や味に敏感で，スイーツ市場を牽引するF1層（20代～30代前半の女性）をメインのターゲットとした。味の設計を最終的に決める段階での消費者調査でも，甘さや酸味，苦みの程度，全体のバランスなどにおいて，F1層の意見や好みを重視している（日経トレンディネット 2008.3）。

c. 商品開発

"ドルチェ"の商品開発，製造においてはこれまで以上に高い技術が必要となり（HDJ・ニュースレター 2007.5.25），コンセプトづくりから，多角的な消

第Ⅱ部　どうすればプレミアムを創造し，その価値を継続させることができるのか？

費者調査，新しい製造ラインの設計，味の試行錯誤を経て，商品化までに要した開発期間はトータルで約3年となっている（日経トレンディネット 2008.3）。

　しかし，「ハーゲンダッツで全く新しいカテゴリーを打ち出すのに，"3年"は決して長くない。うちの会社は，一過性のおいしいものでなく，"いつ食べてもおいしい"ものを作りたいというスタンス。……トレンドを追いかけるのでなく，"一番おいしいもの"を原料選びから追求する"職人系"ともいえます。開発する立場として，恵まれた環境にある。」と商品開発部ドルチェ開発リーダーの田子薫は述べている（同上）。

　また，"ドルチェ"開発にあたり，2004年に発売され，その後，ビジネスとしてはあまり好調に推移しなかった"パルフェ"は有効な反省材料となっている。"パルフェ"のコンセプトは，「いろいろなものが合わさった複合的なおいしさ」で，構造や味のつくり方は"ドルチェ"と似ているものの，「ナッツカフェ」とか，「和クラシック」のように，コンビニのメインユーザーの男性にはフレーバー名だけではベネフィットが伝わり難いネーミングになってしまっており，また価格的にもコンビニで税込み399円のアイスクリームを買うという顧客の意識は薄いことがわかった（JMR生活総合研究所 2007b）。こうした認識をもとに"ドルチェ"は，「ティラミス」，「クレームブリュレ」など，だれでも知っているデザートをフレーバー名に採用し，また「ケーキがアイスクリームになった」というコンセプトも消費者には新鮮であった。今までに，あってもよさそうだったのになかった商品，さらにスイーツブームにうまく乗れたことも"ドルチェ"のヒットに貢献した（同上）。

　税込みで326円という価格に関しては，「ケーキなどの洋菓子と比較すれば高くない。ドルチェが競合と捉えるのは，同じアイスでなく洋菓子デザートのジャンル。その意味で，消費者が持っているアイスに対する固定イメージを打ち破っていけるかがカギだ。製造段階では温度管理などが難しく，人手もかかるなど，コスト高の要因も多くある。」と商品開発を担当したマーケティング本部の坂東佳子は述べている（日経産業新聞 2007.7.9, p.5）。

　"ドルチェ"の2種類の商品の特徴は以下のとおりである（HDJ・ニュースレター 2007.5.25）。

・「ティラミス」：表面のココアパウダーは湿り難い工夫をすることで，ケーキ

のティラミスのようにサラッとした状態を食する時まで保っている。
・「クレームブリュレ」：クレームブリュレ特有のパリパリした食感，香ばしさを工夫を重ね，実現している。また，表面のトロッとしたカラメルソースは冷凍庫の中でも凍らないように開発されている。

　パッケージはこれまでの商品がバーガンディレッドを基調としているのに対して，"ドルチェ"の贅沢な味わいを表現するために，上質なミルクをイメージしたパールホワイトが採用されている（HDJ・ニュースレター 2007.5.25）。また，従来より底が浅く，扁平（へんぺい）の形のものを採用し，様々な味の層をスプーンでひとすくいにでき，溶け始めても中身が崩れ難い工夫が施されている。デザインはデザート用のココット皿をイメージし，花びら形のフタが採用されている（日経産業新聞 2007.11.21, p.20）。

d. "ドルチェ"のコミュニケーション

・発売前のコミュニケーション

▼流通発表会

　通常の新製品の紹介は個別の流通業者との商談において行われるが，"ドルチェ"では流通発表会が開催された。2007年1月から始まり，東京で5回，大阪3回，名古屋2回と，計10回も行われている。発表会では，「この商品をなぜ出すのか？」，「どういう商品なのか？」というテーマに加え，マーケティングプラン，営業プランも含めて説明し，試食と質疑応答の時間を設けている。さらに，モデルとなる売場をつくり，店頭のイメージ，POPや陳列の仕方なども紹介している。アイスクリーム単独の発表会は業界初であった（JMR生活総合研究所 2007b）。

▼ティザーPOP

　発表会の影響により，事前の期待が高まり，営業の商談も順調に進行した。その結果，発売と同時に大量陳列のスペースを確保できるケースが多かった。初日からしっかりとした販売実績が出るように，テレビのティザーCMにあわせて，店頭でも発売3，4日前からティザーPOPが設置された。ティザー広告とは，最初に全てを明らかにしないことで客の興味を引く予告広告である。商品が存在しないにもかかわらず，POPをつけるということは異例であり，HDJと

第Ⅱ部　どうすればプレミアムを創造し，その価値を継続させることができるのか？

しても初めての試みであった。当然，小売店の理解なくして実現しないことであるが，流通発表会の効果により，うまく小売店を巻き込み，実現させている（JMR生活総合研究所 2007b）。

▼テレビCM

"ドルチェ"という新カテゴリーの誕生について，顧客の話題となるように，発売日4日前からティザー広告として，テレビCM "D's Ecstasy" が放映された（HDJ・ニュースレター 2007.5.25）。従来は発売5日後ぐらいから放映するのが一般的であった（JMR生活総合研究所 2007b）。CMの内容は "ミニカップ" の路線から外れるのではなく，よりプレミアムな方向に持っていくことを目指し，上質感のあるものとなっている（同上）。

・発売後のコミュニケーション

▼コンサート

"ドルチェ"の販売を記念した "Dolce Heavenly Concert" というユニークなイベントが開催された。贅沢なベッドや心地良いソファでゆったりとくつろぎながら，"ドルチェ"と上質な音楽を楽しむ "至福のベッドコンサート" で，5月8日～9日に著名なバイオリニストを招いて行われた（HDJ・ニュースレター 2007.5.25）。このイベントは，商品だけではなかなかパブリシティに載るのは難しいとの問題意識を踏まえ，今まで全く行われていない，目玉になるようなイベントが必要であるとの考えのもとに実施され，結果，テレビや新聞に大きく取り上げられた（JMR生活総合研究所 2007b）。

▼ハーゲンダッツショップとの連携

ハーゲンダッツショップにおける新メニューのデザートセレクションでは，テイストを "ドルチェ" と呼応させた「ティラミス」，「クレームブリュレ」が，"ドルチェ"発売と同時期に売り出されている（HDJ・ニュースレター 2007.5.25）。

・全社的対応

"ドルチェ"のマーケティングのプランニングは，「宣伝部が宣伝を担当して」というのではなくて，宣伝，マーケティング，開発，営業部門の広域量販担当などのメンバーによる複合的なプロジェクトチームにより，1年近くかけて，固められていった（JMR生活総合研究所 2007b）。このようにマーケティング

プランは部門横断的な取り組みにより決定されている。

　実際の展開においては，営業部門ではない総務や財務や経理までをも含む全社員が発売前日から当日にかけて全国に散らばり，売り場を飾りつけ，商品を並べた（同上）。まさに，社員の手による"一夜城"であり，営業経験のない社員にとっては，流通業者や消費者の声を直接聞くことができる機会となった（HDJ・ニュースレター 2007.5.25）。

　こうした活動により，"ドルチェ"にかけた思い入れがマーケティングや営業部門を超え，全社に波及し，社内的に盛り上がっている。また，当初より全社員を巻き込んで組織の勢いがつくれたことで，流通発表会やイベント，ティザー広告など新しい試みにも，最初からフルスピードで取り組むことができ，さらにこうした全社的な強い思い入れが流通業者にも伝わるなど，大きな効果をもたらしている（JMR生活総合研究所 2007b）。

（3）プレミアムの創造と継続

a.　プレミアムの創造

・**新規性**

　そもそもハーゲンダッツ自体が，当時の日本市場には存在しなかった高い乳脂肪含有率と低い空気含有率によるスーパープレミアムのカテゴリーに属するアイスクリームであり，新規性のあるプレミアム商品であった。

　また，"ドルチェ"は「素材の組み合わせなど，全体でつくり出す味わいを楽しめるデザート」をコンセプトとした全く新しいアイスクリームとなっている。

・**製品への徹底したこだわり**

　原料調達や製法など，時間や手間を惜しむことなく，徹底的にこだわり抜き，商品が開発されており，"ドルチェ"に3年，"クリスピーサンド"には7年の歳月が投入されている。また，ハーゲンダッツ・ジャパンR&Dセンターの設立もこうしたこだわりの表れの1つであると考えられる。

・**徹底した消費者ニーズへの対応**

　"ミニカップ"や"抹茶テイスト"をはじめ，日本の消費者ニーズに対応した製品開発が行われている。また，"ドルチェ"ではF1層にターゲットを絞り，

第Ⅱ部　どうすればプレミアムを創造し，その価値を継続させることができるのか？

リサーチを重ね，徹底的なニーズの把握と，そうしたニーズに応える製品開発が行われている。

・店舗戦略

　日本市場への参入に際し，日本のトレンドの最先端というイメージが強い青山に１号店をオープンさせ，単なる販売の場ではなく，重要な情報発信基地として店舗を活用している。

・広告戦略

　日本参入からしばらくはマス広告を一切行っていなかったが，その後，世界中のハーゲンダッツで初となるテレビCMを日本で実施している。ブランドの価値を情緒的価値と機能的価値とに大別したうえで，テレビCMでは情緒的価値を訴求し，一方，雑誌広告では機能的価値を訴求するという戦略は，ハーゲンダッツのイメージを向上させ，その後の売上拡大に大きく貢献している。

　また，"ドルチェ"では，発売前の流通発表会やティザー広告，発売後のイベントやハーゲンダッツ・ショップとの連携など，メディアミックスによるプロモーション戦略が積極的に展開されている。

・全社的対応

　"ドルチェ"のマーケティングプランは部門横断的な取り組みにより決定され，また発売時におけるプロモーションなどには全社員が関与し，全社レベルで商品への強い思いが生まれている。さらに，こうした思いは外部の流通業者にも波及している。

b.　プレミアムの継続

・ビジネスプロセス

　"ハーゲンダッツ・モーメント"を顧客に提供し続けるための商品企画，資材調達，生産，物流，販売という一連のビジネスプロセスが高いレベルで遵守されている。

・継続的なライン拡張

　発売時２種類であった"ドルチェ"のフレーバーは，その後，５種類に拡大している。そもそも，"ドルチェ"も全社的にはライン拡張の結果，誕生した商品である。また，"ミニカップ"などでは，毎年，春と秋には季節限定商品

を展開している。

・**店舗戦略**

東京・表参道にはパリのカフェのようなオープンテラス，大阪・戎橋には店内にメリーゴーランドを設置するなど，エンターテインメント性の高い，当時のトレンドをけん引するようなカフェを展開することで，情報を発信し続けている。

・**顧客との関係性を高める取り組み**

単なる楽しいイベントではなく，顧客との濃密なコミュニケーションが可能となる，コンテスト，講習会，出前講義など，消費者教育に通じ得る取り組みが行われている。また，早期より，顧客を組織化した会員制度が展開され，顧客との関係性を高める取り組みが行われている。

5.5. プレミアム・豆腐（豆太："豆太とうふ"）

　北海道に豆太という従業員20名程度の小さな食品メーカーがある。札幌市を中心に豆腐を主として販売しているが，驚くべきはその価格で一般の豆腐と比較するとおおよそ3倍の300円で販売されている。しかも，2000年に発売されてから，現在に至るまで好調に売れ続けている。

　「お宅の豆腐でなくても，どこでもいいんだよ」スーパーとの厳しい価格交渉の際に言われた，この言葉により，「他にはない豆腐を」と考えたのが始まりであった。

　いかにして，資金力も伝統もない小さなメーカーが300円という価格の豆腐を開発し，しかも好調な売上を維持させているのか？ 豆太の事例を通じて，プレミアムの価値と創造について考察する。調査においては，2010年3月15日（9：00～12：00），岡内宏樹社長への個別訪問面接調査を行い，さらに株式会

表5-15　豆腐・豆腐関連製品　上位20品

	メーカーおよび商品名	金額シェア(%)	平均価格(円)
1	タカノ　おかめ豆腐　絹　沖縄海水にがり100%　200GX2	1.2	104.5
2	男前豆腐店　男の3連チャン　充てん豆腐　80GX3	1.1	116.9
3	タカノ　おかめ豆腐　木綿　沖縄海水にがり100%　200GX2	1.1	103.4
4	男前豆腐店　オトシマエトウフ店　日本列島改造豆腐　冷奴　400G	0.8	97.0
5	さとの雪　とうふ家族　絹　80GX4	0.7	107.7
6	タカノ　おかめ豆腐　絹美人　150GX3	0.6	105.7
7	マック食品　油揚　5枚	0.6	87.2
8	伊賀屋　京豆苑　京あげ　大　1枚	0.5	108.6
9	丸文　もっちり絹厚揚げ　4枚	0.5	111.8
10	男前豆腐店　充填　絹ごし　カップ　3個　210G	0.5	87.8
11	大山豆腐　絹ごし　本にがり　280G	0.4	71.1
12	男前豆腐店　おかんの豆腐　400G	0.4	104.5
13	一正　三角がんも　4個	0.4	169.4
14	マック食品　しっかり食感　もめんとうふ　380G	0.4	78.9
15	マック食品　木綿とうふ　300G	0.4	48.8
16	横山　たっぷりがんも　2枚	0.4	103.0
17	横山　すしあげ　8個	0.4	93.0
18	相模屋　やわらか厚揚げ　4個　240G	0.4	106.6
19	横山　もめん豆腐　400G	0.4	59.1
20	京都タンパク　京禅庵　京都のふわふわスイート　とうふ　4個	0.4	170.1

出所：日経テレコン21・POS情報（アクセス日：2009.11.26）
（注）2009年10月

社豆太の工場において,実際の製造工程を確認している。

(1) 日本の豆腐市場

　日本の豆腐市場のトップ10を見ると,タカノの商品が3品目,男前豆腐店が3品目となっている (**表5-15**)。ただ,トップの"タカノ・おかめ豆腐・絹・沖縄海水にがり100％"でさえ,シェアは1.2％に過ぎない。価格については,日経テレコンのPOS情報によると,平均価格97.9円 (2009年10月) となっている。豆腐の大きさは様々で,また揚げなどの豆腐関連製品も含まれているため,正確な数字とはいえないが,トップ5の商品を見ても100円前後で販売されているため,日本の豆腐価格の目安とはなるであろう。

(2) 豆太："豆太とうふ"

a. 豆太とは

　豆太の前身となる岡内食品は昭和29年,札幌の地に設立され,創業以来,一貫して,こんにゃくの製造卸に特化した事業を展開してきた。しかし,若者の和食離れ,本州からのコンペティターの進出による価格の低下など,こんにゃくの市場環境は平成に入り,悪化の一途を辿ってきた。こうした環境の変化に対応するために,岡内食品は1998年に豆腐の製造卸企業であるカサハラ食品を買収し,豆腐事業に進出した。豆腐の流通は基本的にこんにゃくの流通と同じ経路である場合が多く,岡内食品の販売・物流網を有効に活用できると考えたからである。また,顧客に対して,幅広い商品のラインアップがあることも,他社との差別化において重要な要素となる。こうして展開された岡内食品の多角化戦略により,売上高は大幅に向上した。しかも,豆腐は日持ちしないため,本州の企業は北海道には積極的に進出せず,競争環境はそれほど厳しいものではなかった。しかしながら,その後,物流インフラが整備されるとともに,本州の企業は北海道における勢力を拡大させてきた。その結果,豆腐市場も,こんにゃく同様,低価格競争を中心とする厳しい状況となってきた。

　こうした利益を圧迫するほどの低価格競争が進行する状況において,岡内食品は,その打開策として,素材や製法にこだわった高級豆腐の開発に乗り出すこととなった。この高級豆腐は"豆太とうふ"と名づけられ2000年より販売さ

れ，専門に取り扱う企業として，同年，豆太（代表取締役社長　岡内宏樹）が立ち上げられた。

b．"豆太とうふ"誕生の背景

1998年にカサハラ食品を買収した後，"ほのぼの家族"というブランド名で，豆腐や揚げなどの豆腐関連製品を販売していた。豆腐の卸売価格35円，店頭の小売価格48円が基本で，セール時には3丁100円で販売されていた。いわゆる安売りの豆腐であり，会社としても価格を上げることより，数量を第一に徹底的な売上拡大に注力していた。その結果，1個当たりはまさに薄利であるが，全体ではある程度の利益をあげることができていた。

しかし，当時の取引先は安売りの個人商店が中心であり，大手小売業者が台頭してくる状況のなか，豆腐の売上は下降傾向であった。ボリュームを維持するためには，大手スーパーなどとの取引を拡大させねばならず，交渉を試みたものの，原価割れが生じるほどの価格要求があり，最後には「お宅の豆腐でなくても，どこでもいいんだよ」と言われる始末であった。実際，岡内食品の豆腐は何の特徴もない普通の豆腐であり，そう言われても仕方のない状況であった。

こうした状況において，流通業者に大きく依存するのではなく，自社から消費者への直販をメインとするビジネス・モデルを模索するようになる。一方，流通業者経由に関しては，強力な流通パワーを回避し，適正価格での取引が可能であり，また今後の成長が見込める業態ということで，自然食品の店をターゲットにした。

もともと，他社との差別化のため，最高においしい豆腐を北海道産大豆と天然にがりと天然水でつくろうと考えていたこともあり，自然食品の店とは，そういう意味でも相性が良かった。

1年間ほど，自然食品店を中心に，北海道産大豆と天然にがりによる豆腐の市場性についてリサーチし，「どういう商品なら消費者に喜ばれ，適正な価格で販売できるか？」ということを考え続けた。こうしたリサーチを行っている際，ある自然食品の店主から，「消泡剤を使わず，豆腐を作ってほしい」との要望があった。

消泡剤は，昔は灰や揚げなどを揚げた後の油などであったが，今はシリコンなどからつくられている。人体への影響に関して問題にはなっていないが，食品衛生法においてシリコン樹脂の使用量の上限が決められていることは事実である。とにかく消泡剤の不使用は人工的な添加物不使用というアピールにはなる。

こうして，北海道産大豆，天然にがり，天然水，消泡剤不使用による，「人工添加物ゼロで体に優しく，最高においしい豆腐」というコンセプトが誕生した。

c. 製品開発

豆腐の製造プロセスの概要を整理すると，まず，大豆を浸漬することから始まる。概ね夏場12時間，冬場は18時間となる。次に，それらの大豆を水洗いし，加水しながら破砕していく。こうしてできたものは"呉"と呼ばれ，窯で煮沸される。これらの工程はそれぞれ5分程度である。次に，絞り機により，豆乳とオカラに分離される。ちなみに需要の関係でオカラが商品となる割合は極めて少なく，大半は廃棄される。豆乳は凝固用の容器に移され，にがりが加えられる。その後，絹豆腐の場合，1時間程度かけて凝固・熟成させ，切断・水晒し・包装となる。さらに，その後，冷却のため，2時間程度，水に漬けられ，出荷となる。木綿豆腐の場合は，15分程度の凝固・熟成時間を経て，固まったものを一度壊し，木綿布が敷かれた型箱に移し，プレス機により20分程度かけて圧縮・脱水され，切断となる。

実際に，消泡剤を使わず，豆腐をつくることは非常に難しかった。消泡剤には，まず，すりつぶした大豆を煮る際の泡や煮えムラを防ぐ作用がある。煮えムラがあるとおいしい豆腐はできない。また，豆乳を煮た後にも泡が出ないというメリットもあった。泡があるとぶつぶつの豆腐になってしまうため，人の手で泡をつぶさなければならない。さらに，消泡剤には大豆の酸性を弱め，日持ちを長くさせる効果もあった。

そもそも，豆腐製造機械は消泡剤を入れることを前提につくられており，完全にセットになっていた。したがって，消泡剤の使用に誰も何の疑問も抱いておらず，消泡剤を使わないということは常識はずれの発想であった。岡内社長

は当時を振り返り,「まだ素人のような者だったから,素直にやってみようと思えた」と語っている。

　試行錯誤の日々が続いたが,なかなかうまくはいかなかった。そんなとき,豆腐製造機械メーカーからではなく,ボイラーメーカーの担当者から,消泡剤を使用せず,豆腐をつくれる釜を扱うメーカーが九州にあるとの情報を得た。こうした情報を正規の機械メーカーからのルートではなく,ボイラーメーカーから得られたことは,大変幸運だったと語っている。

　九州の釜メーカーに問い合わせたところ,実際にその釜を使用している,東京の有名な高級豆腐メーカー(300円程度の価格で販売)を紹介され,実際の製法や味を確認した。一般の釜と比較し,2倍程度の1,500万円の設備投資となるが,決断し,2000年に購入した。購入に際し,この商品をメインでやっていくという覚悟を決める意味もあり,㈱豆太を設立した。

　しかしながら,その釜を用いても,なかなか納得のいく製品はできなかった。一般の凝固剤(硫酸カルシウム化合物)ではなく,天然にがりを使用したこともあり,そもそも全く固まらなかった。気温にあわせ,大豆を水に浸す時間やにがりの量と入れるタイミングなどを試行錯誤する日々が続いた。

　最初の2〜3か月は36丁に1丁程度の歩留まりで,うまくできた製品があれば,1丁でも自然食品の店に持っていくという有様であった。しかしながら,こうした状況にもかかわらず,楽しみにしてくれる顧客が現れ始めた。商品はとにかく柔らかく,「なにもしていないのに溶けた」,「容器から出せず,スプーンで食べている」など,お客様から言われる日々が続く。ただ,そうした声はクレームではなく,エールであり,それほどとにかく味は最高であるという評価であった。しかしながら,結局,初年度の販売個数は600丁程度に過ぎなかった。それから,3年が過ぎ,やっと納得のいく豆腐が製造できるようになった。

　その後,主流だった安売りの豆腐である"ほのぼの家族"は2004年に製造を終了させ,まだ十分な売上にはなっていなかったが,"豆太とうふ"に一本化する決意を固めた。現在は1日1,000丁程度の販売数となっている。

第5章　プレミアム商品の実際：マス・プレミアム商品の事例研究

d.　製品

　原料は，大豆：北海道十勝産"オオソデフリ"，"キタムスメ"，ニガリ：伊豆大島産の"海精"，水：手稲山の伏流水である地下水だけでつくられており，人工添加物不使用の身体に安心な製品となっている。こうした最高の原料と試行錯誤を重ねた煮方の技術や特別な釜によって製品化が実現している。

　製品の特徴としては，甘さと柔らかさがあげられる。もともと，お菓子などに使用される大豆を使用しているため，糖質が高い分，タンパク質が低い。よって，柔らかくて甘い豆腐になる。また，凝固剤ではなく，天然ニガリを使用していることも柔らかさの要因となっている。

e.　パッケージ

　パッケージにおいても，"豆太とうふ"へのこだわりと覚悟がよく表れている。普通，豆腐のパッケージは横書きになっているが，豆太とうふの場合，縦書きである。縦書きにすると，商品を縦に並べなければならず，手間やスペースの問題で流通業者からは敬遠されるが，消費者にとっては一目でわかる差別化が実現している。また，通常，パッケージには，"木綿豆腐"や"絹豆腐"など，豆腐の種類が大きく表示されているが，"豆太とうふ"の場合，ブランド名である"豆太"が手書きの字体で大きく記載されている。こうしたブランド名は容器のフィルムにプリントしているのではなく，和紙のようなテイストのプラスティック・ペーパーに印刷してあり，そのペーパーを容器に巻いている（"豆太とうふ"「上」の場合）。ちなみに，プラスティック・ペーパーは和紙などと比較し，極めて高価な資材である。

　さらに，白い容器ではなく，透明の容器を採用している。白い容器の場合，例えば豆腐の角が欠けていてもわからない。透明の容器には，豆太の品質や安全への絶対的な自信と覚悟が表れている。さらに，消費者に「豆腐の色をよく見てほしい」というメッセージも込められており，「たかがパッケージ，されどパッケージ」と社長は語っている。このようにパッケージにおいても，消費者が明確に認識できるインパクト，差別化が実現している。

第Ⅱ部　どうすればプレミアムを創造し，その価値を継続させることができるのか？

f.　プライス

　"豆太とうふ"は店頭価格300円で発売された。すでに述べたPOSデータからもわかるとおり（表5-15），一般の豆腐の概ね3倍程度の価格となっている。この価格設定は，以前，釜購入に際して訪れた東京の有名な豆腐店が300円以上の商品を販売し，売上が12億円程度であったことを踏まえ，人口などを換算すると，札幌でも同程度の価格で1億円ぐらいの商売になるのではないかと考え，決定されている。また，実際，北海道産の大豆や天然ニガリを使うと300円というのは最低ラインの価格設定であった。

g.　プレイス

　流通に関しては，当初，消費者への宅配などに積極的に取り組んだものの，事業に見合うボリュームとはならず，現在ではGMSが主たる取引先となっている。また，以前では想像できないことであるが，高級百貨店との取引も実現している。しかも，豆太コーナーを設置してくれている店も少なくはない。さらに，値下げ要求は一切なく，どこの流通業者にも一律の卸値で取引が行われている。また，工場にて直販も行っているが，少ないボリュームながら，こちらも好調に推移している。

h.　プロモーション

　当然のことながら，マスメディアを利用した広告などは行われていない。しかしながら，販売開始3年目に取引銀行主催の商談会に商品を出品した際，地元の北海道新聞に取り上げられ，以後，他の新聞社やテレビ局やラジオ局などから，100を上回る取材依頼があり，非常に大型のパブリシティが実現している。
　ここまで大きく取り上げられた要因について，北海道産大豆の使用，新しい製法，安全な商品，パッケージのインパクトなどによるものではないかと社長は語っている。消費者からの反応においても，やはり地元である北海道産の大豆に対して安心であるとの声が多いようである。

i.　費用対効果

　まず，原料においては，現在使用している十勝産大豆は以前使用していたア

メリカ産大豆の2～3倍程度の価格になっている。また，そうした高価な大豆から従来よりも濃い豆乳を抽出している。天然にがりも，以前の凝固剤と比較し，10倍程度の価格となっている。このように原材料費においては，従来の5～6倍になっている。また，製造時間に関しては，従来の3倍程度となっており，当然人件費などに大きく跳ね返っている。機械設備に関しても，釜は従来の2倍の価格である。このように従来と比較し，かなりのコスト増となっている。しかしながら，店頭価格300円，卸値210円が維持できており，適正な利益を確保している。

j. 商品ラインアップの拡大

 1種類の豆腐で経営が成り立てば良いが，それは当初より困難であると判断しており，まず木綿と絹を発売した。その後，寄せ豆腐，厚揚げ，揚げなどをラインアップに加えていった。さらに，経営的問題や顧客の要望もあり，180円という豆太においては低価格帯となる豆腐のラインも加えた。300円のものとは異なる十勝産の大豆を用い，濃さもやや薄めになっている。パッケージも和紙のようなテイストのプラスチック・ペーパーを巻くのではなく，容器のフィルムに直接ブランド名などが印刷されている。また，本州からの商談に応えるために，防腐剤不使用のまま賞味期限を長期化させ，長距離輸送にも耐えられる"まるとうふ"を開発している。

 しかしながら，もちろん失敗も数多くある。例えば，そもそもニガリメーカーが廃業したために中断してしまったが，オール北海道産にこだわり，道産のにがりを使った店頭価格500円の豆腐はうまく立ち上げることができなかった。

 こうしたライン拡大はブランドイメージなどを考慮すると賛否両論に分かれるところではあろうが，店の売り場で豆太コーナーが設置されるなど，消費者への訴求や販売に対しては大きく貢献している。コーナーが設置されている店とそうでない店とでは，売上が大きく異なっている。

k. 差別化要因

 以前から，札幌でも200円代の豆腐は販売されていた。しかしながら，「300円という価格の豆腐は珍しく，インパクトはあったかもしれない」と岡内社長

は語っている。また，そうした割高な価格に対して，原料，品質，パッケージ，そして味などを中心に消費者を納得させるレベルを実現できていたことが立ち上がり時における成功の要因としてあげられる。さらに，一般消費者に加え，すすきのの料理人からも高い評価を得ている。

　模倣への対抗策に関して，当然，商標登録などは行っているが，それ以上に徹底的にこだわり，手間をかけてつくることが他社にとっては極めて模倣困難なポイントになっている。例えば，消泡剤を使わないため，豆乳の煮こみに手間をかけ，その後，泡取りの作業などを行う必要がある。また，糖分の多い大豆に固まり難い天然のニガリを用いるため，その日の温度にあわせた量やタイミングが求められる。できあがった製品は非常に柔らかく，壊れやすいため，丁寧に容器に詰めなければならない。さらに，高濃度の豆乳を用いているため，絞り機の詰まりが激しく，メンテナンスにも時間をとられる。こうしたことは全て手作業であるため，いくら資本力がある大手メーカーといえども，大量生産することは極めて難しい。さらに，そもそも消泡剤を使わず，豆腐をつくるためには機械などの設備を変更しなければならず，気軽な新製品投入という訳にはいかない。

　また，発売から10年を経た現在，"豆太とうふ"は北海道産大豆を用いた高級豆腐の老舗的存在であり，地元において愛着のある商品となっている。さらに，食べ物の特性として，一度親しんだ味のブランドスイッチは比較的起こり難いと考えられる。

(3) プレミアムの創造と継続

a. プレミアムの創造

　高級豆腐である，"豆太とうふ"の開発・販売に際し，その事業に特化した会社をつくり，さらに3年後には当時，売上の中心であった従来の低価格の豆腐事業を完全に終了させ，"豆太とうふ"に一本化している。つまり，単なる新製品という扱いではなく，退路を断った，社運をかけた事業という強い覚悟のもと，社長のリーダーシップにより，全社一丸で事業が行われている。

　もちろん，徹底的にこだわった商品が他と明確に差別化されていたということも大きな要因であろう。強い商品力により，大きな労力をかけることなく，

その後の流通やプロモーションが従属的にうまく回り，さらに消費者から高いロイヤリティを獲得することにつながっている。

　"豆太とうふ"の成功のポイントについて，岡内社長に改めて確認したところ，その第一声は「運が良かった」であった。もちろん謙遜しての言葉という側面もあろうが，例えば販売直後の売上低迷期に，取引先の銀行の支店長が商談会へ誘ってくれたり，また支店長自ら"豆太とうふ"をいろいろな取引先に紹介してくれたことは大きな励みになったと語っている。さらに，パッケージに用いているブランド名の手書きデザインは無償で書道家が書いてくれたものである。その後，この書道家には毎年，"豆太とうふ"をお歳暮代りに送っているそうである。また，釜メーカーを紹介してくれたボイラーメーカーの担当者や東京の老舗豆腐メーカーのスタッフからも無償で多大なる協力を得ている。こうしたことは「運が良かった」としか言いようがないとのことであった。確かに，ヒット商品が生まれる際に，よく「運が良かった」など，偶発的な要因があげられる。

　しかし，"豆太とうふ"の開発に関する，「素人だからできた」，「最初に，そろばんをはじくことは一切しなかった。そういう計算は後回しにして，とにかく最高のおいしい豆腐をつくることだけ考えた」との社長のコメントを聞くと，強い覚悟を持ち，真摯に本物を極めようとする姿勢に周りの人が共感し，協力してくれたと捉えるべきであろう。

b.　プレミアムの継続

　発売から10年を経た現在でも，順調な販売を維持している要因とは何であろうか？　広告は一切行っていない。しかしながら，すでに述べたように，徹底してこだわった商品に世間の注目が集まり，100以上の媒体に記事として取り上げられている。現在の消費者は洗練され，情報探索を主体的に行う傾向が強く，企業からの一方的な情報発信である広告よりも，お金では買えないパブリシティの方が価値あることは周知の事実である。

　また，商品の味や成分などは全く変えていないが，顧客の要望に対応し，製品ラインは拡大させてきている。しかしながら，あくまでもこだわりを持ってつくれる範囲であり，安売りとは無縁なレベルの価格帯における拡大である。

第Ⅱ部　どうすればプレミアムを創造し，その価値を継続させることができるのか？

これにより，店頭に豆太コーナーができ，消費者への訴求に成功している。また，製品の基本的な品質に対しては，「昔の方がおいしかった」との顧客の声もあり，開発当初のこだわりを忘れないことが全社的に共有されている。

　北海道では，春と秋は通常，豆腐の売上が落ちると言われているが，豆太は1年を通じて，売上に大きな変化はない。こうしたことからも，豆太のこだわりに対して，しっかりとしたロイヤリティを持つ顧客が存在していることがわかる。

　最後に，最も強調すべき点として，従業員のモチベーションの変化があげられる。以前は，極端なことを言えば，何時に出勤するかわからず，衛生管理も非常に低いレベルであった。社長が何を注意しようとも「どうせ安物だし」ということで，終わってしまっていた。当時を振り返り，「自身においても，そういう甘えがあったかもしれない」と岡内社長は語っている。

　しかし，"豆太とうふ"が地元を中心としたメディアで大きく取り上げられるようになり，「近所の人から，あの高級豆腐の豆太で働いているんですね」と声をかけられるようになってから，従業員の意識はパートも含め，完全に変わった。それまでは処理するように製造していたが，現在では高級豆腐に見合う品質となるようにお互いに注意し，さらに意見を出し合うようになってきており，こうした雰囲気は現在の当社の最も強みであると社長は語っている。一般に，中小メーカーの待遇は大手メーカーほど恵まれておらず，豆太も例外ではない。しかし，プレミアム商品である"豆太とうふ"により，従業員19名（正社員7名・パート12名）全員が極めて高いモチベーションを持つ組織となっている。

（4）インプリケーション

　豆太の事例は，大量の資金力を有する大手メーカーにしかプレミアム商品は創造できないという訳ではないことを物語っている。また，プレミアムの創造に際し，消費者にメッセージを伝えるための大量の広告投入が必須な訳ではないことも示している。

　社長のトップダウンのもと，ソロバンもはじかず，ひたすら最高のおいしい豆腐を目指し，社運をかけ，開発・販売している。実際の製造には，従来と比

較して，何倍もの手間がかかっている。こうした全ての行動のアウトプットとしての商品は他社商品と明確に差別化され，顧客から高いロイヤリティを獲得し，流通業者のパワーを回避させている。また，顧客からの高いロイヤリティは従業員に対しても大きく作用し，全社一丸となって，"豆太とうふ"を市場に送り出すことが実現している。

　こうした事態を考慮すれば，むしろ中小メーカーの方にプレミアム商品を生み出しやすい土壌があるとも言える。もちろん，充実した研究開発やマス広告を行う資金も人材も不足しているが，中小メーカーであるならば社長のトップダウンや全社的取り組みを大手メーカーより，はるかに実施しやすい。とりわけ，フルライン戦略により，数多くの商品を取り扱うトップメーカーと比較すると，全社的な1つの商品にかける思いという点では中小メーカーに分がある。よって，プレミアム商品の開発・販売は中小メーカーにとって，大手メーカーへの有効な競争戦略の1つになり得るであろう。

第Ⅱ部　どうすればプレミアムを創造し，その価値を継続させることができるのか？

5.6.　プレミアム・自動車（トヨタ自動車："レクサス"）

　米国では大衆車のイメージが強いトヨタ自動車が，1989年に始めたプレミアム・自動車事業であるレクサスは，1999年以降，米国においてトップブランドに君臨し続け，2005年8月には日本市場に参入している。

　本節では，まずレクサスがプレミアム・自動車の代表的な存在である，ベンツやBMWをはじめとするドイツ勢を抑え，米国市場で大いなる成功を収めた要因について考察する。次に，日本市場参入における製品開発やマーケティング戦略を分析する。とりわけ，レクサスの日本での事業展開においては"最高の商品"を"最高の販売・サービス"で提供することにより，"高級の本質"を追求し続けることが強調されており，こうした"最高"，"高級"の具現化に向けた取り組みを分析し，プレミアムの創造と継続要因について検討していく。

　調査においては，2010年3月18日（13：30～15：30）に名古屋市内のレクサス販売店に対する個別訪問面接調査を実施している。

（1）アメリカでの成功

```
・トヨタ自動車株式会社
　創立　1937年
　本社所在地　愛知県豊田市トヨタ町1
　代表取締役社長　豊田章男
　資本金　3,970億5千万円（2009年3月末現在）
　従業員数（連結）　320,808人（2009年3月末現在）
```

　レクサスは，トヨタ自動車が北米で1989年に立ち上げたプレミアム・自動車事業である。トヨタ自動車の概要は左のとおりである（トヨタ自動車・ホームページ）。

a.　レクサスの誕生

　1989年にアメリカ市場に投入された初代"LS"（セルシオ）は，日本車の概念を変えたと言われるほど，センセーショナルなデビューを飾った。この時のプロジェクトは，完全なるトップダウンであり，トヨタ中興の祖である豊田英二（当時会長）の「ベンツやBMWを超える世界最高車を作れ」との檄から開発が始まり，「日本市場を無視せよ」との声を反映し，ベンツを徹底的にベンチマークした開発が行われた（週刊東洋経済 2005.11.12, pp.28-53）。「マルFプロジェクト（Fはフラッグシップ）と呼ばれた"LS"開発計画は，トヨタの

第5章 プレミアム商品の実際：マス・プレミアム商品の事例研究

中でも異例の扱いを受け，豊田英二は原則として開発陣が使う資金を制限しなかった（同上）。

当時を振り返り，レクサスブランド企画室長の長尾明浩は，「（初代LSチーフエンジニアの鈴木一郎から非常に高い基準を与えられ）『金はオレがいくらでも用意してくるから，とにかくやれ』と。とにかく，いい車を出さなければこのプロジェクトはなくなる。『いいものができるまで出さない』と社長や会長に言われて，何度もクレイモデルを見せ，何度も作り直しました」と語っている（金子 2005, pp.216-217）。このように，"LS"の開発は，全社挙げてのプロジェクトで，とにかく今までにない車をつくるという覚悟で取り組まれている（JMR生活総合研究所 2007c）。

また，トヨタ車をつくっていたスタッフ（技術者やデザイナーなど）が急に高級車を開発できるのか？との声に対しては，「難しいことじゃありませんよ。レクサスを開発するに当たっては，数値で目標を設定すればいいのです。客観的な基準を定めて，それをクリアできるように努めればいい。メルセデスベンツだって，Aクラスからマイバッハまで取り揃えているのですから」と専務取締役の岡本一雄が述べていることは（金子 2005, p.26），大変興味深い。なぜなら，一般に高級車には長い歴史や伝統，高級なブランドイメージが重要であり，そのために広告などに注力しようとする傾向が強いが，まず品質を第一として数値に落としこみ，しっかりとつくりこんでいったという事実を表しているからである。

b. アメリカ市場における成功要因

アメリカ市場における成功要因としては，コストパフォーマンスとディーラーを中心とした販売力が指摘されている。

・コストパフォーマンス

"信頼"，"安心"，"コストパフォーマンスがいい"というイメージが強いトヨタブランドと，既にある高級ブランド，ベンツ，BMW等とのギャップが大きかったため，その間を狙っていくことがレクサスの戦略であった。すなわちベンツ，BMWよりもコストパフォーマンスの高い高級車の開発・販売である（JMR生活総合研究所 2007c）。具体的には，富裕層のマーケットを攻めるため

第Ⅱ部　どうすればプレミアムを創造し，その価値を継続させることができるのか？

に，競争相手をベンツ，BMWに定めて，機能や性能のパフォーマンスで勝っているハードとしての車を緻密に設計し，マーケティング戦略を練っている（同上）。

　その結果，発売されるや，初代"LS"は圧倒的な静粛性と信頼性，レベルの高いコストパフォーマンスにより，ライバルを圧倒し，その後も好調に推移していく（週刊東洋経済 2005.11.12, pp.28-53）。こうした躍進には，環境規制に後押しされ，トヨタの先進技術がインテリ層に受け入れられたことも追い風となった（JMR生活総合研究所 2007c）。この点に関連して，レクサスブランド企画室長・長尾明浩は「アメリカ人はフェアですから，ブランドなどにこだわらず，自分にとってバリューがあるものを躊躇なく選んでくれます。新参の量産車メーカーが造る，内容に比して破格に安い高級車でも受け入れてくれたわけです。従来の高級車像には合致しないLS400を評価してくれました」と述べている（金子 2005, p.93）。

　米国におけるレクサス購入者のデモグラフィックは**表5-16**のとおりである。

表5-16　米国におけるレクサスの購入層

モデル	RX330	ES300	LS430	IS300	GS300	SC430	LX470	GS430	GX470
（日本名）	ハリアー	ウィンダム	セルシオ	アルテッツァ	アリスト	ソアラ	ランドクルーザーシグナス	アリスト	ランドクルーザープラド
男性比率（%）	40	50	70	64	55	55	65	70	50-60
平均年齢（歳）	47	45-50	47-55	35-40	40-45	45-50	40-45	40-45	40-50
既婚者比率（%）	85	76	85	60	80	70	85	75	75-85
平均年収（万ドル）	12.5-15	11-12	20-25	10	12.5-15	25	22.5-25	15-20	15-21

出所：トヨタ資料（週刊東洋経済 2003.11.1, p.41）

・ディーラー

　レクサスの米国市場における成功について，ディーラーを中心とした販売力を指摘する声も多い。例えば，ミシガン州デトロイト郊外でレクサス店を経営するバロン・ミードは，レクサス成功の要因として，故障が少ないこと，ディーラーのサービスが良いことの2点をあげている（週刊東洋経済 2003.11.1, pp.40-41）。ミードのディーラーでは，顧客が夜，修理に持ち込んだ車を深夜

第5章　プレミアム商品の実際：マス・プレミアム商品の事例研究

に直し，翌朝，専門の運転手が自宅まで送り届けるサービスを提供している。この点に関連し，米国トヨタ販売（TMS）のデニス・クレメンツ副社長（レクサス担当）は「米国では高級車の定義が以前と変わった。外見が豪華なことよりも，無駄な時間を節約できることが高級車に求められている」と述べている（同上）。ちなみに，JDパワーの調査でも品質やアフターサービスの満足度で連続して1位を獲得し続けている。

　さらに，JDパワーのパートナーであるジョセフ・アイバーズは「レクサスの成功はディーラー戦略の成功と言い換えても過言ではない」と述べている（フォーブス 2004.10, pp.99-101）。レクサスでは，ディーラー1店舗当たりの販売台数を増やすために，ディーラー数を最小限に抑え，モデルの売れ行きが鈍っても，他のメーカーのように定価を引き下げたり，ディーラー側の負担を増やしてマージンを減らすようなことはしない。また，「在庫を少なく保つことで，短期的な販売は犠牲になる。しかし一方で，在庫処理に追われたディーラーの強引な売り込みで客足が遠のく恐れがなく，長期的な販売は逆に上向く」とのデニス・クレメンツ副社長のコメント（同上）や，年に4～5回，ディーラーとのミーティングを持ち，不満があるかどうか意見を求める機会を整備していることからも，メーカーがディーラーとの長期的な関係性構築に精力的に取り組んでいることがわかる。

　こうした結果，2003年には1店舗当たり平均1,280台（1台当たりの価格平均470万円）を販売し，平均約60億円の売上を記録している。レクサスのディーラーが手にする1台当たりの平均利益は38万5千円と，量販型高級ブランドの中でも特に高い（同上）。

　このような潤沢な利益を得ているからこそ，レクサスディーラーは店舗を豪華に改装できるし，通常の2倍の販売マージン（一般ブランドの場合，販売員の平均マージンは1台当たり4万4千円だが，レクサスは8万8千円）を提供して，優秀な販売員を集めることもできる。さらに代車提供や無料洗車といったサービスができるのも，豊かな財力による（同上）。また，殺伐としたディーラーが多い米国市場において，レクサス販売網のアットホームで質の高いサービスは歓迎されており（週刊東洋経済 2005.11.12, pp.28-53），こうしたこともレクサスの好調な販売を支える要因となっている。

第Ⅱ部　どうすればプレミアムを創造し，その価値を継続させることができるのか？

(2) 日本市場での展開

a.　日本市場への参入

・参入の概要

　2004年5月26日のニュースリリースで，トヨタ自動車は2005年8月にレクサスブランドを国内に導入すると発表した（レクサス・ニュースリリース2004.5.26）。競争環境が一層激しさを増す高級車市場で，従来以上に個性やプレミアム感を重視するお客様の拡大に対応する21世紀の新しいグローバルプレミアムブランドを目指すとしている。具体的な内容は以下のとおりとなっている。

▼開発から販売まで，トヨタブランドと切り離したレクサスブランド専任組織で取り組む。

▼商品は，"LS"，"GS"，"IS"，"SC"の4車種を開業後1年以内に投入。

▼販売目標は，当面年間5～6万台。

▼店舗ネットワークは，180店舗。
（店舗は新車・サービス・U-Car機能を有したレクサスブランドの専売店舗とし，独立のネットワークを新規に構築）

▼レクサス販売会社数は，109社。
（107社は，既存の国内トヨタ車両販売店。2社は，国内トヨタ車両販売店以外。）

▼販売店のスタッフは，レクサスの思想を共有し，実践できる人を採用。

▼レクサス専用研修施設を富士スピードウェイ内に開設し，教育・研修を実施。

　また，レクサスでは，お客様第一主義を基本に，"最高の商品"を"最高の販売・サービス"で提供することにより，"高級の本質"を追求し続けることが強調されている。"最高の販売・サービス"については，以下のとおり，店舗，人，サービス・おもてなしの全てにおいて，一貫して行うとしている。

▼店舗："高級感"と"お客様中心"の店舗づくり
　　－統一した店舗デザインの採用
　　－店舗ファシリティ基準の設定

▼人：レクサスの思想を共有し，実践できる人の採用
　－レクサス専用研修施設を富士スピードウェイ内に開設し，教育・研修に注力
▼サービス・おもてなし：販売・サービスの全てのプロセスで安心と満足を提供
　－クルマ選び：顧客1人ひとりが最適な車を選べるように，全店舗に展示車，試乗車を設置
　　　　　　　：高級車にふさわしいオプション・仕様の設定
　－購入時　　：顧客ごとに最適なプランを提案する金融・保険プログラム
　－購入後　　：365日24時間対応のレクサス専用カスタマーセンター
　　　　　　　：24時間対応の緊急サポート体制
　　　　　　　：最新のIT技術を活用したテレマティクスによるカスタマーサポート

・参入の背景

　米国と日本国内でレクサスを同時に立ち上げるのは見送り，日本では例えばレクサス"LS"をトヨタ"セルシオ"というようにトヨタブランドとして既存の流通網で販売してきた。トヨタブランドでも，"セルシオ"は高価格帯で販売ボリュームが確保でき，また商品ブランドとしても高いイメージが形成されたが，"セルシオ"よりも低価格な"アリスト"（"GS"），"アルテッツァ"（"IS"）等については，立ち上り時はそこそこの販売ボリュームを確保できたが，徐々に減衰している状況であった（JMR生活総合研究所 2007c）。

　しかし，国内乗用車市場が停滞気味のなか，プレミアム市場（トヨタでは「車の大きさの割に価格の高い車のマーケット」と定義）だけは，プラス成長している。トヨタはシェア4割超という強い販売力を持っているが，プレミアム市場はまだまだカバーしきれていない状況であった（Wisdom 2008.4.7）。この市場は圧倒的に輸入車が中心であり，また，主たる購買層の年齢は40代～50代となっており，トヨタの高級車購入層よりも相対的に低い状況であった。こうした層を取り込むためにトヨタとは全く切り離した，レクサスブランドを国内に導入することとなった（JMR生活総合研究所 2007c）。

　また，少子化傾向に加え，最近では運転免許取得率も減ってきており，ただ

第Ⅱ部 どうすればプレミアムを創造し，その価値を継続させることができるのか？

でさえ限られたパイの中でのマーケットの縮小傾向への対応として，1台当たりの単価，利益を増やす戦略という意味もあった（Wisdom 2008.4.7）。こうした状況を踏まえ，ブランドの浸透には時間がかかるため，早く立ち上げる必要があった。このようにレクサスブランドは，単に現状の問題解決だけではなくて，将来に向けてのビジョンが強く出て立ち上がったブランドとなっている（JMR生活総合研究所 2007c）。

また，「グローバルに情報が行き交う中で，真のプレミアムブランドと認められるためには，グローバルにプレミアムブランドとして成功していないとだめだということも全社的にありました。そうした背景からレクサスの立ち上がり時のミッションは『トヨタブランドとは違う，新しいプレミアムブランドだと認識してもらうこと』ということがはっきりしていたのです。」との丸田善久（レクサス国内営業部営業室室長）のコメントからもわかるとおり（同上），グローバル化社会への対応という点についても，考慮されている。

さらに，グローバルにプレミアムブランドとして成功することに関しては，今後，進展してくるであろう新興メーカーへの対抗という側面もある。例えば，「ハード面だけでダントツ品質だと言っていたら，そのうち韓国メーカーなどにやられる。同時にブランドイメージも上げていく作業をしなければ。ブランドはものすごく効果の大きいものでありながら，トヨタはこれまで手をつけていなかった」と長尾明浩（レクサスブランド企画室長）はコメントしている（週刊東洋経済 2005.11.12, pp.28-53）。

b. 製品開発
・取り組み体制

　トヨタ自動車はレクサスを事業ブランドとして明確に打ちたて，トヨタ・ブランドと分離させている。開発陣はトヨタの開発センターと分かれ，レクサスセンターとして別組織化され，事業収益も別建てとなっている（Wisdom 2008.4.7）。この点に関して，長尾明浩（レクサスブランド企画室長）は「作り手としてレクサスとトヨタのあいまいな境界線をリセットし，両者を乖離させる。経営効率上は両社は絶対分けない方が良い。だが，われわれはあえて逆の山を登る」とコメントしている（週刊東洋経済 2005.11.12, pp.28-53）。

第5章　プレミアム商品の実際：マス・プレミアム商品の事例研究

　レクサスセンターは，新車開発のためにトヨタ中のエキスパートをかき集め，千数百人もの独立部隊となっている。トヨタでは通常，ボディ設計やシャシー設計など機能別にフロアや机の島が分かれているが，レクサスセンターは完全なる大部屋制で，ホンダ的な"ワイガヤ"の雰囲気となっている（同上）。

・**商品哲学**
　2005年7月26日，レクサスが日本市場に投入する"GS"，"SC"，"IS"が発表された（レクサス・ニュースリリース 2005.7.26）。
　"最高の商品"の提供のために，商品開発においては，レクサス独自のデザインフィロソフィ"L-finesse"（エル・フィネス）を掲げるとともに，全てのレクサス車に共通する，5つの開発キーワード"I.D.E.A.L."（アイディアル）を定めている。
　また，数値性能から感性品質に至る約500項目に及ぶレクサス独自の商品化基準"レクサスMUSTs"（マスツ）にそって，プレミアムブランドにふさわしい卓越した商品性とレクサスブランドとしての統一性，独自の魅力の付与を追求している。

▼ "L-finesse"
　"L-finesse"（エル・フィネス）とは，レクサス独自のデザインフィロソフィであり，Leading-Edge（先鋭）とFinesse（精妙）を組み合わせた造語である。「先鋭－精妙の美」を意味する。Incisive Simplicity, Intriguing Elegance, Seamless Anticipationという3つの構成要素からなる。

　－Incisive Simplicity："純"
　単に要素を削減するのではなく，本当に必要な要素の純度を鋭敏なまで高めた大胆な強さを持つ。

　－Intriguing Elegance："妙"
　華飾や伝統に頼らず，相反する要素を，高次元で二律双生させることによって醸し出される深みのあるエレガンス。

　－Seamless Anticipation："予"
　ユーザーの気持ちを絶えず先取りすることにより，モノの形を超えた経験をデザインに織り込むこと。日本のもてなしの心にも通じる要素。
（レクサス・ホームページ）

第Ⅱ部　どうすればプレミアムを創造し，その価値を継続させることができるのか？

▼ "I.D.E.A.L."

"I.D.E.A.L."とは，全てのレクサス車にブランドとしての統一性と独自の魅力を付与するための開発思想であり，"Impressive：印象"，"Dynamic：動的"，"Elegant：優雅"，"Advanced：先進"，"Lasting：普遍価値"という5つの要素からなる（レクサス・ホームページ）。

日本市場に投入されているモデルは**表5-17**のとおり，6モデルである（2010年1月25日現在）。最も低価格である"IS"でさえ400万円，最上級の"LS"は1,500万円とまさに高級車と呼ぶべき価格帯となっている。ちなみに，内外装の色やオプション類などでは多くの選択肢があり，そこから自分の好みにあわせて選ぶ，オーダーメイドシステムとなっている（日経ビジネス 2005.11.28, pp.30-45）。

表5-17　日本市場に投入されているレクサス・モデル（2009年末）

モデル	価格（千円）
LS	7,960～15,500
GS	5,520～7,970
HS	3,950～5,350
IS	3,920～7,800
SC	7,100
RX	4,600～6,500
LFA（限定車）（2010年末）	37,500

出所：レクサス・ホームページ（アクセス日：2010.1.25）

さらに，2010年末には，2シーターのスポーツタイプのLFAが全世界で限定500台で発売される。レクサス・ニュースリリース（2009.10.21）によると，「LFAは，LEXUSブランドのプレミアムスポーツを示す"F"の頂点に立つクルマとして，運転する楽しさがもたらす感動・官能を極限まで追求し，ドライバーの意思にしっかりクルマが反応することで生まれる一体感に加え，限界領域でのクルマの安定感が醸し出す懐の深さなど，LEXUSのエモーショナルな世界を広げる非日常的な性能を高い次元で実現している。」となっている。注目すべきは価格であり，375,000ドル程度（国内でのメーカー希望小売価格は3,750万円程度）という極めて高価格な設定となっている。しかしながら，筆者が実施した販売店へのヒアリングによると，好評につき，抽選により，購入者決定となるようである。

・**商品開発**

▼コンセプト

レクサスに対して，トヨタ自動車は"最高の商品"，"最高の品質"という言

葉を強調している。こうした"最高"の創出について，まず商品開発の視点より，考察していく。

　元レクサスセンター長である吉田健は，「決して従来のプレミアムブランドのフォロワーにならないために，考えられるすべてにチャレンジしてきました。……最高の技術には近道がなく，ただあるのは高い目標に少しでも近づこうという情熱である，との思いからです。トヨタの技術陣は20年先，50年先を見据えたモノづくりに挑戦しています。将来の，次の世代のため，今できることは何か，我々はレクサスというブランドを通して問い続けていきます。」と語っている（吉田 2007）。

　また，レクサスのコンセプトにおいては"二律双生"という考え方が強調されている。例えば，パワーと燃費，スピードと静粛性かつ低エミッションなど，相反するものを融合していく考え方であり，またデザインでもいたるところに直線と曲面を組み合わせたものが存在している（Wisdom 2008.4.7）。

▼商品開発

　実際の開発現場においては，例えば，レクサスボデー設計では設計者1人ひとりが開発に先立ち，自分の設計する部品への思いを宣言し，開発の期間を通して，それぞれを現実のものに落とし込んでいく活動も進められており，開発部門および各設計者の高いモチベーションが確認できる。

　車の品質を広義に捉えると，"信頼性・ばらつき品質"，"感性品質"，"性能品質"の3つに分類でき，レクサスではこれら3つの品質に関して，以下のとおり，徹底したこだわりのもと，開発が進められている（原田 2007）。

"信頼性・ばらつき品質"：最もベーシックなレベルでの品質
　具体例として，以下の点があげられる。
－インパネ（インストルメントパネル）建付け
　　例えば，レクサス"LS"では，インパネとドアトリムの左右の見栄え品質を向上させるため，1台1台のボデーとインパネの精度を測定し，それぞれのデータを照合することにより，信頼性の高いレクサス品質を実現させている。

第Ⅱ部　どうすればプレミアムを創造し，その価値を継続させることができるのか？

"感性品質"：ユーザーに"やすらぎ"をもたらす

具体例として，以下の点があげられる．

- ドアガラスの昇降

　　"LS"では，ユーザーが日常よく使うドアガラスの昇降においてもこだわっている．ドアガラスが開くまたは閉じる際に，開け始め（閉じ始め）と閉じ切り（開け切り）付近での速度を電子制御によりスローにし，襖を開閉するときの上品さを表現している（スロースタート・スロースタップ）．

- メータ照度コントロール

　　"GS"のメータは上質感を演出するため，文字盤に本物のアルミ金属を用いている．メータの文字盤に金属を用いることは世界でも類を見ない初の試みであった．ところがこのメータは金属板に太陽光が反射し，その視認性を損なうのみならず，運転にも支障をきたす恐れがあるという弱点も持ち合わせていた．この解決策となったのが，「メータに当たる光の眩しさをセンサーで感知し，メータガラスの濃さを変える」という技術である．メータに差し込む太陽光の角度・強さのデータを測定し，常に最適なメータの視認性をドライバーの手を借りず，気づかれずに提供する．

- 酸素富化システム

　　"LS"に搭載した車内の空気質を高めるための新技術である．市街地走行など，内気循環で空調を使用する場合，条件によっては車室内の酸素濃度が徐々に低下する傾向となる．よって，酸素濃度を維持するため，後席後方のパッケージトレイ部分から車室内に新鮮な一定量の酸素（森の木に換算して11本分）を供給する装置がラッゲージ内に設置されている．

"性能品質"："ときめき"を感じる新技術

具体例として，以下の点があげられる．

- VDIM（ブレーキ制御・駆動力制御・ステアリング制御を統合した新たな車両運動制御の考え方）

　　従来のブレーキ制御（ABS・VSC），駆動力制御（TRC）といった独立した機能の組み合わせに対して，これらのシステムを統合し，さらに協調してステアリング制御・サスペンション制御を行うことで，車両の「走る・曲が

る・止まる」の卓越した運動性能を確保するものがVDIMである。これまで車両は限界付近で制御を開始していたが，VDIMでは限界に至る前から制御を開始し，スムーズな車両挙動となる。VDIMはレクサスの基本性能と組み合わされ，運転の楽しみと安心感を高いレベルで実現している。
－プリクラッシュセーフティ

　プリクラッシュセーフティ（PCS）は"衝突予知"という概念を取り入れ，予防安全と衝突安全を融合させた新しい安全技術である。特に"LS"では全方位対応への進化の一環として，後方対応のPCSを世界で初めて開発・採用している。これは，衝突の危険があるとハザードを点灯させ，後方車両に注意を促すというものである。さらに衝突前にヘッドレストを適切な位置まで移動させ，鞭打ちの障害の低減に役立つ機能もある。
－リアシートリラクゼーションシステム

　"LS"に搭載されている"究極のおもてなし"の1つである，リアシートリラクゼーションシステムでは，肩，腰部に設置した合計8個のエア一袋への吸排気による押圧と，腰部に設置したバイブレーターによるマッサージ機能が実現しており，車室内に快適な移動空間をつくり上げている。

　"感性品質"に関しては，デザインの側面からも注力されている。"最高の時間"を具現化する感性品質への取り組みとして，視覚，触覚，感覚という3つの感覚に訴える質感表現が追求されている（松本・中村・柴田 2007）。
－視覚に訴える質感表現

　一目見て感じる第一印象は大切だが，車という高速で長時間移動する乗り物のデザインは安全・快適性への配慮が必要であり，新しさ・美しさと同時に，使いやすさ・わかりやすさを備えたデザイン開発が求められ，ボディサーフェスやメーターデザインなど，様々な部分で具現化されている。
－触覚に訴える質感表現

　車には多くの機能部品があるが，直接触れて操作する部位のデザインについては，機械の都合を押し付けるのではなく，車と意思が通じるような，操作のしやすさを徹底的に研究したデザインが追及されている。また，それらを日本的美意識に基づき，非常にシンプルな表現に先鋭化することを目指し

ている。例えば、ドアハンドルなど、握って操作する機能部品のデザインは、表面のデザインを追求するだけでなく、その裏面もそれぞれの機能の違いにあわせた握りやすい断面を追及している。

－感覚に訴える質感表現

外観と比べてはるかに人が関わる機会の多い内装は美しさのみならず、心からリラックスできる空間が必要となる。車という限られた空間では、実質的な空間だけでなく、いかに広く、心地よく、快適に感じるかといった"感じる空間"と、"高速域まで移動する空間"ということを認識したうえで具体的なデザインが追求されている。

c. 生産管理

"最高の品質"を維持するために、工場においても徹底した取り組みが行われている。

・"LPEACE"

レクサス開発思想の"I.D.E.A.L."とデザイン思想の"L-finesse"を受け、生産技術と生産のキーワードをバラツキ半減と工芸品の感性品質に分解し、レクサス生産のコンセプトを「バラツキメカニズムの解析」→「バラツキ抑制技術、感性品質のつくりこみ技能」としている。これらを具体化するために、レクサス生産哲学"LPEACE"（LEXUS Production Engineering Advancement & Craftsmanship Evolution）がつくられている（中村・口中道・奥山・関・西崎・藤田 2007）。

"LPEACE"の2本柱は、"データによるモノづくり"（バラツキ半減）と"匠の技の研ぎ澄まし"（工芸品の感性品質）である。高精度かつバラツキを抑制する"大量工業製品"と感性領域にまで訴える"工芸品レベルの品質"との相矛盾するものを二律双生させるために、最終的には匠の技の自動化にもチャレンジしていくことを目標に掲げている。2003年の生産コンセプトづくりに始まり、2006年"LS460"での全面導入に向け、設計・生産技術・工場一体で構築されてきた（同上）。

"LPEACE"は、"データによるモノづくり"では、デジタル技術と最先端ロボット技術を活用し、"匠の技"では、いわゆる神の手ともいうべき微調整

能力と人間のみが持つことのできる美的センスや五感を最大限に活かしていくことを目指している。"データによるモノづくり"の事例としては，例えば，塗装工程のボデーとバンパーの色合わせ向上があげられる。塗装工程では従来，こういった観点での技術がなく，大変苦慮していた。車両本体とバンパーの合わせ部付近に色の差があると目立ちやすい。車両本体とバンパーの色を合わせるためには，おのおのの工程で色を設計値どおりに管理する必要があるが，従来は色の管理を目視でチェックしていた。"データによるモノづくり"では，測定器を使って色を測り，デジタルデータ化し，双方の色データが設計値どおりにできているかをチェックする。さらに色の照合をリアルタイムに実施し，組みつけ前に色をマッチングさせている（同上）。

・**レクサス匠制度**

レクサス生産哲学である"LPEACE"を具現化するためには，"データによるモノづくり"に加え，"匠の技の研ぎ澄まし"がキーワードとなっている。以下，"匠の技"を育成するレクサス匠制度について検討する。

まず，レクサス匠制度における実技能修得では，基本技能の修得にくわえ，ベテランの暗黙知，つまりカンやコツをも素早く修得する方法を確立するとともに感性技能修得の領域にまで踏み込んでいる（中村・口中道・奥山・関・西崎・藤田 2007）。具体例として，基本技能を修得するために基礎技能評価と苦手作業の訓練を効率的に行える"技能道場"を建設し，またベテランのカンやコツを効率よく学ぶためのPCマニュアルも完備している。感性技能の修得では，部品を平行に組み付けるなどの五感を養う訓練を新たに追加している。また，レクサスマインド教育というものも行われており，ブランドの意味を作業者全員にしっかり理解させるため，レクサスブランドとは何か？ ということから学ぶカリキュラムになっている。

レクサス匠制度の運営に関しては，より円滑に人の技能と知識を維持・向上させるために"技能師"という各職場のベテランを工場で10名，またそれを補佐する"技能師補"を41名任命している（同上）。この"技能師"と"技能師補"が「全技能者が標準作業を理解し，そのとおりの作業を行っているかどうか」の監査を行っている。技能認定は要素作業ごとに行われ，認定はチーフリーダーやグループリーダーが行う。技能の認定を受けた作業者にはレクサス1級か

第Ⅱ部　どうすればプレミアムを創造し，その価値を継続させることができるのか？

ら3級の資格が付与され，レクサスラインに従事できる。田原工場には約300名の"レクサス技能者"がいる。各級資格者が行える作業範囲は以下のとおりである。
・レクサス1級：グループ内全行程作業ができる
・レクサス2級：グループ内3行程作業ができる
・レクサス3級：グループ内自行程作業ができる

　こうしたレクサスの品質へのこだわりは随所に見られる。例えば，塗装工程だけを見ても，一般の車では3～4回塗が多いが，レクサスでは光沢を出すために6回の重ね塗りが行われている（日経ビジネス 2007.8.6・13, pp.70-73）。また，検査においても，ある外装材同士の隙間は1mmにおさえることになっている。検査員は手袋をしてても，触っただけで0.1mmのズレがわかり，隙間が1.1mmを超えるとラインの担当者に注意を促し，1.2mmに拡大すれば手直しを求めている。検査項目は一般の車の1.5倍で，組立て工程だけでも，600項目に及ぶ（日経ビジネス 2005.11.28, pp.30-45）。
　こうした徹底ぶりはサプライヤーにも波及し，例えばレクサスにシートを供給しているトヨタ紡織はレクサス専用ラインを設けている。「最初はここまでやるのかという疑問もあった。だがレクサスのためならば，後には引けない」とトヨタ紡織の豊田周平副社長はコメントしている（同上）。

d.　マーケティング
　レクサスは，"最高の販売・サービス"を行うにあたって，人材・店舗・おもてなしが重要な要素であると強調している（レクサス・ニュースリリース 2005.5.19）。こうした点を中心に，レクサスの日本におけるマーケティング戦略について検討する。

・店舗
　国内販売網に関して，2,000億円を投じ，超豪華なショールームを一気に143店，新設している（週刊東洋経済 2005.11.12, pp.28-53）。店舗については，レクサスならではの高級感はもとより，顧客中心の考えを徹底的に追求し，全ての顧客にいつでも，同じ印象と質の高いおもてなしを提供するために，外観・

第5章　プレミアム商品の実際：マス・プレミアム商品の事例研究

内装のデザインおよび機能を統一し，全国に展開している（レクサス・ニュースリリース 2005.5.19）。

　109社の販売店と個別調整のうえで143もの店舗を同時にオープンし，しかも全国でイメージ統一したオリジナルのデザインにするという，前代未聞の前提条件があるプロジェクトをスムーズに進めるためには，店舗の基準をつくっておくなど，設計面での生産性を高める必要があった（日経アーキテクチュア 2006.2.13, pp.28-35）。そのために，設計段階に入る前に開発段階というプロセスを置き，プロジェクトの進め方を検証している。具体的には，トヨタ自動車国内マーケティング部のもとに日建設計などが加わってプロジェクトチームを構成し，開発と設計を行っている。143店舗の設計は，設計共同体を中心に総勢約370人が3カ月かけて実施している（同上）。

　栃木トヨペットが運営する「レクサス宇都宮南」を例にとり，こうして完成したレクサスの店舗を既存のトヨタ系販売店と比較すると，まず，のぼりやポスターが目立つ既存の店舗とは趣が異なり，迎える，見せる，くつろぐ，を基本に設計され，和の要素も取り入れられている（同上）。総合受付は，従来の店舗では事務所からつながっていることが多かったが，顧客の導線が短くなることを配慮し，レクサス販売店では独立させ，エントランス付近ではあるが，正面は避けて配置されている。また，従来の店舗では，従業員の導線を効率良くするために，建物の中央に事務所を置くことが多かったが，レクサス販売店では顧客向けラウンジを中央部に配置している。商談スペースはセミプライベートな雰囲気があり，VIPルームも設置されている。

　こうした高級感が溢れる店舗に対して，レクサス宇都宮南を運営する栃木トヨペットの吹石欣也取締役は，「既存の店舗よりも建築費はかかったが，外国高級車と対等に戦うためのイメージ戦略として納得できるものになった」と語っている（同上）。また，名古屋市のレクサス昭和を運営する愛知トヨタ自動車・総合企画部次長の森田康夫は，「今まで600万円を超える高級車は訪問販売が多く，顧客も固定化していた。レクサスのような車のランクに見合う店舗を今回新たに構えたことは潜在的なターゲット層へのアピールにもなり，新たな顧客の呼び込みにつながると思う。」（同上）とコメントしており，店舗に対して，高い満足度と大きな販売への貢献が期待されていることがわかる。

第Ⅱ部　どうすればプレミアムを創造し，その価値を継続させることができるのか？

　しかしながら，レクサス店には先行投資のコストが重くのしかかることも事実である（表5-18）。最低でも800坪の敷地面積を必要とし（既存店は約500坪），建築費だけでも7億円（既存店3億円），なかには10億円を超える店舗もある。もちろん，これを全額負担するのは販売会社であり，40年償却のため，建築費の減価償却費は年間1,750万円となり，年間総コストは3億6千万円にものぼる（週刊東洋経済 2005.11.12, pp.28-53）。こうした初期投資に対して，レクサス国内営業部の西山均常務役員は「全国で年間6万台，1店舗300台程度が損益分岐点の目安になる」とコメントしている（日経ビジネス 2005.11.28, pp.30-45）。全国約5,000店舗のトヨタ系販売店では，単価の低いコンパクトカーの台頭や値引き販売の恒常化が収益を圧迫しており，その影響で営業利益率が2％程度まで落ち込んでいると見られる（週刊東洋経済 2005.11.12, pp.28-53）。こうした事情もあり，投資額は大きいものの，さらなる発展を目指し，販売会社はレクサスに取り組んでいるのであろう。

表5-18　レクサス店とトヨタ系販売店の一店舗当たりの収益構造比較（首都圏モデル）

	レクサス店	トヨタ系販売店
建築費用	7億円以上	3億円以上
敷地の大きさ	800〜1,000坪	500〜700坪
1か月に売る台数	約50台（採算ライン）	約30台（実績）
1台当たりの平均販売単価	@400万〜600万円	@170万〜300万円
粗利益率	13〜15％	16〜17％
中古車販売	当面なし	あり
サービス収入（車検・整備など）	当面なし	あり
報奨金	なし	あり
店舗の年間運営コスト	約3億6,000万円	約2億円
建物の減価償却費	1,750万円	750万円
従業員数	15〜25人	15〜25人

出所：週刊東洋経済（2005.11.12）pp.48-49

　こうした店舗への注力はさらに加速している。例えば，埼玉トヨペットが運営するレクサスさいたま新都心店では，商談室の1つがレクサスのオーナー限定のネイルサロンになっている。また，店舗の向かいにあるゴルフ練習場と提携し，平日には2時間までのボール代を無料にするサービスを提供している。埼玉トヨペットの平沼貴之レクサス事業責任者は「これまでのディーラーは，お店に来てもやることのない場所だった。お客様にはお出掛けのきっかけを作らないといけない」と述べている（週刊東洋経済 2008.8.30, p.38）。

第5章　プレミアム商品の実際：マス・プレミアム商品の事例研究

　また，一層のブランド認知度向上を目的とし，2008年10月10日，レクサス直営ショールームとして全国で4か所目となる"レクサスインターナショナルギャラリー青山"を，トレンドの発信地として様々な業種のプレミアムブランドが集結する東京・青山にオープンしている（レクサス・ニュースリリース 2008.9.24）。店舗の特徴としては，間接音響・音ビーム化等の要素技術を統合した音環境デザイン（ヤマハ製）を採用することにより，都心のショールームであることを忘れさせ，あたかも自然の中にいるような心地良い音響演出がなされている。また，世界の主要モーターショーに出品したコンセプトカーを展示するほか，同エリアに多く居住する外国人向けの新サービスとして，英語を中心とした外国語対応スタッフによるレクサスの商品説明・試乗などの購入サポートに加え，日本の交通法規・免許取得および首都圏周辺のドライブ情報など，車両保有に関する一般的な情報も提供されている。

・接客："おもてなし"

　"おもてなし"については，商談開始からアフターサービスに至る全ての販売・サービスの場面において，顧客の期待を超える安心と満足を提供することを目指している（レクサス・ニュースリリース 2005.5.19）。

▼研修

　開業時の人員は，セールスコンサルタントが約1,000名，テクニカルスタッフが約600名で，その他のスタッフを含め，計2,000名にも及んでいる（レクサス・ニュースリリース 2005.4.18）。こうしたスタッフが最高の"おもてなし"を提供できるように，様々な研修が徹底的に行われている。そのために，レクサス専用の研修施設として，富士レクサスカレッジが，2005年の3月に富士スピードウェイ内に設立されている。

　研修内容については，座学にとどまらない"実体験に基づく理解"を研修の基本とし，チーフエンジニア，デザイナー等と直接意見交換ができる研修，さらには富士スピードウェイ内で開設しているメリットを生かし，本コースや安全研修施設モビリタで走行性能を体感できる研修等を実施している。サービスでは，1度に14台を用いての研修が可能な設備を活用し，各種技能研修を実施している。主な研修内容は以下のとおりである（レクサス・ニュースリリース 2005.4.18）。

第Ⅱ部　どうすればプレミアムを創造し，その価値を継続させることができるのか？

－ブランド導入・浸透（対象：全スタッフ）
　　ブランドの重要性やレクサスの目指す方向性に関する研修
－商品研修（対象：全スタッフ）
　　チーフエンジニアやデザイナーを講師とした，開発思想・商品知識に関する研修
　　富士スピードウェイを活用した新型車の試乗会による商品理解
－サービス技術習得（対象：全テクニカルスタッフ）
　　新機構や新装備の構造と作業整備方法・故障診断方法の習得

　とりわけ，研修においては，スタッフ全員が「レクサスブランドが顧客に提供する価値」をしっかりと理解し，そのうえで自らが考えて行動できるようになることが重視されている。そのために，ベンツやBMWに乗ったことがないスタッフも多かったため，富士スピードウェイを借り切って，時速150kmでの運転などを含むレクサスとの比較試乗を行い，競合ブランドも含めて乗って，実感し，商品を理解するということも行われている（JMR生活総合研究所2007c）。富士レクサスカレッジの責任者である小山清貴ディレクターは「ライバル車を知らなければ，高速運転でも静かなレクサスの良さを実感できないから。販売員が実際に体験すれば，セールストークの説得力が増すでしょう」とコメントしている（エコノミスト 2005.11.1, pp.18-29）。
　また，若い販売員たちには米国の一流ホテル"ザ・リッツカールトン"のサービスや，日本の伝統的礼法"小笠原流礼法"が徹底的に叩き込まれている（同上）。このように，挨拶，言葉遣い，顔の表情，名刺交換の作法まで"一流の接客"が徹底されている。さらに，アメリカ研修も行われている。アメリカ研修は9日間の日程で，レクサスの販売店，富裕層が利用するホテル，レストラン，空港ラウンジなどを見学している（フォーブス 2006.1, pp.158-162）。
▼営業スタイル
　外回り営業が主流の業界にあって，レクサスでは完全来店型の販売形態を採用し，来店客に対しては日本の伝統的礼法の1つである小笠原流の接客でもてなしている（週刊東洋経済 2008.8.30, p.38）。その他，店内の顧客には要求があるまでは極力声をかけないなど，これまでとは異なる営業戦術を採用している。

また，納車時には，納車専用のプレゼンテーションルームにて，車の前で記念撮影を行い，ノンアルコールのシャンパンで杯をあげ，オーナーの好みや趣味に合った品がプレゼントされている（フォーブス 2006.1, pp.158-162）。こうしたサービスマニュアルや店舗設計などは，全国統一のレクサスコードであり，ユーザーが来店した際の店舗の印象やサービスを一律にし，ブランドイメージを保つことが意図されている（週刊東洋経済 2005.11.12, pp.28-53）。

　しかしながら，外商を行う代わりに，店づくりに巨額を投じて顧客の来店を誘い，徹底的なおもてなしを施すというスタイルに関しては，ライバルとなるベンツを扱うヤナセなど，他社からは「医者や経営者などの富裕層は，基本的にわざわざ店舗に出向いて車を買う習慣がない」，「営業マンが結果を出すうえで富裕層のコミュニティに入り込むことは必須」など，否定的な意見が多い（週刊東洋経済 2008.7.19, pp.30-31）。日本の高級車販売の現状はあくまで外回りセールスが主流であり，ヤナセによると，他車種と比べ大衆車よりのベンツ"Aクラス"ですら，店舗販売は半分程度であり，上級の車種では比率はゼロに近いとのことである（同上）。高級車に乗るような富裕層はショールームには立ち寄らず，カタログを届けさせる客が多く，ヤナセ東京支店メルセデスベンツ販売部の折原丈雄部長は，「ショールームが豪華で素晴らしいというが，果たして1年に1度か2度しか行かないお店で，手厚いおもてなしをお客さんは望むのだろうか」と述べている（エコノミスト 2005.11.1, pp.18-29）。さらに，ヤナセの西山俊太郎専務に至っては，「高級車はショールームさえいらないとさえ思う。街で格好よく走っているのを見たら買うよ。そもそも地方の販売はほとんどが外商です。店舗で契約が成立するのは都内だけで，それも半分ぐらいにすぎない。」と極めて批判的な見解を示している（週刊東洋経済 2005.11.12, pp.28-53）。

▼サービス

　購入後のサービスの特徴として，レクサス・トータルケアに注目する。レクサス・トータルケアは，大きく分けて"レクサスオーナーズデスク"，"G-Link"，"新車保証"，"レクサス・ケア・メンテナンスプログラム"という4点から構成されている（LEXUS TOTAL CARE 2009.4）。

　"レクサスオーナーズデスク"はレクサスのオーナー専用のコールセンター

第Ⅱ部　どうすればプレミアムを創造し，その価値を継続させることができるのか？

であり，車の操作方法やアフターサービスに加え，リースや保険など，様々な問い合わせにレクサス・ケア・コミュニケーターが対応してくれる。車内に標準搭載されているハンズフリーの通話機能により，フリーコールにて利用できる。また，保険会社などに電話をつなぐなどのサービスも展開されている。

　"G-Link"とは，専用のテレマティクス（車載型双方向情報通信システム：自動車などの移動体に通信システムを組み合わせて，リアルタイムに情報サービスを提供）であり，レクサスに標準搭載されている。"G-Link"の通信機能を利用し，ナビゲーションの目的地設定，道路交通情報，店舗や診療施設の情報，さらにニュースや天気予報に関する情報まで入手できる。また，レストラン，ホテル，国内航空券の予約も可能となっている。この他，以下のように，"G-Link"では豊富なメニューが提供されている。事故や故障などのトラブルに対応した"レクサス緊急サポート24"，事故や急病の際にワンタッチで緊急通報が可能となる"ヘルプネット"，ドアロックの締め忘れのメール通知に始まり，盗難車の位置追跡や警備員の派遣までも可能な"G-Security"，定期点検やメンテナンスの通知，さらに販売店への入庫確認さえ行うことができる"リモートメンテナンスサービス"，渋滞予測を加味した最適なルートが案内される"Gルート検索"，緊急専門医や看護師のアドバイスを受けることができる緊急医療相談や医療機関案内を行う"レクサスメディカルアシスト"，車両盗難や事故に対する"お見舞金制度"，有料ではあるものの音楽が購入できる"G-SOUND"など，実に様々なサービスが展開されている。こうしたサービスを実行するうえで，レクサス・ケア・コミュニケーターが極めて重要な存在になると考えられるが，販売店のスタッフと同じ研修を受講させるなど，万全の体制となっている。

　また，"新車保証"では，新車登録日から5年間（ただし走行距離10万km以内）は保証書の内容に基づいて無料で修理される。"レクサス・ケア・メンテナンスプログラム"では，新車登録日から3年間，点検およびメンテナンスが無料で行われる。

　その他，レクサスオーナー専用のホームページである"レクサスオーナーズサイト"では，最新の燃費の状況や整備履歴の確認，点検の予約ができ，さらに販売店担当者とのコミュニケーションツールとしても利用できる。また，"レ

第5章　プレミアム商品の実際：マス・プレミアム商品の事例研究

クサスオーナーズカード"の提示により，スムーズな受付と過去の点検や整備履歴を活用した最適なメンテナンスが全国どこのレクサス店でも行われる。

　こうしたサービスはとどまることを知らず，2009年7月に発売されたハイブリッド車である"HS250h"には，運転を楽しみ，周りの車とも調和しながら優れた燃費性能を引き出すエコドライブをサポートする"ハーモニア・ドライビング・ナビゲーター"が標準搭載されている（HS250h HARMONIOUS DRIVING GUIDE 2009）。この機能により，燃費をはじめ，リアルタイムで自らのエコドライブの状況が確認できるようになっている。毎月，エコドライブの判定が行われ，Gold，Silver，Bronzeと3段階で評価される。さらに，"レクサスオーナーズサイト"の専用ページでは全国のユーザー間におけるエコドライブのランキングも掲載されている。また，エコドライブに応じてポイントがたまるポイントプログラムが設定されており，たまったポイントをユネスコに寄付することができ，寄付証明書を受け取ることができる。

　こうしたサービスに対する顧客からの評価は極めて高い。「ドアロックをし忘れたときレクサスから携帯に連絡がきて閉めることができて助かった」，「オーナーズデスクでレクサス専任のオペレーターが教えてくれたレストランの情報が適切で当たりだった」，「最初は，そういうサービスは余計なお世話だなと思っていたんだけど，実際役に立つとうれしいね」といった声がレクサスオーナーから聞こえている（JMR生活総合研究所 2007c）。

　こうしたサービスの展開に関して，丸田善久（レクサス国内営業部営業室室長）は「プレミアムブランドのビジネスモデルというのは，一度お客さまになってもらった方に継続してもらうことが非常に大切と考えています。オーナーを魅了したいというか，お客さま第一主義という中で，買っていただいてから，本当のおつき合いが始まる。それをレクサスは販売サービス面の一番に掲げていまして，お客さまを手厚く様々な面でサポートしようとしています。」と語っている（同上）。

・プロモーション
▼広告
　テレビ，新聞，雑誌などのマスメディアに加え，インターネットなども積極的に活用した広告が実施されている。しかしながら，高級車に関しては，ユー

第Ⅱ部 どうすればプレミアムを創造し，その価値を継続させることができるのか？

ザー間の口コミが非常に重要となっている。この点に関して，丸田善久（レクサス国内営業部営業室室長）は「テレビ広告だとか，新聞だとか，ウェブだとかいろいろやってきましたけれども，2年間やってきてよくわかったのは，これは，やはり地道に伝えていくことしかないということです。……プレミアムブランドの世界はやっぱり口コミだなと思っています。一番の理解者はやっぱりオーナーさんですから，オーナーさんにしっかりそういう利便性も感じていただきながら伝えていただければいい。そういう意味でも広く認知を得るのにやっぱり10年ぐらいかかるかもしれません。」とコメントしている（JMR生活総合研究所 2007c）。

こうした口コミを促進するには，より多くの消費者にレクサスを体験してもらう必要がある。そのために，全国を13ブロックに分けた大がかりな試乗会を行い，また販売店においても，来店客に対して，まず検討している車に試乗させることが強く推奨されている（同上）。

▼イベント

レクサスのイメージを高めるイベントも積極的に展開されている。例えば，世界的なゴルフのビッグイベントであるTHE OPEN（全英オープン）のスポンサーとなり，優待券のプレゼントなど，プレミアム感のある企画を催している（Wisdom 2008.4.7）。また，店舗においても，レクサスギャラリー高輪にて，レクサスのアートエキジビジョンを紹介する"レクサスアート展"を開催している（レクサス・ニュースリリース 2006.8.4）。このアート展では，レクサスのデザインフィロソフィー"L-finesse"をテーマに，ミラノデザインウィークにて出展されたアートエキジビジョンを現地の写真や映像などで紹介し，さらに実際に会場において展示されたフラッグシップセダン"LS"（2006年展示），"LFA"をモチーフとした造形モデル（2005年展示）も見ることができる。

e. トヨタグループにおけるブランド間マネジメント

レクサスはトヨタ自動車により，立ち上げられ，運営されているブランドである。よって，従来のトヨタブランドとの関係をいかにマネジメントしていくのか？ ということは重要な問題である。この点に関しては，谷口哲朗（宣伝部ブランド推進室レクサスグループ・グループ長）も「メルセデスやBMWに

対しては，何が違うのか？ を明快に言い切ることはできます。しかし，一番難しいのはトヨタ・ブランドに対しての差別化なのです。レクサスとは何か？ それはトヨタ・ブランドと何が違うのか？ この点をまだ充分に描ききれておらず，最大の課題であるとも思っています。」とコメントしている（Wisdom 2008.4.7）。

しかしながら，そのきっかけは見えてきているようである。例えば，レクサスの"LS"が採用した自動駐車支援システムはセンサーを使いながら，駐車位置を検索し，自動でハンドルを切るという最新の技術であるが，この装置は1か月後に発売されたトヨタ"カローラ"にも搭載された。オプション価格は42,000円と非常にリーズナブルな値段で高齢のドライバーから人気を集めている（日経ビジネス 2007.3.122, pp.140-143）。このように先端技術はまずレクサスに搭載し，通常は6カ月程度，間をあけて，この技術をトヨタ車にも導入し，量産効果で価格を下げ，間口を広げるという基本ラインができつつある。

こうした戦略に対しては，差別化の観点から異論もあるようだが，「多分，いいものはトヨタにもどんどん波及して使っていく。そうするとレクサスはずっと進化し続けるしかない，絶えず新しく進化して先を走り続けるしかないと思っていますね。」（丸田善久・レクサス国内営業部営業室室長）（JMR生活総合研究所 2007c）など，前向きな意見も強い。

いずれにしろ，レクサスとトヨタの2つのブランドが両輪となり，企業としてのトヨタ自動車の競争力を引き上げていくことが目標とされている（日経ビジネス 2007.3.12, pp.140-143）。

また，トヨタ社内においては，「（立ち上げ当初）レクサスブランド以外の部署からは，『お前ら，やたら派手に動いているな』と直接言われた。だが，今はプラスに転化してきた。クラウン部隊はレクサスがあそこまでやったのだから，俺たちはあれ以上の高級車をつくるという意気込み。お互いに火がついている」（レクサスセンター・レクサス車両性能開発部の古賀裕一）という状況となっており（週刊東洋経済 2005.11.12, pp.28-53），良い意味での競争心が生まれ，開発者のモチベーションも高まっている。

第Ⅱ部　どうすればプレミアムを創造し，その価値を継続させることができるのか？

f. レクサスへの評価

・日本における業績

　2008年1～6月の累計販売台数は1万5千台弱で，前年同期比22％減となっている（週刊東洋経済 2008.7.19, pp.30-31）。高級ブランド各社の2008年6月までの業績を見ると，BMWが前年同期比15％減，ベンツが同9％減と，いずれも苦戦しているが，その中でもレクサスの低迷ぶりは顕著である。この件に関して，トヨタ側は「2006年10月に発売されたLSの新車効果が落ちただけ。これまでが売れ過ぎだった」と説明している（同上）。

　関東圏でレクサスを販売するトヨタ系販売会社では，当初，顧客の半分以上はBMWやベンツなど競合輸入車からの乗り換えで満たす計画だったが，新規顧客のうち，輸入車の元オーナーは全体の2割程度にとどまっている。別のレクサス販売店幹部も「高級外車オーナーの来店は多いが，期待通りの注文につながらなかった」と話している（同上）。

　こうした状況に対して，トヨタ自動車の古谷俊男常務役員は「販売台数は当初想定した水準の7割くらい。予想外の環境変化もあって，十分に対応できなかったことは多々ある」，また今後の課題として，「メルセデスベンツは安全とか安心，BMWは駆け巡る歓びといったキャッチフレーズでイメージを確立しているが，レクサスはまだそこまで至っていない。これだというイメージをつくるのはこれから。」とコメントしている（日経ビジネス 2009.4.6, pp.24-34）。

・日本の消費者の認知

　トヨタの社内調査によると，「レクサスを知っていますか？」に対して8割くらいが「知っている」と答えているが，フリーアンサーで「世界的な高級車は？」と聞くとまだ2割しか認知されていない状況である（Wisdom 2008.4.7）。ちなみにベンツは8割に認知されている。

　谷口哲朗（宣伝部ブランド推進室レクサスグループ・グループ長）は，「この3年間は開業時に掲げた机上の理想と現実のギャップを埋める検証作業のような期間であったとも言えます。例えば，高級ホテル並みの接客サービスの導入を目指したり，礼儀作法を身につけるための礼法を学んだりという試みもしていますが，まだ身に付いているとは言えません。お手本にすべき高級ホテルが数十年かけて培ってきたものがすぐに身に付くわけはなく，これからの課題

であると考えています。高級車というものに対して，どこかまだドキドキしながらやっている感じがありますね。認知はされてきたがブランドとしてはまだまだ確立されているわけではないので，今であるならば修正が可能とも言えます。」(同上)と今後の課題を語っている。

・日本におけるセールス・サービスへの評価

J.D. パワー アジア・パシフィックは，2009年日本自動車セールス満足度調査の結果を発表し，レクサスは，BMW，メルセデス・ベンツを抑え，1位になっている(**表5-19**)。ちなみにレクサスを除けば，トップ5は全て輸入車である。また，販売店の総合的なセールス満足度に大きな影響を与える5つのファクターは，「セールス担当者」(46%)，「購入条件」(19%)，「営業体制」(18%)，「店舗施設」(10%)，「商品展示」(7%) となっている(カッコ内は総合満足度に対する影響度)(**表5-20**)。

また，サービス満足度においても，BMW，アウディを抑え，レクサスは1位になっている(**表5-21**)。セールス同様，トップ5はレクサスを除ければ，輸入車が占めている。また，新車購入店でサービスを受けた際の顧客の総合的な満足度に大きな影響を与える5つのファクターは，「サービス担当者」(34%)，「営業体制」(19%)，「店舗施設」(16%)，「サービス内容」(16%)，「サービス料金」(15%) となっている(カッコ内は総合満足度に対する影響度)(**表5-22**)。

こうした高評価は，各ディーラーの顧客維持(CR：Customer Retention)の状況でも確認できる。レクサス導入から3年以上が経過し，初回の車検を迎えた車が出てきているが，これまでのところ，別のレクサス車に買い替えるか，初回の車検を通した顧客の比率は目標だった90%を上回る95%と高水準であった(日経ビジネス 2009.4.6, pp.24-34)。なかには名古屋トヨペット系のレクサス販売店のように99%というところもある。トヨタブランドの高級車"クラウン"が50〜60%であることを考えると顧客との結びつきは強いと捉えられる(同上)。

第Ⅱ部　どうすればプレミアムを創造し，その価値を継続させることができるのか？

表5-19　日本自動車セールス満足度ランキング（1,000ポイント満点）

レクサス	729
BMW	656
メルセデス・ベンツ	653
アウディ	644
フォルクスワーゲン	628
ホンダ	619
日産	616
マツダ	611
トヨタ	607
業界平均	603
スバル	600
三菱	584
ダイハツ	581
スズキ	572

出所：2009年日本自動車セールス満足度調査
　　　（JDパワー・報道用資料2009.9.28）
（注）ミニ，プジョー，ボルボは少数サンプルのため含まず

表5-21　日本自動車サービス満足度ランキング（1,000ポイント満点）

レクサス	780
BMW	645
アウディ	634
メルセデス・ベンツ	634
ボルボ	615
フォード	614
日産	609
ミニ	602
ホンダ	601
トヨタ	597
業界平均	596
ダイハツ	593
フォルクスワーゲン	585
三菱	583
マツダ	580
スバル	579
アルファロメオ	570
スズキ	561
プジョー	541

出所：2009年日本自動車サービス満足度調査
　　　（JDパワー・報道用資料2009.9.28）

表5-20　セールス総合満足度を構成するファクター

セールス担当者	46%
購入条件	19%
営業体制	18%
店舗施設	10%
商品展示	7%

出所：2009年日本自動車セールス満足度調査
　　　（JDパワー・報道用資料2009.9.28）

表5-22　サービス総合満足度を構成するファクター

サービス担当者	34%
営業体制	19%
店舗施設	16%
サービス内容	16%
サービス料金	15%

出所：2009年日本自動車サービス満足度調査
　　　（JDパワー・報道用資料2009.9.28）

・欧州での評価

　レクサスは名門の自動車メーカーがひしめく欧州で，ドイツにおける最高の自動車賞とも言われるゴールデン・ステアリングホイール賞（"IS250"："アリスト"後継車種）や英国のトップギア・カー・オブ・ザ・イヤーの受賞など，名だたる多くの自動車賞を獲得している（週刊東洋経済 2007.5.19, pp.102-107）。

　注目すべきは授賞理由で，ポール・ピエヒ賞では"GS450h"のハイブリッド機構が評価されており，オート１アワードのイノベーション賞（"LS460"："セルシオ"後継車種）では，プリクラッシュ・セーフティ・システム（衝突

を回避するための安全技術）が高い評価を得ている。ヨーロッパで重視される環境配慮や安全性において，今までのヨーロッパ車になかった革新的な技術を投入した点が評価されている。プリクラッシュ・セーフティ・システムでは，事故を未然に防ぐために脇見運転を監視したり，対向車などの障害物だけでなく，人間をもレーダーとカメラで感知し，万が一の場合には自動車のコンピュータがハンドル操作とブレーキをコントロールすることにより，緊急回避を行う機能も備えている。特に後方からの追突に備え，頭部を保護する安全機能は欧州で絶賛された（同上）。

（3）レクサスの実際

レクサスの最前線の実態と最新の情報を収集するために，名古屋市内に所在するレクサス販売店に対して，個別訪問面調査（2010年3月18日13：30〜15：30）を実施した。レクサスの店舗は愛知県内に16店，名古屋市内に8店となっている。この販売店は高級住宅街に近い立地となっており，スタッフはGM（ゼネラルマネジャー）1名，営業6名，サービス8名を中心に計20名程度となっている。顧客満足度で全国1位を獲得した実績を持つ優良店である。

この店舗における独自の目標として，顧客満足度No.1，顧客維持率100％が掲げられ，そのためにブランドにふさわしい個別の顧客に対応した，おもてなしの実施，地域社会への貢献などを行い，顧客が気軽に立ち寄ることができ，笑顔が溢れる店舗にすることが謳われている。

a．運営母体

このレクサス店舗を運営するトヨタ系販売会社は高級輸入車のディーラーも展開しており，メーカーであるトヨタ自動車にとって，レクサスは初めての本格的な高級ブランドであるが，販売店においては既に高級車販売のノウハウを蓄積しているケースが存在していることがわかる。

b．人材

ゼネラルマネジャーをはじめ，スタッフの多くは母体となるトヨタ系販売店から移動してきている。レクサス店への移動を希望する多くのスタッフの中か

ら厳選されている。

　もっとも，人員に関しては販売会社により，大きく異なり，ホテルマンや高級ジュエリーを販売してきた者など，あえて自動車ビジネスの経験のない人材を積極的に活用した販売会社もあったが，現在では概ね自動車ビジネスに関連するバックグラウンドを持つ人材が登用されている。

c. 客層

　以前は，富裕層の50代が中心であったが，最近，年齢層が若干下がり気味で，30～40代の顧客も多くなっている。これは2009年に発売された"HS"（400万円程度）の影響が大きいようである。しかしながら，最高級モデルである"LS"（800～1,500万円程度）はやはり50代以上が顧客の中心層となっている。

d. 店舗

　店舗の設計はメーカーにより行われ，もちろん広さなどは異なるが，基本的なコア部分は日本では全て共通化されている。ちなみに，アメリカでは統一されていない。さらに，ソファなど，調度品も指定されている。しかしながら，各店の要望に対応可能な柔軟な部分もある。この店舗では高級層に加え，ファミリーが多いため，「ワンフロアーを大きく」，「廊下を広めに確保する」，「接客に入る前段階に座るスペースを設ける」など，カスタマイズが施されている。また，とりわけ，この店舗では，オーナーがつれてきてくれる知人がゆっくりとくつろげるということにも注力している。ちなみに，販売店にインタビューを行った場所は，売り場からやや距離がある高級感の溢れる応接室となっており，顧客のプライバシーも十分に配慮されている印象を受けた。

　また，ゴルフ練習場やネイルサロンを展開している他店については，その地域のユーザーを考慮し，満足度を高める取り組みとして評価でき，収支が合うなら自店でも取り組みたいと好意的な評価であった。

e. 研修関係

　まず，研修資料として，レクサスを販売する心構えと行動指針が記された，レクサス・バイブルとも呼べる『THE LEXUS』（2004.10）（トヨタ自動車株

第5章　プレミアム商品の実際：マス・プレミアム商品の事例研究

式会社レクサス国内営業部）という高級な上製本の出版物や，その詳細が記された『Guide to「THE LEXUS」』（2005.4），小笠原流の実践マニュアルとも呼べる『こころとカタ』（2005.3）（トヨタ自動車株式会社レクサス国内営業部・小笠原流礼法宗家本部）など，充実した社内資料がレクサスに携わるスタッフに提供されている。

　海外研修に関しては，母体となる販売会社の提携ディーラーがアメリカにあるという強みを活かし，メーカーによるアメリカ研修より10日前に現地入りし，独自で視察を行っている。アメリカでは，レクサスが最初に始めたメンテナンス時の"代車の貸出"や"洗車して返す"というサービスの現場を確認している。また，朝7時からメンテナンス客の車が並んでいる光景を目にし，文化や顧客ニーズの違いを体感している。ちなみに，アメリカのサービスに関しては，日本のほうがレベルは上であろうという印象を受けたようである。

　富士レクサスカレッジの研修には，店舗スタッフのほぼ全員が参加しており，他の高級外車との乗り比べや，公道ではできない時速160kmからの急ブレーキなど，レクサスの車の価値を体感している。また，乗り比べた結果，決して他の高級車のレベルが低い訳ではないということも実感でき，しっかりとレクサスの良さをアピールすることが重要であると感じたとの意見もあった。

f.　広告

　テレビや新聞などによるマス広告は，全てメーカーにより，展開されている。販売店では，DMなどを行うことはあるが，その際には必ず事前にメーカーの許可が必要となる。しかしながら，新規客はやはりオーナーからの紹介による場合が圧倒的に多いようである。

g.　接客

　開店当初は，メーカーの指導に従い，小笠原流に徹していた。しかしながら，顧客から「肩が凝る」，「もう二度と来ない」などの声も多く聞かれ，現在では顧客にあわせ，柔軟に対応するようになっている。また，顧客から声をかけてもらうのを待つという基本ルールも当初は守っていたが，「遠くから見られるだけだとつらい」と怒る顧客も少なくはなかった。よって，現在は顧客にプレ

第Ⅱ部　どうすればプレミアムを創造し，その価値を継続させることができるのか？

ッシャーを与えないように注意しながら，とりあえず1声だけはかけるようにしている（これに怒る客はいない）。また，受付で待つという基本ルールも，現在では車まで迎えに行くように変更している。重要なポイントである，"いかに顧客に入り込むか？"を実現するために，型にとらわれず，顧客満足を第1とし，目配り，気配りを徹底させ，日々試行錯誤している状況である。仕組みがあっても最後は人が決断しなければならないということであろう。ただし，接客の最初と最後はしっかりと小笠原流を守るということも徹底的に行われている。

こうした店舗ごとのカスタマイズの例としては，他店ではあるが，エントランスの前で顧客を出迎えるドアマンを配置している店も見受けられる。また，洗車無料のサービスや，営業においても現在では配車先の近隣の住宅へのポスティングや挨拶などが行われており，緩やかにではあるが，様々な変化が見られる。ちなみに，価格に関しては，当初から徹底した値引きなしでの販売が固守されている。

このような販売店の顧客満足の取り組みを高めるために，メーカーはユーザーへのアンケートを通じて，四半期ごとに顧客満足度を調査し，優良店を表彰するという取り組みを実施している。また，車両点検の継続性なども，しっかりと管理されており，顧客維持にも注力していることがわかる。

h.　サービス

レクサスが始めた新たなサービスである"G-Link"に対しては，「秘書がいるようなもの」と顧客からの評判も高い。最初の3年間は無料であり，その後の更新は2年間で32,000円となっているが，7割以上の顧客が更新しているようである。

i.　ライバル

一般にライバルとして，ベンツやBMWがよく取り上げられているが，名古屋の場合はレクサス店が多く，こうした他のレクサス店がライバルとなっているようである。また，トヨタの"SAI"と"HS250"は車格的には大きな違いがないにもかかわらず，"HS"の方が50万円程度高い。もちろん，内装をはじめ，中身の作り方は異なるものの，トヨタもライバルになり得るということで

第5章　プレミアム商品の実際：マス・プレミアム商品の事例研究

ある。こうした価格の差を，おもてなしなどを中心に，いかに克服していくのか？という点はレクサスの今後の課題と言えるであろう。

j. 収益

　トヨタの店舗と比較すると，レクサスの店舗の開業には3倍以上の投資が行われている。こうした投資に見合うリターンに関して，この販売店においては昨年度，しっかりと黒字を確保できていた。詳細は記せないが，年間300台が採算ラインと一般に指摘されているが，そこまで販売しなくとも黒字が確保できるようである。もっとも東京となると，状況は異なるであろう。

　また，そもそもトヨタの販売店の場合は新車販売以外の修理や保険などで，経費が賄われる場合も少なくないが，このレクサス販売店の場合は，現在のところ，その割合は半分程度である。今後，時間の経過とともに，メンテナンスの対象となる車は増えるため，将来に向けてはなお明るい兆しが見られる。

　さらに，プレミアム・自動車市場での最新のシェアの動向を見ると，2009年において，レクサス22％，ベンツ23％，BMW23％となっており，首位目前の状況となっている（販売会社の社内資料）。また，昨年比でも，ベンツ3％減，BMW2％減に対して，レクサスは4％増となっており，好調に推移していることがわかる。

k. メーカーへの要望

　メーカー主催であるレクサス販売店の代表者によるGM会議が月1回の割合で開催され，現場の要望はメーカーにスムーズに吸い上げられている。また例えば，以前，配車されてきた車のテールランプにわずかな曇りがあり，問い合わせをしたところ，すぐに設計を含めメーカーから10名くらいのスタッフが来店し，対応している。このように，メーカーとの関係は極めて良好であり，現在のところ，特別な要望はないとのことであった。

l. 今後の課題

　まず，よく指摘されるエントリーモデルとなるようなレクサス内においては低価格帯となる車種の投入に関して，もちろん販売台数が増えるなど，良い面

第Ⅱ部　どうすればプレミアムを創造し，その価値を継続させることができるのか？

もあるが，例えば，現在，納車レセプションに2時間かけているが，そうしたおもてなしが難しくなるなど，デメリットも決して少なくない。現に"HS"で顧客は増加したものの，満足度がやや下がったということもある。

　顧客のレクサスへの期待は非常に大きく，よって本当に些細な風きり音，ドアのズレにも敏感である。こうしたレベルの高い品質ニーズへの対応は今後の課題となる。また，接客やサービスでは，小笠原流の硬さだけでは不十分であり，顧客にあわせ，より進化させる必要がある。

　さらに，2台目という顧客も増えてきているが，そうした顧客にはこれまで以上，もしくはこれまでとは異なったおもてなしが必要となる。例えば，納車時のレセプションにおいて，1台目ではお気に入りの日本酒をプレゼントして喜ばれたが，2台目の場合は別のものや方法を考えねばならない。関係が継続されるなかで満足度のレベルは上がっていくため，同じことをやっていてはいけないということを常に注意している。

　「まさに，レクサスブランド・ステートメントの最後の項目である『私たち一人ひとりがレクサスです。』という気持ちを高いレベルで持ち続けなければならない。」とGMは強調していた。

　レクサスブランド・ステートメントとは，レクサスの思想を51文字で表現した，レクサスピラミッド（**図5-25**）を，わかりやすい言葉で明文化し，顧客との約束として宣言したものである。

・**レクサスブランド・ステートメント**

> ◎私たちは，最高の商品を最高の販売，サービスでお届けし「高級の本質」を追求し続けます。
> ◎私たちは，「時間の尊重」「一人ひとりへのおもてなし」「二律双生」「卓越した品質」の4つの手段で最高を実現します。
> ◎私たちは，お客さまがレクサスとともに過ごすいかなる瞬間も，「ときめき」と「やすらぎ」で心満たされることを約束します。
> ◎私たちは，常に「創造力」を発揮し，「自信」と「思いやり」をもって行動します。
> ◎私たち一人ひとりがレクサスです。

出所：トヨタ自動車株式会社レクサス国内営業部（2004.10）

第5章　プレミアム商品の実際：マス・プレミアム商品の事例研究

図5-25　レクサス・ピラミッド

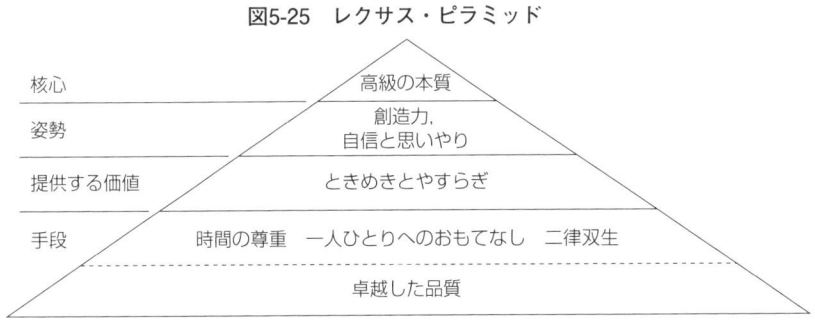

```
          核心            高級の本質
          姿勢            創造力，
                          自信と思いやり
       提供する価値        ときめきとやすらぎ
          手段     時間の尊重　一人ひとりへのおもてなし　二律双生
                          卓越した品質
```

出所：トヨタ自動車株式会社レクサス国内営業部（2004.10）

(4) プレミアムの創造と継続

a.　プレミアムの創造

- **強いリーダーシップ**

　レクサスは，そもそも豊田英二の「ベンツやBMWを超える世界最高車を作れ」との言葉から始まっており，開発陣が使う資金を制限しなかったなど，強いリーダーシップのもと，プロジェクトがすすめられている。

- **取り組み体制**

　トヨタ・ブランドと分離させ，レクサスセンターとして別組織化し，事業収益さえ別建てで行うという徹底ぶりである。つまり，トヨタ自動車の単なる新ラインアップというような軽い扱いではない。低〜高価格モデルまで，フルラインを抱えるトヨタ自動車という大組織が，レクサスというプレミアム・モデルに注力するために，こうした別組織化は極めて有効であったと考えられる。これにより，組織一丸の体制となり，また流通においても，専用の店舗網を新たに立ち上げているため，顧客に対する徹底した取り組みが実現している。

- **機能的価値の徹底的な追及**

　経営陣は開発陣が使う資金を制限せず，ひたすら最高の車をつくることだけに専念させている。また，製造においても，最高の品質をつくりこむべく，"データによるモノづくり"（バラツキ半減）と"匠の技の研ぎ澄まし"（工芸品の感性品質）など，様々な取り組みが施されている。

第Ⅱ部　どうすればプレミアムを創造し，その価値を継続させることができるのか？

・**生産現場における人材育成**
"匠の技の研ぎ澄まし"を実現するために，レクサス匠制度のような人材育成制度まで整備している。

・**営業の質の強化**
富士レクサスカレッジの立ち上げや小笠原流礼法の研修などからもわかるとおり，従来のような営業の規模拡大ではなく，最高のおもてなしという営業の質に重点が置かれている。

・**店舗**
トヨタの販売店と比較すると，3倍以上もの投資を行い，最高のおもてなしを提供できる場が用意されている。

・**サービス**
最新のIT技術を駆使した"G-Link"は，車を製造・販売・修理するという，従来の自動車メーカーのビジネスモデルを大きく変える可能性がある。ユーザーは，様々な個人情報を喜んで提供し，それに対応したサービスを受けることにより高い満足度を得ている。"G-Link"は自動車を単なる乗物から人生のパートナーに変えているといっても過言ではないほどの影響を与えている。

・**口コミ**
マス広告の活用はもちろんのこと，口コミに重点を置き，既存ユーザーの満足度の向上，話題となるイベント，製品品質の向上などに精力が注がれている。

・**メーカーと販売店の関係**
メーカーの徹底的なサポートにより，メーカー・販売店間において強い関係性が構築されている。

・**商品への思い**
開発から製造，販売，アフターサービスに至るまでの徹底した取り組みは，関わったスタッフの商品への思いを徹底的に強化させている。また，"最高"が強調された商品を扱うことからも，高いモチベーションが生じてきている。

b. プレミアムの継続

・**顧客にあわせた徹底的なカスタマイズ**
接客やサービスなどにおいて，コアな部分は守りながらも，顧客にあわせた

第5章　プレミアム商品の実際：マス・プレミアム商品の事例研究

細かな修正が緩やかに施されている。

・サービス

　"G-Link"などのサービスを通じて獲得するユーザー情報は，日々，蓄積されていくため，時間の経過とともにユーザーとの関係性は強まっている。

・メーカーと販売店の関係

　メーカーは立ち上がり時のみでなく，その後のマネジメントやフォローも，しっかりと実践しており，販売店との関係性も強化されている。

・口コミ

　口コミを重視する戦略は，マス広告とは異なり，日々の真摯な姿勢が問われるため，自然に継続的な取り組みが重視され，プレミアムの継続に良い作用をもたらしている。

(5) インプリケーション

　日本でレクサスが立ち上がった時期には，「トヨタからレクサスにマークを替えただけで100万円高くなった」などとの中傷的な意見も少なくはなかった。しかしながら，トップの強い覚悟のもと，組織的な取り組みがなされ，開発，製造，販売を中心とするスタッフが，最高の商品・品質・サービスに取り組んでいることがよくわかる。このように組織的な取り組みのもと，製品開発とマーケティングが見事にかみ合っていると言える。

　また，店舗や営業スタッフの研修施設などにも，驚愕の費用が投じられており，トヨタ自動車がいかに覚悟を持ってレクサスに取り組んでいるかということが，社内には当然のこと，仕入先や販売会社，さらには消費者にさえ伝わっていることであろう。

　このように数多くの特筆すべき点があるが，とりわけ最高の商品を目指すということに注目したい。「プレミアムというのは本物の価値に裏打ちされていなければならず，本物として通用するには，伝統・歴史と，実質的な価値の2つが必要」（BMWジャパンのマーケティング本部長であるピーター・ファン・ビンスバーゲン）（日経ビジネス special issue 2005.12.12, pp.76-78），「BMWの考えるプレミアムは他人の真似をしないこと，さらに真似されないようなハイテクを積極的に導入すること」（開発担当取締役のブルクハルト・ゲッシェル）

195

第Ⅱ部　どうすればプレミアムを創造し，その価値を継続させることができるのか？

（木村 2006a），「メルセデス・ベンツは戦前から"最善か無か"というスローガンのもとに，製品にコスト・パフォーマンスよりも卓越した性能と品質を優先して盛り込んできた。」（木村 2006b）などのコメントからも，世界の名だたるプレミアム・自動車メーカーにおいて，とりわけ機能的価値を重要視していることがわかる。やはり，プレミアムの創造と継続において，機能的価値と情緒的価値は同等に存在するのではなく，なによりもまず高い機能的価値を基礎とし，情緒的価値は従属的に生じるということではないだろうか？
　現在のところ，レクサスはイメージなどにおいては，ベンツやＢＭＷより劣っているかもしれないが，品質やサービスへの極めて高いユーザーの満足度を見る限り，これらに肩を並べる日もそう遠くはないであろう。

5.7. プレミアム・AV（ソニー："クオリア"）

　ソニーから発売された高級AVブランドである"クオリア"は当時CEOであった出井伸之の強い意向により，2001年よりプロジェクトをスタートさせている。しかしながら，販売は順調に推移することなく，2006年にはブランド自体が消滅してしまった。

　ソニーというブランド，技術力など，追い風となる要素がたくさん存在するなか，なぜ"クオリア"はプレミアム商品として成功しなかったのか？"クオリア"の事例研究を通じて，考察を深める。

　なお，"クオリア"の価格は極めて高額であり，本書が対象とするマス・プレミアムの範囲を超えている部分もあるが，多くのアドバンテージがあるにもかかわらず，うまく進行しなかったという事例は，プレミアムの創造と継続を検討するにあたり，貴重な示唆を得ることができると考えられ，分析の対象としている。

(1) "クオリア"の取り組み

a. "クオリア"誕生

　コモディティ化という目の前に迫る危機への具体的対策の1つとして，当時CEOであった出井伸之の発案により，2001年2月，クオリア・プロジェクトはスタートした。"クオリア"と

```
・ソニー株式会社
　設立　　　　1946年
　本社所在地　東京都港区港南1-7-1
　会長 兼 社長　ハワード・ストリンガー
　連結従業員数　171,300人（2009年3月31日
　　　　　　　　現在）
　連結売上高　7兆7,300億円（2008年度）
```

は，「赤の赤らしさ」や，「バイオリンの音の質感」，「薔薇の花の香り」，「水の冷たさ」，「ミルクの味」のような，感覚を構成する独特の質感のことである。

　出井伸之は，自らの著書である『非連続の時代』において，以下のとおり，"クオリア"への熱い思いを語っている（出井 2002, pp.227-229）。

　「クオリアこそ，目で見て，手で触れて喜びを感じるような，心の琴線に触れる何かをつくりだすというソニースピリットの原点であり，グループ全体で追及すべきミッションではないでしょうか。」

　「クオリアは人に一生忘れない記憶を残します。そんな感覚，経験，記憶，

第Ⅱ部　どうすればプレミアムを創造し，その価値を継続させることができるのか？

そして"幸せ感"を求めて"かたち"にし，人の心に驚きと感動を残していくことこそ，ソニーの本質ではないでしょうか。」

「ソニーのビジネスの評価には2つの軸があります。1つは経済価値を，もう1つはソニー的価値を測る軸です。ソニー的価値とは，例えば，持っているだけでうれしくなるようなかっこよさであったり，他では探せないユニークさ，楽しさなどいわゆるソニーらしさをあらわすもので，クオリアもその1つです。ソニーは経済性だけを追求するのではなく，ソニーにしか提供することのできない何かを常に追い求めているのです。」

「ポイントは，ソニーの高い技術力やノウハウによって，Sense of Wonder を多く人々に提供していくこと。いつまでも人の心に残る，みずみずしい感性を探し続けるエネルギーがソニーの"心"かな，と私は思います。」

また，同書の最後は，「クオリアはソニーがソニーである証なのです。」で，締めくくられており，ソニーにおける"クオリア"の必要性や出井の"クオリア"にかける熱い思いが伝わる内容になっている。

こうした"クオリア"への大いなる期待は，「事業規模が大きくなり，8兆円（ソニー全体で）ものビジネスをしている。現実にそれをやめれるかと言えば，それはできない。しかし，エンジニアがマエストロのように，エンジニア魂を存分に発揮できる場が必要だ。デジタルの大量消費時代でも，ゆったりと長く愛してもらえるような製品に価値が見出される時が来る。日の目を見ることなく眠ってしまう技術がたくさんある。それを発して現す機会をつくるのは重要だ。」とのソニーグループ社長兼グループCOOの安藤国威のコメントにも表れているとおり，社内に浸透していった（エコノミスト 2003.7.22, pp.104-111）。

さらに，外部からも，「すぐに技術が量産に生きなくとも，高い技術力が必要な機器開発は技術者のプライドをくすぐるだろう。同ブランドの投入は技術力の強化姿勢を自社の技術者に発信しているように見える。だとすれば，ソニーの"V商品"による反抗は既に始まっている。」（日経エレクトロニクス 2003.6.23, pp.57-64）など，当時"V商品"を掲げてV字回復を果たした松下電器産業のように，"クオリア"はソニーのさらなる発展の起爆剤になると目されていた。

第5章　プレミアム商品の実際：マス・プレミアム商品の事例研究

b.　商品開発
　"クオリア"では，画質や音質，操作性などにとことんこだわり，価格や納期を気にすることなく尖った機能や特徴を優先し，また単に機能を高めるだけではなく，感動という評価軸も追い求められた（日経エレクトロニクス2003.6.23, pp.57-64）。最終的には，トップを含む認定委員会がゴーサインを出した企画だけが商品化された。何よりもモノに徹底的にこだわるため，価格帯が高くなり，購買層は50代〜60代の男性が中心となっていた（週刊東洋経済2005.4.16, p.69）。

c.　"クオリア"商品
　"クオリア"では，ビデオカメラ，プロジェクター，液晶テレビ，デジタルカメラ，イヤホンなどが製品化されている（**表5-23**）。製品の特徴においては，何よりもまず価格に驚かされる。250万円のプロジェクター，84万円のCDプレイヤー，40万円のデジタルカメラ（一眼レフではない），2万円のイヤホンなど，もはや通常の商品との比較に全く意味がないほどの高価格となっていた。"クオリア"の商品は一部を除き，量販ではなくオーダーメイドであったこともあり（スリーヴァ 2005, pp.134-149），こうした価格となっている。
　しかしながら，当時のソニーの最高の技術とこだわりが集約されていたことは間違いない。例えば，2004年7月に発売された，"クオリア密閉型インナーレシーバーMDR-EXQ1"（イヤホン）は筐体に真鍮を使い，高磁力のマグネットを採用して音質を高めていた（週刊東洋経済 2005.4.16, p.69）。耳穴にあわせてS・M・Lの3サイズが用意され，革製ケースが付いていた。さらに，1台ずつ人の手で音質を調整するというこだわりようであった。西島聡（ソニーマーケティング・クオリアマーケティングセンター・マーケティング部チーフプロデューサー）は，「金属を使えば当然単価は高くなります。音質を人が調整するコストもかかる。モノづくりにこだわったクオリアブランドだからこそできたものだと思います」とコメントしている（同上）。
　この商品はもともと，2004年4月に受注生産を始めたポータブルMDプレイヤー"クオリア017"の付属品だったが，MDプレーヤー発売後，視聴した人から，イヤーレシーバーだけ売ってほしいという声が相次ぎ，別売りが開始さ

199

れた。イヤーレシーバーを銀座のソニービルと大阪のソニースタイルで試せるようにした結果，顧客が自らのポータブルMDプレイヤーやCDプレイヤーを持参し，視聴してから買うケースが多く見られた。売れ行きは大きく予想を上回り，当時，2か月待ちとなった。西島聡は「クオリアブランドの中で初めて20～30代が中心になった商品です。単に売り上げだけではなく，ブランドを広め，認知を上げるうえでも，貢献したモデルになりました。これからも，クオリアのすそ野を広げる商品を出していきたい」と語っていた（同上）。

表5-23 "クオリア"の商品例

"クオリア" No.	商品名	希望小売価格
002	ビデオカメラレコーダー	598,500円
004	プロジェクター	2,520,000円
005	液晶テレビ（46V型）	1,102,500円
006	プロジェクションテレビ（70V型）	1,680,000円
007	CDプレイヤー（スピーカー別）	840,000円
010	ステレオヘッドホン	262,500円
015	カラーモニター（ブラウン管）	840,000円
016	小型デジタル・スチルカメラ	399,000円
017	ポータブル・ミニディスクプレーヤー	189,000円
―	インナーイヤーレシーバー（イヤホン）	21,000円

出所：クオリア・ホームページ（アクセス日：2010.1.22）

d. 流通

　ハイビジョン液晶テレビ"クオリア005"を除き，東京銀座のソニービル内の"クオリア東京"，大阪梅田の"ソニースタイルストア"，ソニーのインターネット上の直販サイトである"ソニースタイル"のみでしか購入できなかった。つまり，実際に見て触ることができる場所は全国で2か所しかなかった。

e. プロモーション

　ソニーが展開する高級ブランドということもあり，パブリシティとして，様々なメディアで取り上げられてはいたが，ソニーは積極的にマス広告を実施していない。製品特性や費用対効果の面からも，マス広告を実施するのは得策ではないとの判断があったのであろう。

f. "クオリア"の長期的な狙い

　"クオリア"については，直接的な売上以外の部分に対して注目する意見も多く見られた。例えば，長沢（2005）は，「クオリアブランドは，プレミアム価格が注目されがちだが，そのプロジェクトの狙いは商品開発力の強化とソニーブランドの復活である」(pp.20-21) と指摘している。商品開発力の強化に関して，"クオリア"は先端の技術の実験の場として位置付けられており，例えばプロジェクター"クオリア004"の反射型液晶デバイス"SXRD"やブラウン管モニター"クオリア015"の熱転写式カラーフィルターなど，経済性や生産性の追求の中では難しかった技術の実用化により，感動価値を基準とした市場価値を見極め，同社の通常製品群への応用展開を狙っている（長沢伸也 2005, pp.20-21）。また，ブランド力の復活に関して，「従来のソニーは，ウォークマン，ハンディカムなど，市場を創造する生活革新型商品でブランド力を高め，その生活革新型商品を継続させる深堀型商品で収益を確保してきており，"クオリア"は深堀型商品を突き詰め，そこに感動価値を目覚めさせることにより，顧客ロイヤリティを獲得する新たなブランド戦略である」と言及している（同上）。

　また，スリーヴァ（2005）は，「クオリアという新しいブランドプロジェクトが面白いのはこれが半分，社内向けとしてつくられた，ということだ。ソニー・スピリットはまだ社内に存在しているが，そのスピリットをより具体化するため，クオリア・プロジェクトが作られた。1つのクオリア商品を作ろうとするとき，専門のクオリア開発チームではなく，ソニーのいろんな部署から人を集めてきてプロジェクトチームをつくる。このプロジェクトが終わったらチームは解散され，みな，元の部署に戻る。この狙いはクオリアというソニーが提供し得る最先端のモノづくりを通して得られる面白さやエキサイティングな気持ちをソニーの普通の商品の開発にも注ぎこもうということにある。最近，"普通"になってしまったソニー商品だが，これでまた，昔のような独特の存在感が出てくるだろう。」(pp.134-149) と述べ，ソニーにおけるモノづくり精神の活性化に注目している。

g. 組織体制の変更

このように，モノづくり力の強化やソニーブランドの復権などの視点から注目されていたが，その後，クオリアチームに大きな変化が生じる。特別のプロジェクトとしてスタートしたクオリアチームが，会社のシステムの中で，営業部という存在に形を変えてしまったのである（スリーヴァ 2005, pp.134-149）。この点について，スリーヴァ（2005）は，「部になれば，おのずと利益を考えざるを得なくなり，かつてあった自由なモノづくりの発想が変わってしまうのではないか」（pp.134-149）と述べている。

（2）インプリケーション

"クオリア"の事例をどう捉えるかは難しい問題である。まず，コモディティ化への対応として，日本メーカーが高付加価値商品に取り組むことは決して間違ってはいないであろう。さらに，トップの強いリーダーシップにより，全社をあげた大きなプロジェクトが立ち上がっている。完成した商品に関しても，当時としては技術レベルが高い，こだわりある商品であったと考えられる。開発に携わった技術者は高い満足度を得て，ソニーのモノづくり精神に大きく共感したかもしれない。しかしながら，技術は常に進化し続けており，製品化することは一時，技術の進歩を止め，商品としてまとめることに徹する必要があるため，研究開発のスピードを逆に緩めた可能性も否定できないのではないだろうか？

また，ブランドの復権や社内の技術レベルの向上など，様々な含みがあったにせよ，商品として市場に投入する以上，ビジネスとして成立させる必要はある。さもなくば，研究開発における試作品にとどめる方がはるかに低コストで，また開発者も技術進歩の歩みを止めなくて済む。

ビジネスとして成立させるためには，当然のことながら，適正な利益を確保しなければならない。確かに，"クオリア"は基本品質の高い製品であったかもしれないが，ほとんど広告を行わず，体感が重要であると思われる高機能製品に触れることができる場所は東京と大阪のわずか2か所に限定され，価格は極めて高額であった。しかも，技術革新が激しいAV分野において，その時点では最先端であったものが，半年や1年後には標準的なレベルになってしまう

第5章　プレミアム商品の実際：マス・プレミアム商品の事例研究

ことは多々見受けられる。

　"クオリア"の事例を通じて，顧客を満足させるためには，単に基本品質が高いだけではなく，製品，価格，流通，プロモーションの4点全てを調整しなければならないというマーケティング・ミックス（4P）の重要性を再認識させられた。また，機能をベースとしてはいるが，あまりに情緒的価値の訴求に重点を置きすぎてしまったことも問題点として指摘される。さらに，そもそもこうした事態に陥った理由として，顧客不在，つまり市場は存在したのか？という疑問が残る。「ソニーが自信を持って提供する価値であれば必ず顧客はついてくる」という驕りがあったのではないか？　顧客志向，マーケティング・リサーチなど，マーケティングの基本の重要性も考えさせられる事例である。

　プレミアムの創造という視点から整理すると，強いリーダーシップ，商品の機能的価値の高さにおいては，秀でたものがあったと考えられるが，消費者を意識した製品コンセプトの抽出の欠如，情緒的価値への偏ったこだわり，製品と価格や流通やプロモーションとのバランスにおいて，深刻な問題を抱えており，要は単なるつくり手のエゴに終わってしまったと捉えられる。価値を決めるのはメーカーではなく，消費者であるということは言うまでもない。

第6章
プレミアムの法則

　プレミアムの創造および継続に関して，プレミアム商品への事例研究から明らかになった要因を，まずマーケティング・ミックス，すなわち，プロダクト・プライス・プレイス・プロモーションの視点より整理する。次に，こうした取り組みを効果的に実施するための組織体制について言及する。

6.1. マーケティング的整理

❶ プロダクト

　顧客のニーズを重視した商品開発を行えば，一般には顧客満足度の高い商品が生まれると考えられる。もちろん，これは素晴らしいことではあるが，見方を変えれば，顧客に媚び諂った退屈な商品しか生まれないとも言える。しかしながら，ソニーの"クオリア"のように自社の技術などのシーズに徹底的にこだわるだけでは，企業のエゴの固まりのような商品が生まれるだけで，単なる独りよがりに終わってしまう。

　プレミアム商品開発の重要なポイントは，まずしっかりと消費者を意識して，ニーズを理解したうえで，それを満たすというレベルではなく，ニーズを土台とし，それに関わるカテゴリーやベクトルを突き詰め，消費者の想定の範囲を大きく上回るレベルの商品を開発することにあると言える。多くのプレミアム商品では，マーケティング・リサーチなどにより，消費者のニーズを明確化させたうえで，キーワードとも言える"最高"，"本物"，"こだわり"が追求され，具現化している。こうして，完成した突き抜けた機能的価値を持つ商品は，消費者を感動させ，結果として情緒的価値を生むことにつながるであろう。

❷ プライス

　ソニー"クオリア"，ハーゲンダッツ"パルフェ"，敷島製パン"吟撰"，豆太の北海道産ニガリを使用した500円の豆腐などが，うまく進展しなかった大

きな要因として，価格が高すぎたという点があげられる。プレミアム商品においては，高級な原料や手間をかける人件費を中心に原価が上がっており，必然的に設定される価格は高くなる。もちろん，世の中には世界で100人の大金持ちを相手にするだけで，ビジネスが成り立つラグジュアリー商品もあるだろうが，少なくとも本書で扱うマス・プレミアムの範囲においては，ある程度の規模の市場に受け入れられなければビジネスとして成立しない。そのためには，一般的な商品の価格を十分に意識したうえで，消費者へのマーケティング・リサーチや流通業者からの情報収集などにより，自社のプレミアム商品の付加価値に対して市場が受け入れることができる上限を見極めなければならない。いくらこだわりのある商品であっても，市場が受け入れられる価格の境界線は明確に決まっている。しかしながら，1度，設定したプレミアム価格が消費者に受け入れられれば，その後，流通業者からの厳しい価格交渉を回避できるケースも多く，高く売るチャンスは十分に存在している。

❸ プレイス

　グループ力を活用し，実質的には直販体制となるレクサスの店舗戦略は，開設時の資金の投入や店舗でのおもてなしなど，まさに圧巻であった。確かに，直販体制のシステムであれば，つくり手の思いやこだわりなどをフィルターを通すことなく，ダイレクトに顧客に伝えることができ，有利であると言える。

　しかしながら，直販体制ではなくとも，また十分な営業力や資金力がなくとも，豆太のように商品力によって，従来では考えられなかった一流百貨店との取引が実現し，顧客に対して効果的な販売窓口が確保できている事例も存在している。割高な価格であるプレミアム商品は流通業者にとっても魅力的な商品となるため，店頭での特別なコーナーの設置など，一般商品より有利にことが進む場合も多々ある。

　逆に言えば，プレミアム商品は消費者に割高な理由を説明する機会が必要であり，特別なコーナーの設置やPOPなどは消費者に有効に機能するため，流通業者との深い関係性構築は一段と重要なテーマになると言えるであろう。

第Ⅱ部　どうすればプレミアムを創造し，その価値を継続させることができるのか？

❹ プロモーション 〰〰〰〰〰〰〰〰〰〰〰〰〰〰〰〰〰〰〰〰

　サントリー"ザ・プレミアム・モルツ"，資生堂"ツバキ"，花王"アジエンス"など，多くのプレミアム商品で，テレビCMをはじめ，積極的なプロモーションが展開されていた。今までは企業レベルの広告が中心であったパン業界においても，単体のプレミアム食パンに特化したテレビCMが行われている。やはり，消費者への訴求やイメージづくりにおいて，広告は大きな役割を果たすのであろう。

　しかしながら，訴求するポイントに関して，説得力のある根拠がなければ効果的には作用しない。仮に，一時期うまくいったとしても，その継続はあり得ない。"アジエンス"では「アジア」，"ツバキ"では「日本」，"プレモル"では「最高の週末を」などがキーワードとなっているが，その根拠となる機能的価値がしっかりと存在していることは重要なポイントである。つまり，確固たるコンセプト，こだわりを持つ商品ならば，明確なメッセージを放つ広告が自然に生じるはずである。

　また，現代の賢い消費者には，お金では買えないパブリシティの効果は絶大であると考えられるが，豆太のようにコンセプトが明確でこだわりを持つ商品であるならば，自らは積極的に動かなくとも，新聞や雑誌やテレビに記事として大きく取り上げられている。逆に言えば，通常の広告以外ではメディアに取り上げられない商品はプレミアムに値する機能的価値が実現できていないと捉えるべきであろう。

　顧客に割高な価格に見合う，もしくはそれ以上の価値があると認めさせることができれば，"口コミ"という強力なプロモーションが起動する可能性は高い。情報通信技術が浸透した現代社会において，"口コミ"は従来のようなご近所さんや親しい友人という範囲に限定されず，計り知れない効果を生み出す場合も少なくはない。

6.2. プレミアムの創造と継続に向けて

　レクサスが発売された際，「マークをトヨタからレクサスに替えただけで100万円アップになった」などの中傷をよく耳にした。このようにプレミアム商品

第6章　プレミアムの法則

に対しては，"豪華な装飾"，"贅沢な原料"，"高級感溢れる広告"，"格調高い店舗"など，表層的な側面ばかりに気を取られがちである。

確かに，多くのプレミアム商品においては，そうした要素が整備されている。しかしながら，こうした要素を整備することがプレミアムの創造と継続において，とりわけ重要であるということにはならない。なぜなら，こうした要素は簡単に模倣することができ，何の差別化にもならないからである。

各プレミアム商品においては，その価値を創造し，継続させるうえで，様々な要因が存在している。その背景として，製品特性や企業規模や業界でのポジションに伴う戦略の違いなどに起因している部分もあるであろう。また，偶発的要因の存在も否定できないかもしれない。

しかしながら，その核となる部分にはマネジメント可能な共通する要因が発見された。まず，トップの強いリーダーシップにより，全社的なプロジェクトが立ち上げられている点は印象的である。つまり，プレミアム商品というものは単なる新製品ではなく，社運をかけた覚悟のもと，全社一丸体制で取り組まれているということである。また，多額の投資や時間が必要となっている場合も少なくはないが，そういう意味においても，トップの強いリーダーシップが極めて重要になると言える。

こうした体制のもと，消費者ニーズを踏まえながら，"本物"，"最高"，"こだわり"などに象徴される圧倒的に機能的価値の高い商品が誕生している。妥協を許さない，最高の機能的価値を実現するために，何度も大きな壁にぶつかりながらも，創意工夫を積み重ね，具現化することに成功している。製品開発にて難航したポイントを克服した技術や設備や開発者の思いは，他社においては模倣困難な要素となり，持続可能な競争優位性の創出に貢献する。このようにして，誕生した商品は他社の商品とは明確に差別化され，こだわりのある本物の商品となる。こうした商品は社員に高い誇りを与え，商品に対して強い愛着を抱かせることになる。"高いけれども，最高の商品"と"安くて，ありふれた商品"とを扱う社員のモチベーションに大きな差が生じることは疑いようもない。こうして，開発，製造，販売の部署を中心に全社員が会社を代表する商品に対して，全力で取り組むようになる。

他社の商品と明確に差別化された，こだわりのある商品を全社を挙げて販売

第Ⅱ部 どうすればプレミアムを創造し，その価値を継続させることができるのか？

していく覚悟や取り組みは，消費者から注目を集めることとなり，また消費者間でも大きな話題となるであろう。多くの消費者から注目を浴びる商品に対して，社員はますます愛着を深め，さらなる商品の進化やサービスの付与などに主体的に取り組むようになり，顧客の評価は一段と高まる。こうしたサイクルが回り出せば，プレミアムの価値の創造・継続に成功したことになる（図6-1）。

　事例研究からも明らかなとおり，プレミアムの価値の創造・継続に関して，規模のメリットを有するリーダー企業において，より有利に作用するということは全くない。むしろ，通常，シェア拡大を重視し，フルライン戦略を志向する傾向が強いリーダー企業では，特定の割高な商品に注力することや全社一丸体制となることには構造的な問題が生じるため，不利な点も多く存在している。価格競争の渦中から脱却すべく，起死回生を狙う，チャレンジャー企業や中小企業が強いリーダーシップのもと，全社一丸体制となり，こだわりのある本物を極める商品の開発に没頭することができれば，プレミアムの価値の創造・継続は自然に訪れてくるであろう。

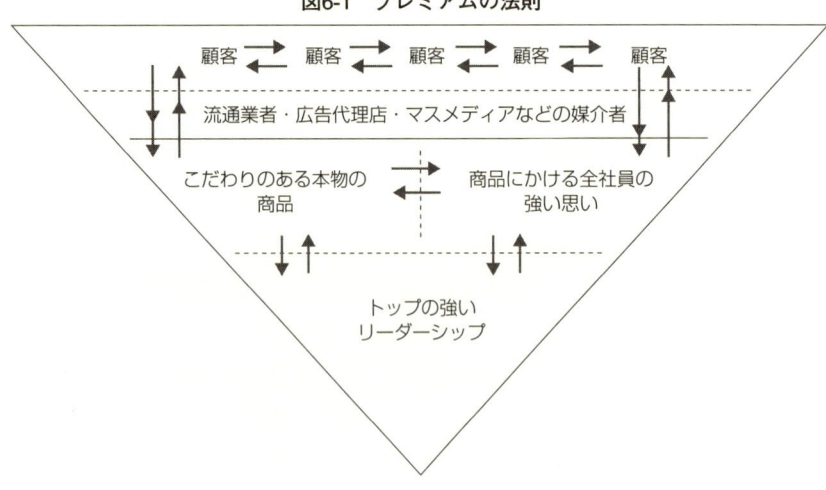

図6-1　プレミアムの法則

```
        顧客 ⇄ 顧客 ⇄ 顧客 ⇄ 顧客 ⇄ 顧客
     ─────────────────────────────────
        流通業者・広告代理店・マスメディアなどの媒介者
     ─────────────────────────────────
       こだわりのある本物の  ⇄  商品にかける全社員の
           商品                    強い思い
     ─────────────────────────────────
                   トップの強い
                   リーダーシップ
```

あとがき

　世の中には，"お掃除クラブ"というものがあるらしい。何の報酬にもならないが，少し早く出社し，就業前に自発的にオフィスの掃除を行っている。人は経済的見返りがなくとも動くということはよく見受けられる。それこそが本当のモチベーションであり，経済的報酬によるものより，はるかに強い。

　プレミアム商品の開発に関わることは，元来，面白い活動であるはずだ。ものをつくる，つまりクリエイティブは各人の個性が活かされることだからである。子供の粘土遊びや砂場遊びと同じく，新しい自分オリジナルのものをつくることは文句なく楽しい。多くの部署において，ルーティン業務に明け暮れる仕事が蔓延していることもあり，クリエイティブな活動への欲求はより高まっている。

　プレミアム商品の開発を通じて，技術など社内の資源，事務系・技術系スタッフの交流，競合者の動向（例えば普段の買い物においても，売り場を見る目が変わる），そして何より顧客の自社への視線，求められている商品など，多くのことを体感することができる。つまり，ある程度の企業規模になると，分業化され，直接的にものをつくることに関わらないスタッフが多くなるが，プレミアム商品開発を通じ，メーカーにおいて最も重要な"モノづくり"を体感できる。しかも，価格を二の次とし，消費者の想定の範囲を大きく上回る，こだわりを突き詰めた，最高の商品の開発はモチベーション・アップに拍車をかける。反面，何をテーマに書いてもいい小説や，真っ白なキャンバスに向かって画を描くような逃げ場のない厳しさも感じるであろうが，これもいい刺激となるであろう。

　そう考えると，"プレミアム開発クラブ"はプレミアム商品開発における初めの第一歩として，大変興味深い企業内サークルになり得る。報酬は一切必要ない。それがなくとも集まるほど，面白くて仕方がない取り組みにすることが肝要だ。例えば，定期的なアイデア発表会とそれに対するきっちりとした審査報告がなされれば，モチベーションは上がる。さらに，順位付けなども良いで

あろう。

　初めのうちは，単なる夢物語的なアイデアが散乱するだろうが，それらに対して，適切に問題・改善点を指摘していけば，数年のうちに全体として一定のレベルに到達するはずである。以後，商品開発における資料として活用することも可能となる。もちろん商品化され，大ヒットとなれば，それに対するリターンはあるという"夢"は設定するべきであろう。こうした学生のクラブ活動にも似た取り組みは，プレミアム商品の開発や，少なくとも社内のモチベーションの活性化には大きく貢献する。

　社長もしくは商品開発やマーケティング担当重役クラスは，発表会には毎回出席し，しっかりと審査に加わってほしい。それはもちろん参加した社員のモチベーションを高めるという狙いもあるが，何より自身のマネジメントやリーダーシップ能力の向上に大きく貢献するはずである。

　プレミアムの商品開発に限らず，職場という本来，生活のために報酬を得る場において，経済的リターンを求めず，自然発生的に物事がなされることは，実に美しい試みであり，比類なき強さに通じる。強くお薦めする次第である。

　もし実際にそうしたサークルが立ち上がった，もしくは立ち上げようとする場合には，是非，筆者（takanori.osaki@gmail.com）もしくは出版社まで，ご一報いただきたい（もちろん，これ以外にも何かご意見があれば頂戴したい）。御迷惑でなければ，可能な限り，参加し，勉強させていただきたい。そうした成果を今後のプレミアム研究に活かし，日本企業全体で分かち合っていければ最高である。

参考文献

Aaker, D.A., (1991), *Managing Brand Equity*, The Free Press.［陶山計介・中田善啓・尾崎久仁博・小林哲訳（1994）『ブランド・エクイティ戦略：競争優位をつくりだす名前，シンボル，スローガン』ダイヤモンド社］．

Aaker, D.A., (1996), *Building Strong Brand*, The Free Press.［陶山計介・小林哲・梅本春夫・石垣智徳訳（1997）『ブランド優位の戦略：顧客を創造するBIの開発と実践』ダイヤモンド社］．

Bennett, P.D. (ed.), (1995), *Dictionary of Marketing Terms 2nd edition*, American Marketing Association.

DIAMONDハーバード・ビジネス・レビュー編集部（2001）「ビジネスプロセスの質がブランドを支える」『DIAMONDハーバード・ビジネス・レビュー』Jul, pp.124-125.

Fuji Sankei Business i（2010.2.25）．

Guide to「THE LEXUS」（2005.4）．

HDJ・ニュースリリース（2003.1-2009.12）．

HDJ・ニュースレター（2007.5.25），vol.26.

HS250h HARMONIOUS DRIVING GUIDE（2009）．

Interbrand,（2009），「Best Global Brands 2009」．

Interbrand Press Release（2008.12.17）

JDパワー・報道用資料（2009.9.28）．

JMR生活総合研究所（2004）「シャンプー」（消費者調査No.076）．

JMR生活総合研究所（2007a）「サントリー"最高の週末"提案し驚異の成長続ける"ザ・プレミアム・モルツ"」（戦略ケースNo.422）．

JMR生活総合研究所（2007b）「スイーツ市場を取り込んで快進撃を続けるハーゲンダッツドルチェ」（戦略ケースNo.420）．

JMR生活総合研究所（2007c）「日本発のプレミアムブランドづくりに挑戦する"レクサス"」（戦略ケースNo.423）．

JMR生活総合研究所（2009）『消費社会白書2010』JMR生活総合研究所．

Keller, K.L., (1998), *Strategic Brand Management*, Prentice Hall.［恩蔵直人・亀井昭宏訳（2000）『戦略的ブランド・マネジメント』東急エージェンシー］．

LEXUS TOTAL CARE（2009.4）．

OJO（読売ADリポート）（2006）「IMCから見た"TSUBAKI"のメガブランド戦略」vol.9, no.4・5．（㈱資生堂 国内化粧品事業 ヘアユニット マーケティングディレクター 高津晶へのインタビュー）．

Porter, M.E., (1980), *Competitive Strategy*, The Free Press.

青木幸弘・電通ブランドプロジェクトチーム（1999）『ブランド・ビルディングの時代―事例に学ぶブランド構築の知恵』電通．
石井淳蔵（1995）「ブランドだけがブランドの現実を説明できる」『マーケティング・ジャーナル』vol.14, no.3, pp.4-15．
出井伸之（2002）『非連続の時代』新潮社．
井上綾野（2008）「プレミアム製品の快楽消費」『目白大学経営学研究』第6号，pp.53-62．
エコノミスト（2003.7.22），（2005.11.1）．
ヱビス本（2009.4.30）エイムック1715，枻出版社．
遠藤功（2007）『プレミアム戦略』東洋経済新報社．
小川孔輔（1994）『ブランド戦略の実際』日本経済新聞出版社．
花王・発表資料（2007.9.13），（2008.12.17）．
片平秀貴（1998）「ネスレのブランド・エクイティ戦略」『DIAMOND ハーバード・ビジネス・レビュー』Feb-Mar, pp.86-95．
片平秀貴（1999）『新版　パワー・ブランドの本質』ダイヤモンド社．
金子浩久（2005）『レクサスのジレンマ―ブランド商品化する自動車とマーケット』学習研究社．
きくち正太（2006）『おせん』11巻，講談社．
木村好宏（2006a）「ドイツ・ビジネス・レポート：BMW」『DIAMONDハーバード・ビジネス・レビュー』Jul, pp.76-80．
木村好宏（2006b）「ドイツ・ビジネス・レポート：ダイムラー・クライスラー」『DIAMONDハーバード・ビジネス・レビュー』Jul, pp.81-85．
経済産業省・商務情報政策局情報経済課（2001）「平成20年度電子商取引に関する市場調査」．
経済産業省・製造産業局日用品室（2007）「生活関連産業（食品を除く，幅広い消費財を対象）の高付加価値化に向けた提言～暮らしの豊かさを提供する"生活創造産業"の実現に向けて～」．
経済産業省・製造産業局日用品室（2008）「生活者の感性価値と価格プレミアムに関する意識調査」．
国際商業（2006.4）．
国税庁（2001）「平成13年度酒類小売業者の経営実態調査結果について」．
国税庁（2006）「平成18年度酒類小売業者の経営実態調査結果について」．
貞本義行・画　Gainax・作（1996）『新世紀エヴァンゲリオン』2巻，角川書店．
サッポログループ（2009）「CSRレポート2009」．
サッポロビール広報室（2010.1.15）「サッポロビール株式会社　課税移出（取引）数量報告〈2009年通期〉」．
サッポロビール・ニュースリリース（2003.4.2-2010.1.15）．
サントリー・ニュースリリース（2001.3.21-2009.9.3）．

敷島製パン (2008)『CSR報告書2008 Pascoの取り組み』.
資生堂 (2007)「2007年度 中間のご報告」.
資生堂・IR関連ニュース (2008.12.5).
品川雅彦 (2008)『超熟 ヒットの理由』幻冬舎.
柴田典子・青木幸弘 (2000)「ブランド価値創造への挑戦:ハーゲンダッツにみる統合的ブランド・コミュニケーション」『マーケティング・ジャーナル』no.78, pp.67-80.
嶋口充輝 (1986)『統合マーケティング』日本経済新聞社.
週刊東洋経済 (2003.11.1), (2004.11.13), (2005.4.16), (2005.11.12), (2006.12.9), (2007.5.19), (2008.7.19), (2008.8.30).
白井美由里 (2006)「価格プレミアムの知覚とブランド・パーソナリティ」『横浜経営研究』第26巻第3・4号, pp.15-30.
スリーヴァ・ボブ (2005)『ブランドデザインが会社を救う』小学館.
宣伝会議 (2003.9) No.646, (2006.5.15) No.693, (2009.2.15) No.759.
創業80周年社史編纂プロジェクトチーム (2003)『パンの道八十年:お客様の喜びを糧に』フジパン.
総務省統計局 (2009)「日本の統計2009」.
田中洋 (2002)『企業を高めるブランド戦略』講談社.
田中洋 (2008)「プレミアム商品はどのようにしてできるのか」『ていくおふ』no.121, pp.2-9.
トヨタ自動車株式会社レクサス国内営業部 (2004.10)『THE LEXUS』.
トヨタ自動車株式会社レクサス国内営業部・小笠原流礼法宗家本部 (2005.3)『こころとカタ』.
中村真一郎・口中道重臣・奥山恵栄一・関健一・西崎慎吾・藤田一孝 (2007)「レクサス品質実現への取組み活動」『トヨタ・テクニカル・レビュー』vol.55, no.2, pp.54-61.
長沢伸也 (2005)『ヒットを生む経験価値創造』日科技連出版社.
日経アーキテクチュア (2006.2.13).
日経MJ (2009.10.14).
日経エレクトロニクス (2003.6.23).
日経産業新聞 (2007.7.9), (2007.7.26), (2007.11.21), (2008.4.9), (2008.8.7).
日経情報ストラテジー (2009.5).
日経TRENDY (2009.12).
日経ビジネス (2004.12.13), (2005.11.28), (2005.12.12), (2007.3.12), (2007.7.23), (2007.8.6・13), (2009.3.9), (2009.4.6).
日本経済新聞 (2009.4.23), (2009.7.8), (2009.10.6), (2009.12.9), (2010.1.16).
花咲アキラ・画 雁屋哲・作 (1988)『美味しんぼ』16巻, 小学館.
原田淳一 (2007)「レクサス品質への想い」『トヨタ・テクニカル・レビュー』vol.55, no.2, pp.6-9.
フォーブス (2004.10), (2006.1).

プレジデント (2008.12.29).
ベルナール・アルノー (2002)「LVMH：スターブランドの育成法」『DIAMOND ハーバード・ビジネス・レビュー』Mar, pp.80-89.
松本謙悟・中村暢夫・柴田秀一 (2007)「見て，触れて感じる質感への取り組み」『トヨタ・テクニカル・レビュー』vol.55, no.2, pp.10-15.
みずほ総合研究所 (2008)「感性価値調査」.
宮脇賢治, 石井淳蔵 (2006)「個人愛着型ブランド"アジエンス"に見るもう1つの花王スタイル」『マーケティング・ジャーナル』vol.25, no.4, pp.39-43.
矢野経済研究所 (2008)『2009年版 パン市場の展望と戦略』矢野経済研究所.
山崎製パン・ニュースリリース (2008.7.2), (2009.3.3), (2009.12.17).
山崎製パン (2008.8.6)「中間決算説明会資料」.
山崎製パン (2009.8.6)「第2四半期決算説明会資料」.
吉田健 (2007)「レクサスの再構築」『トヨタ・テクニカル・レビュー』vol.55, no.2, pp.4-5.
レクサス・ニュースリリース (2004.5.26-2009.10.21).

(ホームページ)

@cosmeホームページ (http://www.cosme.net/product/product_id/2876751/top).
HDJ・ホームページ (http://www.haagen-dazs.co.jp/).
Interbrand・ホームページ (http://www.interbrand.com/).
Wisdom (NECビジネス情報サイト) (2008.2.25)「世界的規模の激戦区・シャンプー市場で勝利した花王のプレミアム戦略」(花王㈱ ビューティケア事業ユニット プレミアム・ヘアケア事業グループ インバスグループ グローバルブランドマネージャー 深澤勝義へのインタビュー) (https://www.blwisdom.com/vp/premium/01/).
Wisdom (NECビジネス情報サイト) (2008.3.3)「プレミアム戦略の代名詞"ザ・プレミアム・モルツ"成功への軌跡」(サントリー㈱ 取締役 鳥井信宏へのインタビュー) (https://www.blwisdom.com/vp/premium/02/).
Wisdom (NECビジネス情報サイト) (2008.4.7)「日本発のプレミアムカーをつくる！世界に通用するブランドへの挑戦」(トヨタ自動車㈱ 宣伝部ブランド推進室 レクサスグループ グループ長 谷口哲朗へのインタビュー) (https://www.blwisdom.com/vp/premium/03/).
オピネット (2004)「ASIENCE」vol.25 (花王㈱ パーソナルケア事業本部 ヘアケアグループ 熊木明子へのインタビュー) (http://www.opi-net.com/opiken/).
花王・ホームページ (http://www.kao.com/jp/).
クオリア・ホームページ (http://www.sony.jp/products/Consumer/QUALIA/jp/).
グロービス・ホームページ (2008.8.29) (資生堂 社長 前田新造氏—魅力ある人で組織を埋め尽くす) (㈱資生堂 社長 前田新造の講演) (http://www.globis.jp/609-5/).
サッポロビール・ホームページ (http://www.sapporobeer.jp/).

サッポロライオン・ホームページ（http://www.ginzalion.jp/）.
サントリー・ホームページ（http://www.suntory.co.jp/）.
敷島製パン・ホームページ（http://www.pasconet.co.jp/）.
資生堂ホームページ（http://www.shiseido.co.jp/）.
ソニー・ホームページ（http://www.sony.co.jp/）.
統計センター・ホームページ（http://www.e-stat.go.jp/SG1/estat/eStatTopPortal.do）.
トヨタ自動車・ホームページ（http://www.toyota.co.jp/）.
日経テレコン21・POS情報（http://telecom21.nikkei.co.jp/）.
日経トレンディネット（2008.3）「予想を3割上回る53億円！ハーゲンダッツの高級アイス"ドルチェ"」（HDJジャパン㈱ 商品開発部 ドルチェ開発リーダー 田子薫へのインタビュー）（http://trendy.nikkeibp.co.jp/article/column/20080305/1007716/）.
フジパン・ホームページ（http://www.fujipan.co.jp/）.
山崎製パン・ホームページ（http://www.yamazakipan.co.jp/）.
レクサス・ホームページ（http://lexus.jp/）.

索引

数字・欧文

1,000人店舗 ……………………… 40
4 P ………………………………… 25

AMA ……………………………… 9
AOKIホールディングス …………… 3

BMW ………………………… 191, 195
BRIC's …………………………… 4

G-Link ……………………… 179, 180, 190
GMS ………………………………… 2, 3

I.D.E.A.L. …………………… 167, 168
Interbrand ……………………… 8, 24

J.D. パワー ……………………… 185

L-finesse ………………………… 167
LPEACE ………………………… 172
LVMH …………………………… 23

NB ………………………… 3, 26, 51, 56

PB ……………………… 3, 26, 43, 51, 56

VISTA …………………………… 4

YEBISU BAR …………………… 75

あ

青山商事 ………………………………… 3
赤ツバキ ……………………………… 125
アジエンス …………………… 109, 110
飛鳥 2 …………………………… 73
アロマリッチホッピング製法 ……… 89

イオン …………………………… 2, 3

エクステンション戦略 …………… 76
ヱビス ……………………… 62, 66, 67, 68
ヱビスビール記念館 ……………… 75
ヱビスブランド戦略部 ………… 71, 77

小笠原流礼法 …………………… 178

か

カイゼン ………………………… 12
花王 ……………………………… 109
価格.com ………………………… 4
家電量販店 ……………………… 3
感性価値 ………………………… 22

キッチン・フレンドリー ……… 132
機能的価値 …… 20, 21, 22, 84, 103, 118, 119, 137, 193, 203, 204
機能的便益 ……………… 7, 10, 12, 21
客観属性 ………………………… 20, 21
競争戦略 ………………………… 25
競争優位性 ……………………… 207

クオリア ………………………… 197
口コミ ………………… 129, 182, 206
クロスMD ……………………… 48
黒ラベル ……………………… 67, 82

索 引

高級の本質 …………………………… 164
高純度椿オイルEX …………………… 122
コーポレート・ブランド ………… 12, 82
ゴールドスタンダード ……………… 135
顧客維持 ……………………………… 185
顧客志向 ……………………………… 203
顧客との関係性 ………………………… 83
こだわり消費 ………………………… 15
コト売り ………………………………… 48
コモディティ化 ………………… 197, 202
コンビニ ………………………………… 2

　　　　　　　　さ

最高の商品 …………………………… 164
最高の販売・サービス ……………… 164
サッポロビール ………… 62, 63, 66, 67
ザ・プレミアム・モルツ ……… 62, 86
ザ・プレミアム・モルツ講座 ……… 95
差別化戦略 ……… 25, 36, 39, 61, 86, 107
サントリー …………………… 62, 63, 86

敷島製パン ……………………… 26, 45
自己表現的便益 ………………………… 7, 21
資生堂 …………………………… 109, 119
シャネル ………………………………… 21
主観属性 ………………… 20, 21, 22, 24
情緒的価値 …… 20, 21, 22, 24, 119, 137, 203, 204
情緒的便益 ………………… 7, 10, 11, 12, 21
消費者ニーズ ……… 44, 51, 52, 103, 117, 145, 207
白ツバキ ……………………………… 125
新興国 …………………………………… 4
新興国企業 ……………………………… 5

スーパードライ ……………………… 106
ストレート法 …………………… 38, 42

成熟消費社会 …………………………… 4
製造小売業 ……………………………… 3
セブン＆アイ …………………………… 3
セブンイレブン ………………………… 2
全社員ザ・プレミアム・モルツ作戦
……………………………………… 96
全社的対応 ………… 52, 117, 144, 146
先進国企業 ……………………………… 5
先発優位性 …………………………… 51

ソニー ………………………………… 197
ソニースタイル ……………………… 200

　　　　　　　　た

ダブルデコクション ………………… 89

チャレンジャー … 36, 39, 60, 61, 107, 208
超熟 ……………………………… 26, 44, 46
超芳醇 …………………………… 26, 52, 58

ツバキ ………………………… 109, 119, 121

低価格競争 ……………………………… 2
ティザー広告 ………………………… 143
デフレ ………………………………… 2, 5

東洋エナジーエッセンス …………… 116
東洋美容エッセンス …………… 112, 116
トップダウン …………………… 44, 159
トップマネジメント ………………… 25
トヨタ自動車 ………………………… 160
ドルチェ ………………… 127, 136, 140

　　　　　　　　な

中種法 ………………………………… 38
なるほどPasco ………………………… 48

ニトリ …………………………………… 3

217

日本マクドナルド··················35
二律双生·····························169

ネスレ································10
ネット通販····························4

は

ハーゲンダッツ·····················127
ハーゲンダッツ・カフェ··········138
ハーゲンダッツ・ショップ·······129
ハーゲンダッツ・モーメント··· 129, 132
ハーモニア・ドライビング・ナビゲーター
··181
パスコ・サポーターズ・クラブ··· 49, 50
パブリシティ···················154, 206
パルフェ·························136, 142

ピラミッド陳列······················48

フジパン···························26, 35
富士レクサスカレッジ············177
ブランド············6, 7, 9, 10, 11, 21, 137
ブランド・アイデンティティ······7, 9
ブランド・エクイティ··············7, 10
ブランド・マネジメント············8
ブランド・マネジャー制度········6
ブランド・ロイヤリティ···········10
フルライン戦略··· 25, 33, 60, 61, 159, 208
フレッシュキープ製法············70
プレミアム········14, 18, 20, 21, 23, 44, 51
プレミアム・アイスクリーム····127
プレミアム営業部··················92
プレミアム・AV···················197
プレミアム・自動車···············160
プレミアム・シャンプー·········108
プレミアム・食パン··············26
プレミアム戦略部··················92
プレミアム・ビール···············62

プロダクト・ブランド·············12

ベンツ··························191, 196

本仕込···························26, 34, 37

ま

マーケティング················6, 7, 20
マーケティング・ミックス····25, 204
マーケティング・リサーチ
····························37, 203, 205
マス・プレミアム··················25
マトリックス組織··················117
マネジメント·······················207
豆太······························148, 149
豆太とうふ··············148, 149, 150
マルチブランド戦略···············60
曼荼羅キャンペーン··············123

メガブランド戦略·················120
メディアミックス··················146

モジュール化························5
モチベーション····················158
モノ売り······························48
モノづくり···························201
モルツ···························94, 103
モルツ・スーパープレミアム·······87
モンドセレクション··· 45, 88, 90, 91, 102

や

山崎製パン·····················26, 52, 53
ヤマダ電機···························3

湯捏製法······························58
湯種製法······························47
ユニクロ······························3

索　引

ら

ライトオン ……………………………… 3
ラグジュアリー ………………… 23, 24
ラグジュアリー・プレミアム ………25
ラッキーエビス ………………………73

リーダー ………… 26, 52, 60, 61, 107, 208
リーダーシップ …… 25, 83, 104, 117, 118, 193, 207
流通発表会 …………………………… 143

レクサス ……………………… 160, 191
レクサスオーナーズデスク ………… 179
レクサス技能者 ……………………… 174
レクサスセンター …………………… 166
レクサス匠制度 ……………………… 173
レクサスピラミッド ………………… 192
レクサスブランド・ステートメント
　……………………………………… 192
レクサスMUSTs …………………… 167

ロイヤルユーザー ……………………… 49
ロングセラー …………………… 49, 52

219

《著者紹介》

大﨑　孝徳（おおさき　たかのり）

1968年，大阪市生まれ。民間企業勤務後，長崎総合科学大学助教授，ワシントン大学マイケルGフォスター・ビジネススクール客員研究員を経て，現在，名城大学経営学部教授。九州大学大学院経済学府博士後期課程修了，博士（経済学）。

平成22年8月20日　初版発行	《検印省略》 略称—プレミアム

プレミアムの法則

著　者　大﨑　孝徳
発行者　中島　治久
発行所　**同文舘出版株式会社**
　　　　東京都千代田区神田神保町1-41　〒101-0051
　　　　電話 営業(03)3294-1801　編集(03)3294-1803
　　　　振替 00100-8-42935
　　　　http://www.dobunkan.co.jp

Ⓒ T. OSAKI　　　　　　　　　　　　製版：一企画
Printed in Japan 2010　　　　　　　印刷・製本：三美印刷

ISBN 978-4-495-64361-4